KB146151

관찰 가능성
엔지니어링

관찰 가능성 엔지니어링

오픈 소스를 활용한 분산 애플리케이션 계측부터 오류 추적과 분석까지

초판 1쇄 발행 2023년 7월 28일

지은이 알렉스 보텐 / **옮긴이** 노승헌 / **펴낸이** 김태헌
펴낸곳 한빛미디어(주) / **주소** 서울시 서대문구 연희로2길 62 한빛미디어(주) IT출판2부
전화 02-325-5544 / **팩스** 02-336-7124
등록 1999년 6월 24일 제25100-2017-000058호 / **ISBN** 979-11-6921-128-4 93000

총괄 송경석 / **책임편집** 박민아 / **기획·편집** 이채윤
디자인 표지 최연희 내지 박정화 / **전산편집** 이소연
영업 김형진, 장경환, 조유미 / **마케팅** 박상용, 한종진, 이행은, 김선아, 고광일, 성화정, 김한솔 / **제작** 박성우, 김정우

이 책에 대한 의견이나 오탈자 및 잘못된 내용에 대한 수정 정보는 한빛미디어(주)의 홈페이지나 아래 이메일로
알려주십시오. 잘못된 책은 구입하신 서점에서 교환해드립니다. 책값은 뒤표지에 표시되어 있습니다.

한빛미디어 홈페이지 www.hanbit.co.kr / **이메일** ask@hanbit.co.kr

© 2023 Hanbit Media, Inc.

Copyright ©Packt Publishing 2022. First published in the English language under the title 'Cloud-Native
Observability with OpenTelemetry - (9781801077705)'

This translation is published and sold by permission of Packt Publishing, which owns or controls all
rights to publish and sell the same.

이 책의 한국어판 저작권은 Packt Publishing과 한빛미디어(주)에 있습니다.
저작권법에 의해 보호를 받는 저작물이므로 무단 전재와 무단 복제를 금합니다.

지금 하지 않으면 할 수 없는 일이 있습니다.
책으로 펴내고 싶은 아이디어나 원고를 메일(writer@hanbit.co.kr)로 보내주세요.
한빛미디어(주)는 여러분의 소중한 경험과 지식을 기다리고 있습니다.

오픈 소스를 활용한 분산 애플리케이션 계측부터
오류 추적과 분석까지

관찰 가능성
엔지니어링

알렉스 보텐 지음 노승헌 옮김

오픈 소스
OpenTelemetry
사용법 수록

‹packt› ⅡB 한빛미디어
Hanbit Media, Inc.

클라우드, 대용량 AI 클러스터 등 분산 시스템이 기본인 시대에 꼭 필요한 책입니다. 관찰 가능성은 네트워크 우주에 뿌려진 마이크로 애플리케이션들의 상호 작용을 관찰하는 천체 망원경과 같습니다. 이 책은 다소 생소한 개념인 '관찰 가능성'을 자세히 설명하고, 실습을 통해 몸소 체험하도록 돕습니다. 잘 준비된 코드 예제를 따라해보며 독자들은 직접 관찰 가능성이라는 거대한 퍼즐을 완성할 수 있습니다.

김삼영(카카오엔터프라이즈 검색클라우드 개발자)

이 책은 관찰 가능성의 기본 개념과 구성 요소를 설명하고, 예제를 통해 다양한 언어와 플랫폼에서 OpenTelemetry를 적용하는 방법을 보여줍니다. 책을 다 읽고 나면 관찰 가능성이 왜 필요한지, OpenTelemetry가 어떻게 작동하는지 이해할 수 있습니다. 관찰 가능성의 개념뿐만 아니라 OpenTelemetry의 원리와 아키텍처, 구현 방식을 알고 싶은 개발자와 엔지니어에게 이 책을 추천합니다.

이맹렬(베스핀글로벌 CNE Team AA)

마이크로서비스 같은 분산 시스템에서 버그를 추적하거나 무슨 일이 벌어졌는지 알아내는 것은 어려운 일입니다. 게다가 각 서비스가 각자의 방식으로 로그를 남긴다면 어떨까요? 로그를 분석하기가 더 어려워집니다. 이런 문제를 해결하기 위해 OpenTelemetry는 분산 추적, 메트릭, 로그를 표준화했습니다. 하지만 매우 많은 컴포넌트로 구성되어 있어 처음 접근하기에는 어려울 수 있습니다. 이 책은 관찰 가능성과 OpenTelemetry를 처음 접하는 사람도 이해할 수 있도록 쉽게 구성되어 있습니다.

조현석(컨스택츠 코리아 프로덕트팀 개발자)

이 책은 현재 진행형인 기술 '관찰 가능성'에 관해 알아가는 시간을 갖게 해줍니다. 맹목적으로 코드를 따라하는 것이 아니라 주기적으로 코드를 계측하고 분석하는 원리를 알도록 도와주기 때문에 '진짜' 엔지니어가 되는 길로 나아갈 수 있습니다. 책을 다 읽고 나면 프로젝트의 관찰 가능성을 먼저 생각하는 엔지니어가 되어 있는 자신을 마주할 것입니다.

김연주(ITeyes Smart Securities팀 개발자)

▶▶ 지은이·옮긴이 소개

지은이 알렉스 보텐 Alex Boten

Lightstep의 수석 소프트웨어 엔지니어. 10년 동안 여러 조직이 클라우드 네이티브 환경에 적응할 수 있도록 돕는 일을 해왔습니다. 또한 핵심 네트워크 인프라부터 모바일 클라이언트 애플리케이션까지 분산 애플리케이션에 대한 복잡한 트러블슈팅을 어떻게 수행해야 하는지 직접 경험하며 지식을 쌓고 있습니다. 그리고 이러한 경험을 통해 관찰 가능성 분야에 관심을 갖게 되어 여러 오픈 소스 프로젝트에 기여하고 있습니다. 2019년부터 OpenTelemetry 프로젝트의 기여자, 승인자, 유지 보수 담당자로서 프로젝트를 발전시키는 데 주도적으로 참여하고 있으며, 오늘날 대규모 OpenTelemetry 커뮤니티가 만들어지는 과정에 크게 기여했습니다. 무엇보다 우리 주변의 기술을 이해하고 지식을 공유하는 것을 좋아합니다.

옮긴이 노승헌 nopd@linecorp.com

눈물 없이 볼 수 없는 한 편의 뮤직비디오 같은 인생을 만드느라 바쁜 센티멘털리스트. 삼성네트웍스, SK텔레콤, 아카마이 코리아를 거치면서 개발자, 프로젝트 매니저, 제품 오너, 솔루션 아키텍트 등 다양한 영역에서 자신을 시험해보고 있습니다. 현재는 라인플러스에서 사용자가 서비스를 더 쾌적하게 사용할 수 있도록 글로벌 트래픽에 관한 업무를 수행합니다. 집필한 도서로는 『나는 LINE 개발자입니다』(한빛미디어, 2019), 『슬랙으로 협업하기』(위키북스, 2017), 『소셜 네트워크로 세상을 바꾼 사람들』(길벗, 2013) 등이 있습니다.

소프트웨어 엔지니어가 되기에 더할 나위 없이 좋은 시기입니다.

엔지니어는 영향력과 효율성을 높일 수 있는 것들로부터 동기를 부여받곤 합니다. 다만 이를 위해 투자해야 하는 시간과 노력이 급증하고 있는 점을 생각해보면 과연 좋은 방향인지 판단하기는 쉽지 않습니다.

오늘날에는 운영이나 아키텍처에 대해 깊은 고민 없이 몇 번의 클릭만으로 확장 가능하고 탄력적인 분산 시스템을 만들어 수백만 명의 사용자에게 제공할 수 있습니다. AWS Lambda나 서버리스 코드를 사용해 사용자에게 바로 제공할 수도 있죠.

이것은 과거에 인프라를 준비하기까지 정말 많은 노력과 시간을 들여야 했던 사람들에게 마치 초능력과 같습니다. 매년 더 강력한 API와 더 높은 수준으로 추상화된, 즉 버튼을 한 번 클릭하거나 키를 누르는 것만으로 '쉽게 작동하는' 복잡한 시스템을 만드는 일이 가능해지고 있습니다.

하지만 이런 시스템이 '쉽게 작동하지 않게 되었을 때' 원인을 파악하고 이유를 이해하는 것은 그 어느 때보다 어려워졌습니다.

초능력은 그냥 주어지는 것이 아닙니다. 변화의 바람이 우리 모두를 끊임없이 확장되는 옵션, 무한한 유연성, 자동화된 복원력, 심지어 비용 효율성이라는 바다로 몰아가고 있지만 이 모든 영광은 끝을 알 수 없는 높은 복잡성과 이에 따른 인지 과부하를 수반하고 있습니다.

시스템은 더 이상 예측할 수 있는 방식으로 장애를 일으키지 않습니다. 정적인 정보만을 보여주는 대시보드는 더 이상 시스템을 이해하는 데 도움이 되지 않습니다. 개선된 도구를 사용하면 도움이 될 수도 있지만 도구를 바꾸는 것은 근본적인 해결책이 될 수 없습니다. 실제 운영 환경 production 에 초점을 맞춰 소프트웨어가 빌드, 배포, 유지 보수되는 방식에 관해 처음부터 다시 생각해야 합니다.

너무 오랫동안 우리는 어둠 속에서 소프트웨어를 구축하고 배포해왔습니다. 소프트웨어 엔지니어는 테스트 케이스를 작성하고 코드가 테스트를 통과하는지 확인하기만 하면 된다고 여깁니다. 테스트가 중요하다고 생각하긴 하지만, 실제로는 코드가 유효하다는 것을 보여주고 심각한 문제가 발생하지 않는다는 확신을 높이는 것에 그칩니다. 한편 운영 업무를 담당하는 엔지니어는 모니터링을 통한 검사에 의존합니다. 하지만 이는 기껏해야 또 하나의 도구에 불과할 뿐입니다. 대부분의 버그는 알람을 통해 심각도를 파악하기 어렵습니다. 즉, 시스템이 더 성숙되고 정교해질수록 대부분의 문제는 사용자가 발견하고 보고하게 됩니다.

이는 단순히 버그, 대응 또는 중단의 문제가 아닙니다. 사용자가 특정 시점에 여러분의 인프라에서 여러분이 작성한 코드를 실행하고 있으므로 실제로 사용되고 있는 여러분의 소프트웨어에 대한 이해의 문제입니다. 운영 환경은 여전히 많은 사람에게 블랙박스로 남아 있습니다. 따라서 코드를 읽고 정교한 멘탈 모델^{mental model}을 사용하여 소프트웨어를 실행하고 추론해야 합니다.

지금까지 우리는 맹목적으로 코드를 배포하고, 완전히 이해하지 못한 변경 사항을 운영 환경에 배포했습니다. SRE팀과 운영팀이 블랙박스 같은 운영 시스템을 들여다보고 엉망인 부분을 수습하도록 내버려둔 채로 말입니다. 어쨌거나 효과가 있었다는 것은 SRE팀과 운영팀이 창의성을 발휘하고 헌신해왔다는 것을 보여주는 증거입니다.

재미있는 일들은 사람들이 자신의 코드를 운영 환경에 배포할 때마다 습관처럼 관찰 가능성을 위해 주기적으로 코드를 계측하거나 분석하면서 일어납니다. 존재조차 몰랐던 버그를 이곳저곳에서 발견하게 됩니다. 이는 마치 바위를 들어올렸을 때 그 밑에 숨어 있던 작은 벌레들이 빛을 피해 달아나는 모습과 비슷합니다.

전에도 모니터링 도구와 집계를 통해 오류가 존재한다는 사실은 확인할 수 있었지만 오류를 특정 이벤트와 관련짓거나 오류가 발생한 요청에 어떤 차이가 있는지 알아낼 방법이 없었습니다. 하지만 놀랍게도 지금은 오류가 급증하는 것을 보고 '아, 이 오류들은 1.63 버전의 애플리케이션을 실행하는 클라이언트에서 /export 엔드포인트를 호출하는 요청 때문인데, 이 경로는 mysql-shard3, shard5, shard7에 대해 크기가 10KB 정도인 쿼리를 수행하며 호출 15초 후에 타임아웃이 발생할 수 있는 곳이지'라고 판단할 수 있게 되었습니다. 만약 이렇게 판단하기 어려운 경우라면 추적을 추출해 오류가 발생하는 요청이 수천 개의 데이터베이스 쿼리를 연속적으로 보내고 있다는 사실을 확인할 수 있습니다. 지저분한 버그들과 불투명한 작동을 일단 시각화하면 심각성이 옅어집니다. 이는 세상에서 가장 만족스러운 경험입니다.

여러분은 여러분의 코드를 계측해야 합니다. 자동 계측은 자동으로 코드에 주석을 달아주는 기능만큼 효율적입니다. 따라서 이에 관해서도 이야기해보겠습니다.

여러분이 "아... 계측!"이라고 말하는 소리가 들리는 듯합니다. 대부분의 사람은 로깅이나 계측 코드를 재정비하느니 방울뱀에게 물리는 것을 선택할 것입니다. 저는 여러분이 왜 그런 선택을 하는지 잘 알고 있으며, 수많은 벤더 역시 마찬가지입니다. 이것이 바로 오래된 로깅 기술을 보유한 회사 조차도 돈을 여기저기 뿌리며 고객을 유치하는 이유입니다. 일단 데이터가 들어오기 시작하면 이를 중단하거나 다른 곳으로 보내는 것은 신의 영역이라 할 만큼 어렵습니다.

이러한 이유로 우리는 업계 종사자로서 계측 및 관찰 가능성을 위한 재사용 가능한 표준 도구 부분에서 매우 뒤처져 있습니다. 네, 맞습니다. 우리는 아직 이러한 기술의 발전에서 유아기 단계에 있습니다. 그렇지만 점점 나아지고 있습니다. 저 또한 초창기에는 OpenTelemetry에 대해 무척 냉소적이었지만 커뮤니티는 매번 예상을 뛰어 넘는 진보를 만들어냈습니다. 당연히 그래야만 했습니다. **OpenTelemetry가 했던 약속은 한 번, 정말 딱 한 번만 코드를 계측하면 된다는 것이었고, 이후에는 코드를 다시 계측할 필요 없이 결과를 한 벤더에서 다른 벤더로 옮길 수 있습니다.**

즉, 벤더는 여러분과 여러분의 데이터를 락인[lock-in] 시키는[1] 대신 기능, 사용성, 비용 효율성과 같은 비즈니스 요구 사항에 대해 경쟁해야 합니다. OpenTelemetry는 이러한 구속을 깨뜨릴 수 있는 잠재력을 가지고 있습니다. 다시 말해, 한 번만 계측하고 몇 줄의 설정을 변경하는 것만으

---

1 옮긴이_특정 솔루션을 사용했을 때 이를 제공하는 벤더에 대한 의존성이 높아지는 것을 의미합니다. OpenTelemetry의 경우 벤더에 의존하지 않고 표준화 프로토콜과 도구를 사용하여 시스템의 관찰 가능성을 구현합니다. 따라서 데이터의 소유권과 제어권을 좀 더 개방적으로 유지할 수 있습니다.

로 한 벤더에서 다른 벤더로 이동할 수 있습니다. 이것은 모든 것을 변화시키는 정말 놀라운 일입니다. 여러분은 반드시 이 전쟁에 참여해 싸워야 합니다.

소프트웨어 시스템은 단기간에 간단해지기 어렵지만, 역설적으로 소프트웨어를 개발하고 유지보수하는 작업은 더 훌륭한 실시간 계측과 원격 측정을 채택함으로써 더 빠르고 쉬워질 수 있습니다. 모니터링에서 관찰 가능성으로 옮겨가는 것은 파일럿 입장에서 시계 비행visual fight rating과 계기 비행instrument flight rating의 차이와 비슷합니다. 계기(계측)를 통해 비행(코드 작성)하는 것이 처음에는 이상하게 느껴질 수도 있지만 익숙해지면 전보다 더 빠르게, 더 멀리, 그리고 더 안전하게 비행할 수 있습니다.

이는 관찰 가능성에만 적용되는 이야기가 아닙니다. 기술 분야에서는 피처 플래그feature flag[2], 카오스 엔지니어링, 점진적 배포[3] 등 많은 트렌드가 동시 다발적으로 도입 및 활용되고 있습니다. 이러한 트렌드는 운영 환경을 중심으로 개발과 운영 환경 사이의 거리를 좁히고 더 긴밀히 피드백을 주고받을 수 있게 하는 데 중점을 둡니다. 따라서 팀은 신속하고 안전하게 움직이고, 비즈니스를 발전시킬 수 있는 새롭고 흥미로운 과제를 해결하는 데 더 많은 시간을 할애하고, 불필요하거나 귀찮은 일에 많은 시간을 들이지 않게 됩니다.

모든 것은 관찰 가능성에서 시작됩니다. 무슨 일이 일어나는지 볼 수 있는 능력은 모든 피드백 루프에서 가장 중요한 것입니다.

그리고 관찰 가능성은 계측에서 시작됩니다.

자, 시작해봅시다!

차리티 메이저스Charity Majors, Honeycomb CTO

---

2 옮긴이_코드 변경이나 재배포 없이 프로그램의 작동을 변경할 수 있게 하는 소프트웨어 개발 방법을 말합니다.
3 옮긴이_애플리케이션에 업데이트를 점진적으로 적용하여 안정성과 신뢰성을 유지하면서 새로운 기능을 제공하는 배포 전략을 말합니다.

대규모의 서비스를 안정적으로 운영하는 것은 어려운 일입니다. 그렇지만 다른 한편으로 생각해보면 어려운 일이 아닐 수도 있습니다. 이러한 차이는 어디에서 오는 것일까요? 현대적인 시스템 아키텍처는 마이크로서비스가 주류를 이루고 있으며 쿠버네티스 ^Kubernetes 가 대중화되면서 그러한 방향성은 더욱 강화되고 있습니다. 마이크로서비스의 기본적인 지향점은 각각의 서비스가 느슨하게 결합되어 있고 서로가 서로에게 가능한 한 영향을 적게 주면서도 느슨한 결합이 주는 장점을 활용하여 특정 마이크로서비스 혹은 컴포넌트의 문제가 다른 마이크로서비스, 더 나아가 전체 시스템에 미치는 영향을 최소화하는 것입니다(물론 개발자의 관점, 서비스 오너의 관점, 운영 업무 담당자의 관점에 따라 목표가 다를 수 있습니다).

문제는 이러한 방향성에 맞는 시스템 구조가 하루아침에 만들어지기 어렵다는 데 있습니다. 개별 마이크로서비스의 목표가 다르고 가용성의 수준이 다르기 때문입니다. 운 좋게 방향성에 맞는 시스템 구조를 가졌다 하더라도 문제가 없는 것은 아닙니다. 작게 나누어지고 복잡해진 구조로 인해 사용자의 단일 요청이 어떤 컴포넌트를 거쳐 무슨 상황을 맞닥뜨리게 될지 추적하고 분석하는 일은 매우 어렵습니다.

이 책에서 사용하는 핵심 도구인 OpenTelemetry가 등장한 이유도 이러한 상황에 기인합니다. OpenTelemetry는 복잡하게 얽힌 마이크로서비스와 컴포넌트 사이에서 요청의 흐름을 파악하고 상관관계를 추적해나감으로써 문제가 발생했을 때 무슨 일이 어디에서, 어떻게, 왜 일어났는지를 빠르게 파악할 수 있는 기반을 만들어줍니다. 물론 좋은 도구 하나가 만병통치약이 될 수는 없습니다. 도구를 어떻게 적용하고 활용할 것인가는 여러분의 손에 달려 있습니다. 이 책에서 다루는 OpenTelemetry의 기본과 응용을 이해하고 익히면 여러분이 실무에서 문제를 다룰 때 OpenTelemetry의 도움을 받을 수 있게 될 것입니다.

번역을 진행하면서 개인적으로 궁금했던 OpenTelemetry와 관련된 많은 지식을 습득할 수 있었습니다. 사용자의 입장에서 봤을 때 더 쉽고 현실적인 용어와 맥락을 따라 책을 읽어나갈 수 있도록 최선을 다했지만 여전히 부족한 부분들이 있을 것입니다. 현재 진행형으로 발전하고 진화하는 기술과 도구를 다룬 책인 만큼 다소 아쉬운 부분들은 넓은 마음으로 양해해주시기를 바랍니다.

세상 일은 생각대로 되는 경우가 많지 않습니다. 순차적으로 진행될 거라 예상했던 번역 작업 일정이 중첩되면서 퇴근 후와 주말이라는 제한된 시간을 효율적으로 활용해야 했고, 이를 위해 각고의 노력을 했습니다. 이런 사정을 감안하여 유연하게 일정을 조율해주시고 양해해주신 이채윤 편집자님과 한빛미디어에 감사를 전합니다. 특히 이채윤 편집자님이 독자의 관점에서 매의 눈으로 번역의 오류와 부자연스러운 문장들을 발굴해주신 덕분에 최선의 결과물을 만들어 낼 수 있었습니다. 점점 자율 기동 모드로 진화하고 있는 세 아이들을 챙기느라 바쁜 와중에도 번역 작업에 집중할 수 있도록 배려해준 아내에게도 고마움을 전합니다.

노승헌

이 책은 여러분의 애플리케이션이 갖고 있는 질문에 대한 답을 찾게 해줄 지침서로, 데이터에 대한 통제권을 잃지 않으면서도 애플리케이션에서 원격 측정 데이터를 생성하는 방법을 알려줍니다. 특히 OpenTelemetry는 서비스의 성능에 대한 가시성을 확보하는 데 필요한 도구를 제공합니다. 이러한 벤더 중립적 API, 라이브러리, 도구를 이용하여 애플리케이션 코드를 계측할 수 있습니다.

여러분은 이 책을 통해 OpenTelemetry의 개념을 이해하고 추적^{trace}, 메트릭^{metric}, 로그^{log} 같은 시그널^{signal}에 관해 배우게 됩니다. 그리고 OpenTelemetry API를 이용하여 분산 클라우드 네이티브 애플리케이션을 설정하고 계측함으로써 시그널에 대한 원격 측정 데이터를 만드는 방법을 연습할 것입니다. 또한 이렇게 수집한 데이터로 수행할 작업에 대한 이해를 돕기 위해 원격 측정 백엔드 시스템과 컬렉터 배포 과정을 안내합니다. 마지막으로 원격 측정 데이터를 통해 애플리케이션의 성능 문제를 어떻게 식별할 수 있는지에 관한 다양한 예제를 살펴봅니다. 원격 측정 데이터를 분석함으로써 관찰 가능한 애플리케이션이 어떻게 소프트웨어 개발 주기를 개선해 나가는지 더 잘 이해하게 될 것입니다.

책을 다 읽고 나면 OpenTelemetry에 능숙해지고 OpenTelemetry API를 이용하여 서비스를 계측하여 추적, 메트릭, 로그 등의 정보를 생성할 수 있게 될 것입니다.

대상 독자

이 책은 이전에 해보지 않은 방식으로 원격 측정 데이터를 활용하여 인프라, 서비스, 애플리케이션을 더 잘 이해하고자 하는 소프트웨어 엔지니어, 시스템 운영자를 대상으로 합니다. 예제 애플리케이션을 빌드하고 OpenTelemetry API와 SDK를 사용해 계측하기 위해서는 파이썬

프로그래밍에 관한 사전 지식이 있어야 합니다. 또한 Go 프로그래밍, 리눅스, 도커^{Docker}, 쿠버네티스^{Kubernetes} 기술에 익숙하다면 책 전반에 걸쳐 소개하는 여러 예제에서 추가 컴포넌트를 수월하게 설정할 수 있습니다.

주요 내용

Chapter 1 관찰 가능성의 역사와 개념	관찰 가능성의 역사를 다룹니다. 특히 개방형 표준의 필요성을 불러일으킨 여러 도전 과제와 파편화에 관해 설명합니다. OpenTelemetry의 전신인 OpenTracing과 OpenCensus도 소개합니다. 증반부에는 OpenTelemetry가 어떻게 시작되어 오늘날의 위치에 오르게 되었는지 자세히 설명합니다. 마지막으로 OpenTelemetry를 이해하는 데 필수적인 여러 개념을 설명한 다음, 시그널에 관해 소개합니다. 또한 여러 리소스의 목적을 알아봅니다.
Chapter 2 OpenTelemetry 시그널: 분산 추적, 메트릭, 로그	OpenTelemetry를 구성하는 세 가지 시그널인 추적, 메트릭, 로그에 관해 설명합니다. 먼저 스팬, 추적, 컨텍스트 전파를 정의하여 분산 추적의 개념을 이해합니다. 그런 다음 서로 다른 측정값과 정보를 포착하기 위해 OpenTelemetry가 제공하는 계측으로 메트릭을 살펴봅니다. 또한 로그가 OpenTelemetry의 다른 시그널을 어떻게 지원하는지 설명하며, 각 시그널의 의미와 역할에 관한 이해를 돕기 위해 시맨틱 표기법도 소개합니다.
Chapter 3 자동 계측	수동 계측의 어려움과 한계를 극복하기 위해 OpenTelemetry 프로젝트가 시도하고 있는 방법에 관해 설명합니다. 그런 다음 여러 프로그래밍 언어로 자동 계측의 메커니즘을 자세히 알아봅니다.
Chapter 4 분산 추적: 코드 실행 추적	`grocery-store` 애플리케이션을 소개합니다. 그런 다음 OpenTelemetry API를 사용하여 추적 파이프라인과 추적 프로바이더, 스팬 처리기, 익스포터를 구성합니다. 추적기를 확보한 후에는 코드를 계측하여 추적을 생성합니다. 또한 속성, 이벤트, 링크, 상태, 예외를 사용하여 추적 데이터를 보강하는 방법에 관해 설명합니다.
Chapter 5 메트릭: 측정값 기록	애플리케이션의 메트릭을 포착하는 방법을 알아봅니다. 메트릭 포착은 미터 프로바이더, 미터, 익스포터와 같은 메트릭 파이프라인의 컴포넌트를 구성하는 것으로 시작합니다. 그런 다음 `grocery-store` 애플리케이션의 컨텍스트에서 개별 메트릭을 사용하기 전 메트릭을 수집하기 위해 OpenTelemetry에서 사용할 수 있는 계측에 관해 설명합니다.
Chapter 6 로그: 이벤트 포착	OpenTelemetry의 마지막 핵심 시그널인 로그를 다룹니다. 원격 측정 데이터를 내보내도록 로깅 파이프라인의 구성 요소를 설정하는 과정을 안내합니다. 그런 다음 기존 로깅 라이브러리를 사용해 OpenTelemetry와 상관관계를 맺음으로써 기록된 이벤트를 개선합니다.

Chapter 7 계측 라이브러리	grocery-store 애플리케이션을 수동으로 계측하는 방법을 살펴본 다음, 계측 라이브러리를 활용하여 자동으로 계측하는 방법을 알아봅니다. 자동 계측과 OpenTelemetry가 지원하는 환경 변수를 활용하여 코드에서 원격 측정 데이터를 빠르게 획득하는 방법을 설명합니다.
Chapter 8 OpenTelemetry 컬렉터	OpenTelemetry 컬렉터를 살펴봅니다. 컬렉터는 데이터를 다양한 백엔드 시스템으로 전달하기 전에 사용자가 데이터를 수집하고 집계할 수 있게 합니다. 컬렉터의 개념과 사용 사례뿐만 아니라 컬렉터가 해결하는 문제도 설명합니다. OpenTelemetry 프로토콜(OTLP)을 살펴본 후에는 grocery-store 애플리케이션을 수정하여 OTLP를 통해 컬렉터로 원격 측정 데이터를 보내도록 해봅니다.
Chapter 9 컬렉터 배포	다양한 배포 시나리오의 쿠버네티스 환경에서 OpenTelemetry 컬렉터를 배포하는 방법을 살펴봅니다. 쿠버네티스를 사용해 컬렉터를 사이드카, 에이전트, 게이트웨이 방식으로 배포하여 애플리케이션과 시스템 수준에서 원격 측정 데이터를 수집합니다.
Chapter 10 백엔드 시스템 설정	데이터를 저장하고 시각화하는 여러 오픈 소스 원격 측정 데이터 백엔드 시스템을 알아봅니다. 또한 로컬 환경에서 집킨, 예거, 프로메테우스, 로키를 OpenTelemetry와 함께 사용하는 방법을 살펴봅니다. 그런 다음 측정된 정보가 이러한 백엔드 시스템으로 전송되도록 애플리케이션 코드와 OpenTelemetry 컬렉터에서 익스포터를 설정합니다. 애플리케이션에서 원격 측정 데이터를 계측하고 수집한 뒤에는 수집된 정보를 활용해 시스템의 문제를 식별합니다.
Chapter 11 문제점 분석	운영 환경에서 발생하는 일반적인 문제를 효과적으로 식별하기 위해 OpenTelemetry 시그널 데이터 간에 상관관계를 만들고 활용하는 기술을 살펴봅니다. 또한 다양한 시나리오를 만들기 위해 임의의 부하를 만들거나 서비스 중지를 일으키는 카오스 엔지니어링 및 도구에 관해 소개합니다.
Chapter 12 샘플링	샘플링의 개념을 설명하고 분산 추적에 적용하는 방법을 알아봅니다. 헤드, 테일, 확률 샘플링 전략을 소개하고, 서로 다른 샘플링 구성을 비교할 수 있도록 OpenTelemetry API와 OpenTelemetry 컬렉터를 이용하여 샘플링을 구성합니다.

일러두기

이 책의 예제는 macOS x86-64 환경에서 파이썬 3.6~3.9 버전을 사용해 개발되었습니다. 가장 최신 파이썬용 OpenTelemetry 버전은 1.18.0이며, 메트릭과 로그를 지원하는 실험적 기능이 포함되어 있습니다. 새로운 버전이 발표되면 API 규격이 변경될 가능성이 높기 때문에 예제를 실행할 때 사용한 OpenTelemetry 버전에 유의해야 합니다. 파이썬용 OpenTelemetry의 최신 변경 사항은 공식 GitHub 저장소[4]를 참고하기 바랍니다.

책에서 사용한 소프트웨어 버전	운영체제 요구 사항
파이썬용 OpenTelemetry 1.18.0 이상	파이썬 3.6 이상의 버전과 도커를 실행할 수 있는 운영체제가 필요합니다. 책의 예제는 macOS x86-64 환경에서 만들어지고 테스트된 것입니다(대부분의 예제는
OpenTelemetry 컬렉터 0.42.0 이상	리눅스 환경과 macOS arm64 환경에서도 테스트되었습니다).

이 책의 많은 예제에서는 로컬 환경 배포를 위해 도커와 도커 컴포즈^{Docker Compose}를 사용합니다. 2022년 1월 기준으로 도커 데스크톱^{Docker Desktop}은 개인용, 교육용, 비상업적 오픈 소스 프로젝트에 대해서 무료 설치를 지원합니다. 어떤 이유로든 도커 데스크톱을 사용하기 어려운 경우에는 다른 대안을 사용해도 좋습니다.

디지털 버전으로 책을 보는 경우에도 코드를 직접 작성하거나 GitHub 저장소에서 다운로드하여 사용하기를 권장합니다. 이렇게 하면 코드를 복사하고 붙여넣는 과정에서 발생하는 잠재적인 문제를 피할 수 있습니다.

예제 코드

이 책의 예제 코드는 GitHub 저장소 *https://github.com/PacktPublishing/Cloud-Native -Observability*에서 다운로드할 수 있습니다. 코드가 변경되는 경우 이 GitHub 저장소의 코드도 업데이트됩니다.

---

4 *https://github.com/open-telemetry/opentelemetry-python/blob/main/CHANGELOG.md*

표기법

명령어, 데이터베이스 테이블 이름, 애플리케이션 이름, 폴더 및 파일 이름, 파일 확장자, 경로 이름, URL, 사용자 입력은 다음과 같이 코드 서체로 구분하여 표기합니다.

shopper.py 코드를 리팩터링하기 위해 추적기 인스턴스가 생성되는 지점을 main 메서드 바깥으로 옮기고 앞서 작성했던 메서드에 데코레이터를 추가해봅시다. 주목할 점은 main 메서드의 코드가 아주 간단해졌다는 점입니다.

코드 블록에서 주의 깊게 보아야 하는 부분이나 수정할 부분은 다음과 같이 별도의 색상으로 구분하여 표기합니다.

```python
from common import start_recording_memory_metrics

if __name__ == "__main__":
    start_recording_memory_metrics(meter)
    visit_store()
```

터미널 프롬프트는 회색 박스로 구분하여 표기합니다. 이 책에는 달러 기호($)로 표시되어 있지만 최신 macOS에서는 퍼센트 기호(%)를 사용합니다.

```
$ docker logs -n 2 shopper
DEBUG:urllib3.connectionpool:http://grocery-store:5000 "GET /
products HTTP/1.1" 200 107
INFO:shopper:message="add orange to cart"
```

▶▶ 목차

PART 1 기초

Chapter 1 관찰 가능성의 역사와 개념

▶▶ 목차

Chapter 2 OpenTelemetry 시그널: 분산 추적, 메트릭, 로그

목차

Chapter 5 메트릭: 측정값 기록

PART 3 원격 측정 데이터 활용

Chapter 8 OpenTelemetry 컬렉터

▶▶ 목차

Chapter **11** 문제점 분석

PART 1

기초

PART 1에서는 OpenTelemetry의 유래와 탄생 배경을 살펴봅니다. 이후에는 OpenTelemetry의 여러 가지 구성 요소와 개념을 알아봅니다.

관찰 가능성의
역사와 개념

소프트웨어 산업에서 관찰 가능성observability이라는 용어가 사용되기 시작한 것은 비교적 최근입니다. 그러나 관찰 가능성이 의미하는 개념과 목적은 꽤 오래전부터 통용되어 왔습니다. 사실 컴퓨터의 등장 초기부터 프로그래머들은 '시스템이 내가 의도한 대로 작동하고 있는 걸까?'라는 질문에 대한 답을 갈구했습니다.

일부 사람들에게 관찰 가능성은 추적trace, 메트릭metric, 로그log가 포함된 만능 솔루션을 구매하고 제품 통합을 구성한 후 일을 마치는 것으로 여겨집니다. 하지만 그 이면에는 이러한 도구가 제공하는 원격 측정telemetry 데이터를 생성, 수집하기 위한 메커니즘을 통해 소프트웨어 작동의 가시성을 높이는 작업이 포함됩니다. 다음은 시스템에 추가할 수 있는 원격 측정의 몇 가지 예입니다.

- 수신된 요청 수의 카운트 유지하기
- 이벤트가 발생했을 때 로그 추가하기
- 서버의 현재 메모리 사용량 기록하기
- 클라이언트부터 백엔드 서비스까지의 요청 추적하기

높은 품질의 원격 측정을 수행하는 것은 관찰 가능성에 관한 과제 중 일부에 불과하며, 다양한 유형의 원격 측정에서 발생하는 이벤트가 분석 중에 의미 있는 방식으로 연관되도록 보장해야 합니다. 정리하자면 관찰 가능성의 목표는 다음 질문에 대한 답을 찾는 것입니다.

- 운영 환경production에서 문제가 발생했을 때 문제를 식별하기 위해 필요한 증거는 무엇일까?

- 1분 전까지만 해도 멀쩡했던 서비스에 과부하가 걸리는 이유는 무엇일까?
- 클라이언트의 특정 조건이 내부 서비스의 비정상적인 작동을 유발하고 있을 때 사용자나 지원팀의 연락 없이 이런 현상을 알아차릴 수 있을까?

관찰 가능성은 분산 애플리케이션을 만들고 운영하는 사람들이 운영 환경에서 실행 중인 코드의 작동을 더 잘 이해할 수 있도록 힘을 실어줍니다.

Chapter 1에서 다룰 내용은 다음과 같습니다.

- 클라우드 네이티브 애플리케이션
- 데브옵스DevOps로의 전환
- 관찰 가능성의 역사
- OpenTelemetry의 역사
- OpenTelemetry의 개념

관찰 가능성의 역사를 살펴보기에 앞서 소프트웨어 산업의 변화를 이해하면 관찰 가능성이 가장 중요한 요구 사항이 될 수밖에 없는 이유를 알 수 있습니다. 클라우드 네이티브 애플리케이션부터 살펴봅시다.

1.1 클라우드 네이티브 애플리케이션

지난 수십 년 동안 애플리케이션을 만들고 배포하는 방법은 인터넷이 본격적으로 도입되면서 급격히 변화했습니다. 스트리밍 미디어, 소셜 네트워크, 온라인 쇼핑처럼 소프트웨어를 통해 제공되는 서비스에 대한 전례 없는 수요는 이런 서비스를 쉽게 이용할 수 있을 것이라는 기대감을 높였습니다. 또한 이러한 수요의 증가로 인해 개발자는 자신의 애플리케이션이 빠르게 확장되도록 만들어야 했습니다. 마이크로소프트, 구글, 아마존과 같은 클라우드 서비스 사업자는 몇 번의 클릭만으로 저렴하게 애플리케이션을 실행할 수 있도록 하여 전통적인 데이터 센터 기반 서버를 배포하는 것의 위험을 낮췄습니다. 이런 변화를 통해 개발자는 더 자유롭게 실험을 수행하고 더 많은 사용자를 만날 수 있게 되었습니다. 여기에 더하여 클라우드 서비스 사업자는 관리형 데이터베이스 서비스, 네트워크 인프라, 메시지 큐message queue와 같이 이전에는 조직 내부에서 통제해야 했던 다양한 서비스를 제공하기 시작했습니다.

클라우드 사업자가 제공하는 제품을 사용하는 것의 한 가지 이점은 조직이 비즈니스에 중요한 코드에만 집중하게 해준다는 점입니다. 이러한 제품은 비용과 시간을 투입해야만 하는 하드웨어 구현이나 전문성이 떨어질 수밖에 없는 서비스 운영을 대신 해줍니다.

클라우드 플랫폼의 이점을 최대한 활용하기 위해 개발자는 모놀리스monolith로 개발된 애플리케이션을 어떻게 재설계할지 살펴봐야 합니다. 모놀리스 애플리케이션을 클라우드 사업자 플랫폼 위에 배포하는 경우 다음과 같은 문제에 직면할 수 있기 때문입니다.

- 전통적으로 모놀리스를 확장하는 것은 모놀리스가 사용할 수 있는 리소스의 수를 증가시키는 것을 의미하며 수직적 확장vertical scaling으로 알려져 있습니다. 애플리케이션의 수직적 확장은 클라우드 서비스 사업자가 제공할 수 있는 리소스의 최대 크기까지만 가능합니다.

- 모놀리스의 신뢰성을 개선하는 것은 실패가 여러 번 발생하더라도 문제가 없도록 여러 개의 인스턴스를 배포하는 것을 의미합니다. 이것을 수평적 확장horizontal scaling이라고 하며, 이를 통해 다운타임downtime 을 회피합니다. 모놀리스의 크기에 따라 다르지만 보통은 비용의 증가로 이어집니다. 모놀리스가 제공하는 컴포넌트 전체를 필요로 하는 상황이 아니라면 리소스가 낭비될 수 있습니다.

이처럼 클라우드 플랫폼 기반으로 애플리케이션을 만들 때 생기는 문제들은 서비스 기반 아키텍처service-oriented architecture 또는 마이크로서비스 아키텍처microservice architecture, 즉 개발자가 제한적인 범위 내에서 느슨하게 연결된 서비스들로 애플리케이션을 구성할 수 있는 아키텍처를 채택하도록 만듭니다. [그림 1-1]의 왼쪽 도식은 애플리케이션을 구성하는 모든 서비스가 강하게 결합되어 있고 동일한 경계 내에서 작동하는 모놀리스 아키텍처를 나타냅니다. 반면 오른쪽 도식은 서비스들이 느슨하게 결합되어 있고 각 서비스가 각자의 경계 내에서 독립적으로 작동하는 마이크로서비스 아키텍처를 나타냅니다.

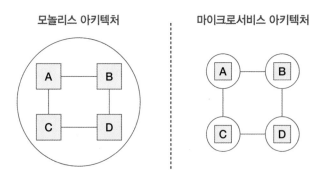

그림 1-1 모놀리스 아키텍처와 마이크로서비스 아키텍처 비교

마이크로서비스 아키텍처 기반의 애플리케이션은 더 높은 부하를 처리해야 할 수도 있는 컴포넌트에만 선택적으로 확장성을 제공하여 수평적 확장이 더 매력적인 옵션이 되도록 합니다. 물론 새로운 아키텍처는 도입에 따른 득실과 해결해야 하는 과제를 가지고 있습니다. 다음 항목들은 클라우드 네이티브 아키텍처의 새로운 과제로, 전통적인 모놀리스 시스템에서는 볼 수 없는 것들입니다.

- 이전에는 없었던 지연latency이 발생할 수 있고 애플리케이션이 예상치 못한 방식으로 실패할 수 있습니다.
- 서비스 간의 의존성 때문에 오류가 발생할 수 있으므로 애플리케이션은 연쇄적인 오류를 최소화하도록 방어적으로 만들어져야 합니다.
- 서비스 전반에 걸친 설정과 비밀값secret의 관리가 어렵습니다.
- 서비스 오케스트레이션이 복잡해집니다.

이러한 아키텍처 관점의 변화로 각 애플리케이션이 담당하는 범위가 상당히 줄어들어 개별 컴포넌트 확장의 필요성을 쉽게 이해할 수 있게 되었습니다. 하지만 독립적으로 작동하는 서비스 수의 증가와 복잡도의 상승은 전통적인 운영팀Ops team에게 새로운 숙제가 되고 있으며 조직은 이런 변화에 적응해야만 합니다.

1.2 데브옵스로의 전환

마이크로서비스로의 전환은 결과적으로 개발팀 구성 방식의 변화로 이어졌습니다. 거대한 단일팀이 모놀리스 애플리케이션을 관리하는 대신 여러 팀으로 나누어 각각의 마이크로서비스를 관리하도록 했습니다. 전통적인 소프트웨어 개발 방식에서 개발팀은 소프트웨어 개발이 완료되면 산출물을 이관하는데, 보통 소프트웨어를 운영 환경에 배포하거나 운영하는 역할을 수행하는 운영팀이 받게 됩니다. 따라서 개발팀과 서비스의 규모가 늘어나면 운영팀 역시 커져 관리하기 힘든 상태가 되며 종종 변화하는 소프트웨어의 요구 사항을 따라가지 못하는 문제가 발생하기도 합니다.

결과적으로 이런 문제는 개발팀을 전통적인 형태의 개발 및 운영 조직에서 하이브리드 형태의 데브옵스팀으로 변화시켰습니다. 데브옵스 접근 방식을 통해 개발팀은 직접 코드를 작성하고 테스트할 뿐만 아니라 빌드, 패키징, 배포, 코드 산출물의 운영까지 담당하게 되었습니다. 개발부터 운영까지 모든 소프트웨어 수명 주기에 걸친 개발자의 소유권은 많은 개발자와 조직이 소프트웨어 기능 개발을 가속화할 수 있게 해주었습니다. 물론 이러한 접근 방식에도 해결해야 할 과제가 여전히 존재합니다.

- 개발 조직 전반에 걸쳐 높아진 의존성은 전체 애플리케이션을 완벽히 파악하고 있는 사람이 없다는 것을 의미합니다.
- 조직 전반에 걸친 변경 사항을 추적하는 것은 어려운 일입니다. 이것은 '장애의 원인이 무엇인가?'라는 질문에 대한 답을 찾는 것을 더 어렵게 만듭니다.

따라서 각 팀은 훨씬 더 많은 도구에 익숙해져야 합니다. 하지만 그러다 보면 도구를 사용하는 목적이 아니라 도구 그 자체에 매몰되어 버리는 경우도 생깁니다. 또한 데브옵스의 빠른 적용은 새로운 문제를 야기합니다. 조직이 관리하는 시스템 전반에 관한 가시성이 충분히 확보되지 않으면 개발 조직은 발생한 문제의 근본 원인을 찾는 데 어려움을 겪게 됩니다. 이것은 더 자주, 더 오랫동안 장애가 발생하는 상황을 만들 수 있고 조직 구성원의 건강과 행복에 심각한 악영향을 끼칠 수 있습니다. 이제부터 변화하는 환경에 적응하기 위해 시스템을 관찰하는 방법이 어떻게 진화했는지 살펴봅시다.

1.3 관찰 가능성의 역사

여러 측면에서 컴퓨터가 하는 일을 이해하는 것, 특히 소프트웨어를 이용한 작업을 이해하는 것은 재미있는 일인 동시에 도전적인 일입니다. 시스템이 어떻게 작동하는지 이해하기 위한 여정은 2000년대 초반부터 여러 번의 시행착오를 반복하며 발전했습니다. 이 문제를 풀기 위해 시스템 모니터링, 로그 관리, 애플리케이션 성능 측정과 같은 여러 가지 시장이 생겨났습니다. 늘 그렇듯 새로운 어려움이 닥쳐오면 그 어려움에 도전하는 사람에게 기회의 문이 열립니다. 이 시기에 셀 수 없이 많은 벤더와 오픈 소스 프로젝트가 자체 시스템을 이용하여 서비스를 만들고 운영하는 사람들을 돕겠다며 출사표를 던졌습니다. 하지만 제어 이론에서 시작된 '관찰 가능성'이라는 용어는 근래에 들어서야 소프트웨어 산업에서 이야기되기 시작했습니다. 위키

피디아[5]에는 관찰 가능성이 다음과 같이 정의되어 있습니다.

> 제어 이론에서 관찰 가능성은 시스템의 외부 출력 정보로부터 시스템의 내부 상태를 얼마나 잘 추론할 수 있는지를 측정하는 척도입니다.

관찰 가능성은 수년간의 경험과 시행착오에서 얻은 교훈을 바탕으로 만들어졌으며, 이전에 사용된 관찰 모델이 진화한 결과물입니다. 따라서 현재의 관찰 가능성을 더 잘 이해하려면 클라우드 네이티브 애플리케이션 개발자가 사용하고 있는 방법이 어디서 유래했는지, 또 어떻게 변화했는지를 이해하는 것이 중요합니다. 우리는 이러한 내용을 다음 주제를 통해 살펴볼 것입니다.

- 중앙 집중식 로깅logging
- 메트릭과 대시보드
- 추적과 분석

중앙 집중식 로깅

프로그래머가 새로운 언어를 배우고 가장 먼저 작성하는 "Hello, World!"는 관찰 가능성의 형태를 띱니다. 터미널 화면에 어떤 문자열을 출력하는 것은 코드가 정상적으로 작동하고 있다는 것을 사용자에게 피드백하는 가장 빠른 방법입니다. 이것은 1960년대 후반 이후 "Hello, World!" 출력이 컴퓨팅 업계의 민속놀이처럼 자리잡은 이유이기도 합니다.

코드가 정상적으로 작동하지 않을 때 여전히 필자가 가장 즐겨 사용하는 디버깅 방법은 구문을 출력하는 것입니다. 예전에 여러 대의 서버를 사용하는 분산 애플리케이션의 트러블슈팅troubleshooting 과정에서 이 방법을 사용한 적이 있습니다. 익숙하지 않은 코드 편집기를 사용하다 생긴 오타로 인해 서비스 중 하나가 일시적으로 중단되었던 것이라 자랑할 만한 일은 아니지만요. 구문을 출력하는 것은 단순하고 훌륭한 디버깅 방법이지만 확장성에는 한계가 있습니다.

애플리케이션이 충분히 크거나 여러 시스템에 걸쳐 분산되어 있을 때 개별 서버의 로그를 검색하는 것은 비현실적입니다. 심지어 임시로 생성된 서버에서 애플리케이션이 작동할 가능성도 있기 때문에 로그가 유실되는 상황도 발생합니다. 이런 여러 가지 이유로 인해 영구 스토리지

---

5 https://en.wikipedia.org/wiki/Observability

기반으로 구성된 검색 가능한 중앙 저장소에 로그를 쌓을 필요가 생겼는데, 이것이 바로 중앙화된 로깅의 시작입니다.

많은 벤더가 검색과 로그 기반의 알림 기능을 갖춘 중앙화된 로그 저장소를 제공하고 있습니다. 또한 많은 오픈 소스 프로젝트에서 로그의 전송과 저장 메커니즘을 제공하여 로그 형식의 표준화 과제에 도전하고 있습니다. 잘 알려진 프로젝트는 다음과 같습니다.

- Fluentd[6]
- Logstash[7]
- Apache Flume[8]

추가로 중앙 집중식 로깅은 전체 시스템 데이터에 관한 메트릭을 생성할 기회를 제공합니다.

메트릭과 대시보드

메트릭은 관찰 가능성 세계에서 사용할 수 있는 도구 중 가장 잘 알려진 도구일 것입니다. 온도계의 온도, 자동차 주행 거리계의 속도, 시계의 시간 등이 대표적인 메트릭입니다. 인간은 무언가를 측정하거나 정량화하는 것을 좋아합니다. 컴퓨팅 초창기부터 컴퓨팅 리소스가 어떻게 활용되는지 추적하는 것은 다중 사용자 환경의 시스템이 모든 사용자에게 훌륭한 경험을 제공하는 데 있어 매우 중요한 것이었습니다.

오늘날 소프트웨어 개발에서 애플리케이션과 시스템의 성능을 일련의 메트릭을 통해 측정하는 것은 일반적인 일이 되었습니다. 이 메트릭은 시스템의 상태를 모니터링할 때 필요한 그래프로 변환되어 의미 있는 시각화를 제공합니다.

또한 오류 비율이 수용 가능한 규모를 넘어서는 것과 같이 임계치에 도달했음을 알려줄 경고를 설정할 때 메트릭이 사용됩니다. 어떤 환경에서는 애플리케이션 인스턴스의 수를 늘리거나 잘못된 배포를 롤백rollback하는 것처럼 시스템의 변화에 대한 대응으로 워크플로를 자동화하기 위해 메트릭을 사용하기도 합니다. 로깅과 마찬가지로 시간이 지남에 따라 점차 많은 벤더가

---

6 https://www.fluentd.org
7 https://github.com/elastic/logstash
8 https://flume.apache.org

메트릭, 대시보드, 모니터링, 알람에 대한 솔루션을 제공하기 시작했습니다. 메트릭을 다루는 대표적인 오픈 소스 프로젝트는 다음과 같습니다.

- 프로메테우스Prometheus[9]
- StatsD[10]
- Graphite[11]
- 그라파나Grafana[12]

이제 추적과 분석을 살펴봅시다.

추적과 분석

애플리케이션을 추적한다는 것은 애플리케이션 코드를 실행하고 원하는 작업을 제대로 수행하는지 확인할 수 있는 기능을 갖는 것을 의미합니다. 항상 그런 것은 아니지만 개발 진행 과정에서 GDB[13]나 파이썬의 PDB[14] 같은 디버거debugger의 도움을 받아 문제를 추적하는 것이 대표적입니다. 하지만 이 방법은 네트워크를 통해 다수의 서비스가 서로 다른 서버에서 작동하는 애플리케이션을 디버깅할 때는 사용하기 어렵습니다. 구글 연구원들은 이러한 상황에서 사용할 수 있도록 내부적으로 만든 대규모 분산 추적 시스템인 Dapper[15]에 관한 백서를 발간했습니다. 백서는 분산 시스템 디버깅의 어려움뿐만 아니라 이 문제를 다루기 위해 사용했던 여러 접근 방법을 담고 있습니다. 이 연구 내용은 오늘날 우리가 사용하는 분산 추적 시스템의 근간입니다. 백서가 발간된 뒤 분산 추적을 활용하는 도구와 시각화 애플리케이션을 제공하는 많은 오픈 소스 프로젝트가 등장했습니다.

- OpenTracing[16]
- OpenCensus[17]
- 집킨Zipkin[18]
- 예거Jaeger[19]

---

9 https://prometheus.io
10 https://github.com/statsd/statsd
11 https://graphiteapp.org
12 https://github.com/grafana/grafana
13 https://www.gnu.org/software/gdb/
14 https://docs.python.org/3/library/pdb.html
15 https://research.google/pubs/pub36356/
16 https://opentracing.io
17 https://opencensus.io
18 https://zipkin.io
19 https://www.jaegertracing.io

예상했겠지만 이런 수많은 도구의 등장은 오히려 관찰 가능한 시스템을 만들기 위해 무엇부터 시작해야 하는지를 알기 어렵게 만들었습니다. 즉, 사용자와 기업은 시작하기 전부터 많은 시간과 노력을 들여야만 했습니다. 그런 와중에 다른 마감 일정이 다가오면 더 어려운 일이 될 수밖에 없습니다. 또한 애플리케이션의 복잡도에 따라 애플리케이션을 계측instrument하는 데 상당히 많은 시간이 필요할 수 있으며, 이렇게 시간을 투자한 것에 대한 혜택은 꽤 시간이 흐른 뒤에 나타나기도 합니다. 시스템의 진화로 인해 초기에 구축한 도구를 사용하기 힘든 경우가 아니라면 투입된 시간과 비용, 요구되는 전문성 때문에 사용 중인 도구를 다른 도구로 변경하는 것이 무척 어렵습니다.

이렇듯 광범위한 방법, 도구, 라이브러리, 표준은 관련 산업과 오픈 소스 커뮤니티의 파편화를 초래했습니다. 파편화는 라이브러리가 다양한 형식을 지원하도록 만들었으며 이로 인해 구축된 환경의 차이를 보정하는 것은 온전히 사용자의 몫이 되었습니다. 또한 여러 프로젝트에서 사용 중인 서로 다른 도구의 기능 차이를 관리 및 유지하기 위해 더 많은 노력이 필요해졌습니다. 하지만 이 모든 문제는 사람들이 커뮤니티에 모이도록 하여 해결할 수 있었습니다.

애플리케이션 개발자, 도구의 진화, 도구가 담당하고 있는 역할을 배제한 채로 여러 가지 도구를 더 많이 파악해야 OpenTelemetry가 해결하고자 하는 대상과 문제의 범위를 더 잘 이해할 수 있습니다.

1.4 OpenTelemetry의 역사

2019년 초 OpenTelemetry 프로젝트는 OpenTracing과 OpenCensus라는 두 프로젝트의 병합으로 탄생했습니다. 프로젝트의 초기 목표는 두 개의 프로젝트를 하나로 합치는 것이었지만 클라우드 네이티브 소프트웨어에 대한 관찰 가능성 프레임워크를 제공하겠다는 야심이 프로젝트를 더 큰 과제로 만들었습니다. OpenTelemetry는 기본적으로 OpenTracing과 OpenCensus의 개념을 결합한 것이기 때문에 우선 이 두 프로젝트를 살펴볼 필요가 있습니다. 먼저 OpenTelemetry의 탄생을 알린 트윗[20]을 살펴봅시다(그림 1-2).

---

20 https://twitter.com/opencensusio/status/1111388599994318848

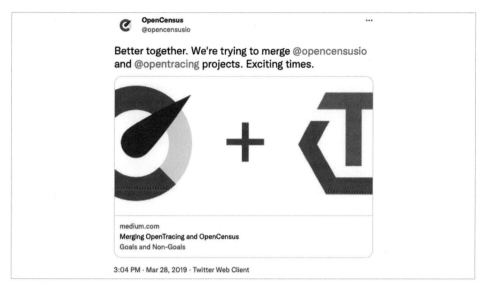

그림 1-2 OpenTracing과 OpenCensus의 병합을 알리는 트윗

OpenTracing

2016년에 시작된 OpenTracing[21] 프로젝트는 사용자가 시스템을 더 잘 이해하기 위한 수단으로 분산 추적을 채택하는 비율이 증가하는 것에 따른 문제를 해결하는 데 집중했습니다. 사용자들은 분산 추적 도입으로 인해 발생하는 비용과 서드파티third-party 라이브러리 품질 측정의 어려움 때문에 분산 추적 도입을 망설였는데, OpenTracing은 이 문제를 해결하기 위해 API 규격specification을 제공했습니다. 이 API는 분산 측정을 생성하는 구현과 독립적으로 활용될 수 있었기 때문에 애플리케이션 및 라이브러리 개발자가 API 호출 코드를 내장할 수 있었습니다. 기본적으로 API는 no-op 오퍼레이션처럼 작동하므로 특정한 작동을 지정하지 않았다면 아무런 일도 하지 않습니다.

이제 설명한 내용을 코드로 살펴봅시다. 특정 코드를 추적하기 위한 API 호출은 다음 예시 코드와 같습니다. 이 코드는 `global_tracer` 메서드를 이용하여 tracer 객체를 얻기 위해 전역 변수를 선언합니다. 추적기tracer는 OpenTracing과 OpenTelemetry에서 추적 데이터를 생성

---

21 *https://opentracing.io*

하기 위한 메커니즘입니다(《Chapter 2 OpenTelemetry 시그널》 및 《Chapter 4 분산 추적》 참고). 전역으로 설정된 추적기를 사용하는 것은 추적 코드 내에서 추가로 무언가를 설정할 필요가 없다는 것을 의미하며, 추적기 설정은 별도로 살펴볼 주제입니다. 다음 행에서는 추적기의 메인 블록 역할을 하는 스팬[span][22]을 시작합니다. 스팬에 관한 내용도 Chapter 2에서 자세히 다루기 때문에 여기서는 추적기가 어떤 방식으로 사용되는지에 주목하기 바랍니다.

```python
import opentracing
tracer = opentracing.global_tracer()
with tracer.start_active_span('doWork'):
    # 작업 수행
```

기본 no-op 구현은 계측 시 데이터 생성 및 수집 방법에 관해 개발자가 아무런 결정을 하지 않더라도 계측할 수 있다는 것을 말해줍니다. 또한 애플리케이션 내에서 분산 추적을 원하지 않는 계측 라이브러리 사용자가 추적기를 설정하지 않음으로써 받을 수 있는 성능상의 페널티 없이 라이브러리를 계속 사용할 수 있게 합니다. 반대로 분산 추적을 설정하고 싶은 사용자는 계측 데이터를 어떻게 생성할지 선택할 수 있습니다. 이러한 라이브러리 및 애플리케이션 사용자는 추적기 구현을 선택하고 설정합니다. 규격을 준수한 추적기 구현은 정의된 API[23]를 따르기만 하면 됩니다. 이 API는 다음과 같은 메서드를 포함합니다.

- 새로운 스팬의 시작
- 전달자[carrier]에게 이미 존재하는 스팬의 컨텍스트[context]를 주입
- 전달자로부터 스팬을 추출

이러한 API 규격과 함께 OpenTracing은 시맨틱 표기법[symantic convention]을 제공합니다. 이 표기법은 계측으로 수집된 원격 측정 결과의 품질을 개선하기 위한 가이드라인을 포함합니다. OpenTelemetry의 개념을 살펴보면서 시맨틱 표기법을 자세히 알아봅시다.

---

22 옮긴이_분산 시스템이 처리하는 하나의 작업 단위 혹은 요청을 의미합니다.
23 *https://github.com/opentracing/opentracing-python/blob/master/opentracing/tracer.py*

OpenCensus

OpenCensus[24]는 'Census'라는 이름으로 구글 내부에서 시작된 프로젝트지만 2017년 오픈소스로 공개된 후 커뮤니티의 폭넓은 지지를 받으면서 인기를 얻었습니다. 이 프로젝트는 애플리케이션 개발자가 쉽게 애플리케이션을 추적하고 메트릭을 생산 및 수집할 수 있도록 라이브러리를 제공했습니다. 또한 독립적인 에이전트로 작동하면서 애플리케이션의 원격 측정 대상역할을 하는 동시에 OpenCensus 컬렉터collector를 제공하여 백엔드 스토리지로 데이터를 전송 및 분석하도록 설정할 수 있습니다. 원격 측정 데이터는 OpenCensus에서 정의한 형식으로 가공되어 컬렉터로 전송됩니다. 컬렉터는 OpenCensus의 컴포넌트로 활용될 때 무척 강력합니다. [그림 1-3]에서 볼 수 있는 것처럼 많은 애플리케이션이 측정된 데이터를 단일 목적지로 송신하도록 설정되었습니다. 목적지로 송신된 데이터는 추가적인 애플리케이션 수정 없이도 데이터를 필요에 따라 제어할 수 있었습니다.

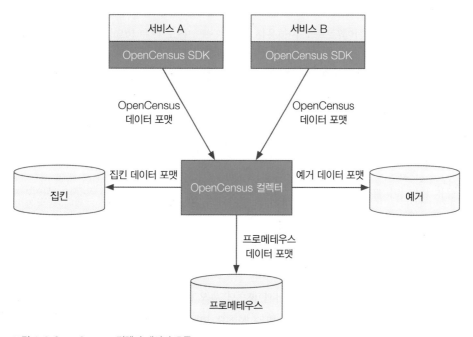

그림 1-3 OpenCensus 컬렉터 데이터 흐름

---

24 https://opencensus.io

OpenCensus에서 분산 추적을 지원하는 API의 개념은 OpenTracing의 API와 비슷합니다. 다만 OpenTracing과 달리 OpenCensus는 강하게 결합된 API와 소프트웨어 개발 키트software development kit(SDK)를 제공하므로 별도의 구현체를 설치하거나 설정할 필요 없이 OpenCensus를 이용할 수 있습니다. 이런 방식은 애플리케이션 개발자의 사용자 경험[25]을 단순화시켰지만 동시에 특정 언어 환경에서 자신의 코드를 계측하고 싶은 서드파티 라이브러리 개발자도 OpenCensus가 제공하는 SDK와 관련된 의존성을 따르도록 강제합니다.

앞서 이야기한 것처럼 OpenCensus는 애플리케이션 메트릭을 만들 수 있는 API를 제공했으며, 이는 OpenTelemetry에서 중요하게 다뤄지는 다음과 같은 핵심 개념으로 이어졌습니다.

- **측정값**measurement : 기록된 측정의 결과물 또는 생성된 메트릭 포인트
- **측정**measure : 기록 대상이 되는 정의된 메트릭
- **집계**aggregation : 측정값이 집계되는 방식
- **뷰**view : 데이터를 내보내는 방식을 결정하기 위한 측정과 집계의 결합

개발자는 애플리케이션의 메트릭을 수집하기 위해 측정값 기록을 위한 측정 방법을 정의하고, 데이터를 백엔드로 내보낼 수 있도록 집계한 다음, 뷰를 구성합니다. 제공되는 집계 방법으로는 카운트count, 분포distribution, 합계sum, 최종 값last value이 있습니다.

두 프로젝트가 인기를 얻으면서 사용자는 선택의 괴로움에 빠졌습니다. 두 프로젝트는 비슷해 보였고 어느 프로젝트를 이용하는 것이 적절한지 알기 어려웠습니다. 두 가지를 함께 사용하는 것 또한 쉬운 일이 아니었습니다. 분산 추적의 핵심 중 하나는 분산 시스템 내의 서로 다른 애플리케이션 간에 컨텍스트를 공유하는 것인데 두 프로젝트 사이에서는 제대로 작동하지 않았습니다. 사용자는 추적과 메트릭을 수집하기 위해 OpenCensus를 사용해야 하지만 OpenTracing만 지원하는 라이브러리가 필요한 경우 분산 추적에는 OpenTracing을, 메트릭에는 OpenCensus를 사용해야 했습니다. 말 그대로 완전히 엉망이었습니다. 이처럼 너무 많은 표준이 존재하는 상황이 문제라면 아예 새로운 표준을 만드는 것이 문제 해결의 지름길이 되기도 합니다. [그림 1-4]는 이런 상황을 아주 잘 포착한 만화로 XKCD[26]에서 가져온 것입니다.

---

25 옮긴이_개발자가 어떤 라이브러리나 API를 이용하기 위해 쏟아야 하는 노력과 시행착오에 따른 스트레스를 말합니다.
26 https://xkcd.com/927/

그림 1-4 표준은 어떻게 확산되는가?

만약 다음과 같은 상황이라면 새로운 표준을 만드는 것이 옳은 길일 가능성이 높습니다.

- 새로운 표준이 이전 표준의 시행착오를 기반으로 만들어졌는가?
- 다른 표준의 사용자 커뮤니티 등을 하나로 통합하는 것을 염두에 두고 있는가?
- 현재 통용되는 두 가지 표준을 대체할 수 있는가?

OpenCensus와 OpenTracing 과제를 이끌고 있는 사람들은 협력을 통해 두 오픈 소스 커뮤니티 사용자들이 새로운 표준으로 원활히 마이그레이션할 수 있도록 지원하여 각 프로젝트의 점진적인 폐기를 도모했습니다. 새로운 표준은 애플리케이션 계측이 필요한 사용자가 단일 표준을 사용할 수 있게 해줌으로써 계측 작업을 훨씬 쉽게 만들었습니다. 즉, 어떤 오픈 소스를 이용해 계측할 것인지 고민할 필요가 없어졌습니다.

클라우드 네이티브 소프트웨어를 위한 관찰 가능성

OpenTelemetry는 어떻게 애플리케이션을 계측하고 원격 측정 데이터를 생성, 수집, 전송할 것인지 표준화하는 것을 목표로 합니다. 또한 사용자에게 여러 시스템, 언어, 애플리케이션에 걸쳐 있는 원격 측정 데이터의 상관관계를 찾는 데 필요한 도구를 제공하여 자신이 만든 소프트웨어를 더 잘 이해할 수 있도록 하는 것도 목표로 삼고 있습니다. OpenCensus와 OpenTracing이 갖고 있는 핵심 기능이 OpenTelemetry에서도 작동하도록 하기 위해 세웠던 프로젝트의 초기 목표는 이제 새로운 프로젝트의 일부가 되었습니다. 프로젝트를 이끌고 있는 사람들은 기존의 두 오픈 소스 사용자에게 집중했고 OpenTracing과 OpenCensus 환경을 OpenTelemetry로 쉽게 이전할 수 있는 방법을 제공했습니다. 정리하자면 OpenTelemetry는 다음과 같은 특징을 갖습니다.

- 개방형 규격
- 언어별 특성에 맞춘 API와 SDK
- 계측 라이브러리
- 시맨틱 표기법
- 원격 측정 데이터 수집을 위한 에이전트
- 데이터 구성, 전송, 수신에 관한 프로토콜

OpenTelemetry는 2019년 5월 1일에 첫 커밋commit이 이루어졌고 OpenCensus와 OpenTracing의 리더들이 참여했습니다. 프로젝트는 매년 선거를 통해 구성되는 거버넌스governance 위원회가 관리하며, 선출된 대표자는 2년 임기로 거버넌스 위원회에서 봉사합니다. 또한 프로젝트는 기술 규격을 감독하고 프로젝트와 관련된 논의를 진행하며 언어별 구현을 검토하는 기술 위원회를 갖고 있습니다. 프로젝트 내에는 주제별 관심 그룹special interest group(SIG)이 운영되고 있는데, 이는 프로젝트가 지원하는 기능이나 기술에 초점을 맞춘 다양한 주제에 관심이 있는 사람들의 모임입니다. 각 언어별 구현에는 해당 언어에 특화된 도구나 프로세스를 통해 별도의 저장소를 관리하는 독립적인 메인테이너maintainer 및 승인자approver가 있는 자체 사용자 그룹이 있습니다. 프로젝트의 초기 작업들은 개방된 규격에 상당히 집중되어 있었습니다. 이렇게 준비된 규격은 언어별 구현에 관한 지침을 제공했습니다. 첫 커밋 이후 OpenTelemetry의 사용자뿐만 아니라 관찰 가능성 분야의 리더와 클라우드 서비스 벤더를 포함하는 200개가 넘는 조직이 프로젝트에 기여했습니다. 이 책의 집필 시점을 기준[27]으로 OpenTelemetry는 11개 언어에 대한 구현을 제공하고 있으며 18개의 주제별 관심 그룹이 운영되고 있습니다. OpenCensus와 OpenTracing이 합쳐진 이후, 프로메테우스와 OpenMetrics 프로젝트를 포함한 많은 오픈 소스 프로젝트 커뮤니티가 OpenTelemetry에 합류하고 있습니다. 이제 OpenTelemetry가 어떻게 탄생했는지 이해했으니 프로젝트의 개념을 살펴봅시다.

---

27 옮긴이_2023년 6월 기준으로도 동일합니다.

1.5 OpenTelemetry의 개념

OpenTelemetry는 거대한 생태계입니다. 따라서 코드를 다루기 전에 프로젝트에서 사용되는 개념과 용어를 살펴보면 이후의 학습이 더 수월할 것입니다. OpenTelemetry의 주요 개념은 다음과 같습니다.

- 시그널
- 파이프라인
- 리소스
- 컨텍스트 전파^{context propagation}

이제 하나씩 살펴봅시다.

시그널

다양한 종류의 원격 측정 데이터를 담을 수 있는 개방형 규격을 제공하기 위해 OpenTelemetry 프로젝트는 관심의 범주를 구성하는 용어에 관한 합의가 필요했습니다. 결론적으로 이것을 '시그널^{signal}'이라 부르기로 했습니다. 시그널은 자기 자신의 값을 제공하도록 설정할 수 있는 독립 컴포넌트입니다. OpenTelemetry 커뮤니티는 사용자에게 가능한 한 빨리 데이터를 제공할 수 있도록 시그널을 중심으로 한 결과물에 작업을 맞추기로 했습니다. 시그널 관점에서 프로젝트와 관심사를 분리함으로써 커뮤니티는 데이터를 제공하는 데 집중할 수 있었습니다. 추적과 배기지^{baggage} 시그널[28]은 2021년 초에 공개되었고 이어서 메트릭 시그널이 공개되었습니다. OpenTelemetry에서 각 시그널은 다음과 같은 내용을 제공합니다.

- 시그널 구현을 위해 필요한 일련의 규격 문서
- 구현상에서 시그널을 나타내는 데이터 모델 표현
- 애플리케이션과 라이브러리 개발자가 코드에서 사용할 API
- API를 사용해 원격 측정 데이터를 만들 때 필요한 SDK
- 일관성 있는 고품질 데이터를 얻기 위해 사용되는 시맨틱 표기법
- 쉽게 구현해 사용할 수 있는 계측 라이브러리

OpenTelemetry에서 최초에 정의한 시그널은 추적, 메트릭, 로그, 배기지입니다. 시그널은

---

28 옮긴이_자세한 설명은 책의 중반부에서 다룹니다. 여기서는 스팬 간에 전달되는 컨텍스트 정보 정도로 생각해도 무방합니다.

OpenTelemetry의 핵심 개념이며 여러분은 앞으로 이 개념에 익숙해질 것입니다.

규격

OpenTelemetry 관점에서 가장 중요한 것은 사용자가 쓰고 있는 언어에 관계없이 유사한 경험을 예상할 수 있게 하는 것입니다. 이것은 개방형 규격에서 OpenTelemetry를 따르는 구현이 어떤 형태가 되어야 하는지를 표준으로 정의하여 달성할 수 있습니다. 규격 작성 절차는 유연하지만 OpenTelemetry 개선 제안OpenTelemetry Enhancement Proposal (OTEP) 작성을 통해 대규모의 새로운 기능이나 기능 요소를 제안하는 경우가 많습니다. 제안하는 기능이 지나치게 특정 언어에 의존적이지 않도록 하기 위해 OTEP는 여러 가지 언어로 작성된 프로토타입 코드와 함께 제출됩니다. OTEP가 승인되고 병합되면 규격 작성이 시작됩니다. OpenTelemetry의 모든 규격은 GitHub 저장소[29]에서 확인할 수 있으며 누구든지 기여할 수 있고 리뷰에 참여할 수도 있습니다.

데이터 모델

데이터 모델은 특정한 시그널을 구성하는 컴포넌트의 표현 방식을 정의합니다. 각 컴포넌트가 가져야 하는 필드와 다른 컴포넌트와의 상호 작용 방법에 관한 규격을 제공합니다. 이렇게 만들어진 시그널 정의의 일부는 API와 SDK가 지원하는 활용 사례를 명확하게 해주기 때문에 특히 중요합니다. 또한 데이터 모델은 표준을 구현하는 개발자에게 데이터가 어떻게 작동해야 하는지 설명합니다.

API

애플리케이션을 계측하는 것은 애플리케이션 기반 코드의 크기에 따라 비용이 굉장히 많이 들 수 있습니다. 사용자에게 API를 제공하면 계측 기능을 제공하는 벤더에 의존하지 않는 방식으로 코드 계측 절차를 진행할 수 있습니다. API는 원격 측정 데이터를 생성하는 코드와 분리되어 있기 때문에 더 적합해 보이는 구현으로 교체할 수 있는 유연성을 사용자에게 제공합니다. 이 인터페이스는 라이브러리와 프레임워크에 따라 달라질 수 있으며, 원격 측정을 전송하고자 하는 최종 사용자에 의해서만 데이터가 전송되도록 구성할 수 있습니다. API를 이용해서 자신의 코드를 계측하지만 SDK를 구성하지 않은 사용자는 설계상 원격 측정 데이터를 볼 수 없습니다.

---

29 https://github.com/open-telemetry/opentelemetry-specification

SDK

SDK는 OpenTelemetry에서 매우 중요한 역할을 수행합니다. SDK는 원격 측정 데이터를 생성하고, 집계하고, 전송하는 기반 시스템을 구현합니다. 또한 원격 측정 결과를 어떻게 수집하고 어디로, 어떻게 전송해야 하는지를 구성하는 제어 기능을 제공합니다. SDK의 설정은 코드 내에서 구성하거나 (규격 이야기를 하면서 언급했던 것처럼) 환경 변수를 통해 구성할 수도 있습니다. SDK는 API와 분리되어 있기 때문에 OpenTelemetry가 제공하는 SDK를 쓰는 것은 사용자의 선택입니다. 사용자와 벤더는 요구 사항에 더 잘 맞는 SDK를 직접 구현할 수도 있습니다.

시맨틱 표기법

원격 측정은 생각보다 어려운 작업이 될 수 있습니다. 획득한 데이터를 여러분이 원하는 대로 지칭할 수 있기 때문인데 이렇게 하면 데이터 분석이 어려워질 수 있습니다. 예를 들어 HTTP 요청 처리 시간을 서버 A에서는 측정값에 `http.server.duration`으로 이름을 붙이고 서버 B에서는 `http.server.request_length`로 이름을 붙인다면, 총 지속 시간을 구하기 위해서는 두 측정값의 차이를 인식하고 추가 연산을 해야만 합니다. OpenTelemetry가 이런 상황을 그나마 쉽게 다룰 수 있도록 시도하고 있는 방법이 시맨틱 표기법입니다. 즉, 여러 형태의 애플리케이션이나 워크로드에 관한 정의를 제공하여 원격 측정의 일관성을 개선하는 것입니다. 시맨틱 표기법이 다루는 여러 가지 애플리케이션 또는 프로토콜의 형태는 다음과 같습니다.

- HTTP
- 데이터베이스
- 메시지 큐
- 서비스로서의 기능Function-as-a-Service(FaaS)
- 원격 프로시저 호출remote procedure call(RPC)
- 프로세스 지표

시맨틱 표기법의 전체 목록은 상당히 방대하며 규격 저장소[30]에서 확인할 수 있습니다. [표 1-1]은 데이터베이스 쿼리에 관한 시맨틱 표기법의 일부를 발췌한 내용입니다.

---

30 https://github.com/open-telemetry/opentelemetry-specification/tree/main/specification/trace/semantic_conventions

표 1-1 OpenTelemetry 규격에 기술된 데이터베이스 시맨틱 표기법[31]

속성	타입	내용	예시	필수 여부
db.system	string	사용 중인 데이터베이스 관리 시스템 (DBMS) 식별자	other_sql	○
db.connection_string	string	데이터베이스 연결 시 사용할 커넥션 스트링. 문자열 내에 포함된 크리덴셜 credential[32]은 삭제하는 것을 권고	Server=(localdb)\ v11.0;Integrated Security=true;	×
db.user	string	데이터베이스에 접근하기 위한 사용자명	readonly_user; reporting_user	×
net.peer.ip	string	접속자의 원격지 주소(점으로 구분된 IPv4 또는 RFC5952 규격을 따르는 IPv6 주소)	127.0.0.1	
net.peer.name	string	원격지 호스트명 또는 상응하는 문자열	example.com	
net.peer.port	int	원격지 포트 번호	80; 8080; 443	조건부
net.transport	string	사용된 전송 프로토콜	IP.TCP	조건부

보고된 원격 측정 데이터의 일관성은 궁극적으로 데이터의 사용자가 정보를 활용하는 능력에 영향을 미칩니다. 시맨틱 표기법은 어떤 원격 측정이 이루어져야 하는지와 데이터를 어떻게 식별할 것인지에 관한 정보를 제공합니다. 즉, 시맨틱 표기법은 개발자가 관찰 가능성을 학습할 수 있는 강력한 도구입니다.

계측 라이브러리

사용자가 OpenTelemetry를 쉽고 빠르게 사용할 수 있도록 OpenTelemetry의 SIG에 의해 다양한 언어의 계측 라이브러리가 만들어졌습니다. 이 라이브러리들은 유명한 오픈 소스 프로젝트나 프레임워크를 위한 계측 기능을 제공합니다. 예를 들어 파이썬 환경을 위한 계측 라이브러리는 Flask, requests, Django 등을 지원합니다. 라이브러리 구현에 사용된 메커니즘은 각 언어별 환경에 맞춰져 있으며 사용자가 코드 변경 없이 원격 측정을 할 수 있게 해주는 자동 계측 기능과 함께 사용됩니다. 계측 라이브러리는 OpenTelemetry 조직의 지원을 받고 있으며 시맨틱 표기법을 준수합니다.

---

31 https://github.com/open-telemetry/opentelemetry-specification/blob/main/specification/trace/ semantic_conventions/database.md#connection-level-attributes

32 옮긴이_특정인이 제한된 정보나 리소스에 접근하기 위한 자격을 일컫는 용어입니다.

시그널은 클라우드 네이티브 애플리케이션을 계측하여 얻은 원격 측정 데이터의 핵심입니다. 독립적으로 사용될 수도 있지만 OpenTelemetry의 진정한 힘은 사용자가 자신의 시스템을 더 잘 이해할 수 있도록 여러 시그널을 관련지을 수 있게 하는 데 있습니다. 시그널을 살펴봤으니 이제 OpenTelemetry의 다른 개념들도 살펴봅시다.

파이프라인

각 시그널이 획득한 원격 측정 데이터가 유용하게 쓰이려면 저장과 분석을 수행할 수 있도록 데이터 저장소에 저장되어야 합니다. 이를 위해 각 시그널 구현체는 원격 측정 데이터를 생성, 처리, 전송할 수 있는 일련의 메커니즘을 제공합니다. 이것은 [그림 1-5]에 나타낸 것처럼 파이프라인으로 생각할 수 있습니다.

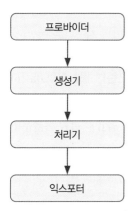

그림 1-5 원격 측정 파이프라인

원격 측정 파이프라인의 각 컴포넌트는 중요한 원격 측정 데이터가 누락되지 않도록 애플리케이션 코드의 초반부에서 초기화하는 것이 일반적입니다.

> 많은 프로그래밍 언어에서 환경 변수를 이용해 파이프라인을 설정할 수 있습니다. 자세한 내용은 〈Chapter 7 계측 라이브러리〉에서 살펴보겠습니다.

파이프라인이 설정되었다면 원격 측정 데이터를 기록하기 위해 생성기와 상호 작용하기만 하면 됩니다. 정보를 수집하고 전송하는 것은 파이프라인의 몫입니다. 파이프라인의 각 컴포넌트를 자세히 살펴봅시다.

프로바이더

원격 측정 파이프라인은 프로바이더provider에서 시작됩니다. 프로바이더는 설정 가능한 팩토리factory로, 원격 측정 데이터를 생성할 때 사용하는 엔티티entity에 애플리케이션이 접근할 수 있게 합니다. 애플리케이션에서 여러 개의 프로바이더를 설정할 수도 있지만 SDK가 제공하는 기본 전역 프로바이더를 사용할 수도 있습니다. 프로바이더는 애플리케이션 코드의 초반부, 특히 원격 측정 데이터가 생성되기 전에 설정되어야 합니다.

원격 측정 생성기

코드의 여러 지점에서 SDK를 통해 프로바이더가 만든 원격 측정 생성기generator를 사용할 수 있습니다. 이 생성기는 대부분의 사용자가 애플리케이션을 계측하고 API를 사용하는 동안 상호 작용하는 대상이 됩니다. 생성기는 계측하는 시그널에 따라 다른 이름을 갖습니다. 추적 시그널은 '추적기'라고 부르며 메트릭 시그널은 '미터meter'로 칭합니다. 이름은 서로 다르지만 원격 측정 데이터를 생성하기 위해 존재한다는 목적 자체는 동일합니다. 생성기를 만들면 애플리케이션과 계측 라이브러리는 프로바이더로 생성기의 이름을 전달해야 합니다. 필수는 아니지만 생성기의 버전 식별자도 프로바이더로 전달할 수 있습니다. 이 정보는 생성된 원격 측정 데이터의 추가 정보로 활용됩니다.

처리기

원격 측정 데이터가 생성되면 처리기processor를 통해 데이터의 콘텐츠를 추가로 수정할 수 있습니다. 처리기는 데이터가 어떤 빈도로 처리되어야 하는지, 데이터가 어떻게 추출되어야 하는지를 결정합니다.

익스포터

원격 측정 데이터가 애플리케이션 컨텍스트를 빠져나가기 전에 거치는 마지막 단계는 익스포터exporter입니다. 익스포터의 역할은 OpenTelemetry의 내부 데이터 모델을 익스포터가 이해한 형식으로 변환하는 것입니다. OpenTelemetry 프로젝트에서는 다음과 같은 다양한 추출 형식과 프로토콜을 지원합니다.

- OpenTelemetry 프로토콜
- 콘솔
- 예거
- 집킨
- 프로메테우스
- OpenCensus

파이프라인은 원격 측정 데이터를 생성하고 내보낼 수 있게 해줍니다. 이후에 파이프라인을 실제로 설정해보면서 파이프라인이 제공하는 유연성이 어떻게 많은 사용 사례를 수용하는지 알아보겠습니다.

리소스

기본적으로 리소스는 서로 다른 시그널에 적용된 일련의 속성으로 볼 수 있습니다. 리소스는 개념적으로 봤을 때 원격 측정 데이터의 출처가 서버인지, 컨테이너인지, 함수인지 식별할 때 사용됩니다. 이 정보는 데이터 분석 시 동일 리소스 내에서 발생한 서로 다른 이벤트를 관련짓는 데 사용될 수 있습니다. 리소스 속성은 데이터를 백엔드 시스템으로 보내기 전 시그널로부터 전달받은 원격 측정 데이터를 추출할 때 추가됩니다. 리소스는 보통 애플리케이션 시작 시 설정되고 프로바이더와 연결됩니다. 또한 애플리케이션 수명 주기 동안 변하지 않는 것이 일반적입니다. 자주 사용되는 리소스 속성은 다음과 같습니다.

- `service.name`: 서비스명
- `service.version`: 서비스의 버전 식별자
- `host.name`: 서비스가 작동하고 있는 호스트명

추가로 규격은 데이터를 더 풍부하게 만들기 위해 리소스 감지기detector를 정의합니다. 리소스를 수동으로 만들 수도 있지만 리소스 감지기가 제공하는 편리한 메커니즘을 통해 환경에 특화된 데이터를 자동으로 추출할 수 있습니다. 예를 들어 구글 클라우드 플랫폼Google Cloud

^{Platform}(GCP) 리소스 감지기[33]는 [표 1-2]에 나열된 데이터를 찾기 위해 구글 API를 이용합니다.

표 1-2 GCP 리소스 감지기 속성

GCP 리소스 감지기 속성	
cloud.provider	k8s.cluster.name
cloud.account.id	k8s.namespace.name
cloud.availability_zone	k8s.pod.name
host.id	container.name

리소스와 리소스 감지기는 시맨틱 표기법을 따릅니다. 리소스는 애플리케이션 전반에 걸쳐 원격 측정 데이터를 풍부하고 의미 있으면서도 일관성 있게 만드는 핵심 컴포넌트입니다.

데이터의 의미를 보장하는 것의 또 다른 중요한 측면은 컨텍스트 전파입니다.

컨텍스트 전파

관찰 가능성의 가장 강력하면서도 도전적인 영역은 컨텍스트 전파입니다. 분산 추적의 핵심 개념인 컨텍스트 전파는 논리적으로 분리되어 있는 서비스 사이에 중요한 컨텍스트 정보를 전달할 수 있는 기능을 제공합니다. 컨텍스트 전파는 여러 시스템에 걸쳐 있는 요청을 분산 추적이 연결할 수 있게 해줍니다. OpenTracing이 그랬던 것처럼 OpenTelemetry에서도 컨텍스트 전파는 핵심 컴포넌트입니다. 컨텍스트 전파는 추적뿐만 아니라 배기지로 알려져 있는 사용자 정의 값도 전파되도록 합니다. 배기지는 여러 시그널에 걸친 원격 측정에 주석을 붙일 때 사용됩니다.

컨텍스트 전파는 OpenTelemetry 규격의 일환으로 컨텍스트 API를 정의하며 이것을 사용하는 시그널로부터 독립적입니다. 일부 프로그래밍 언어는 이미 내장된 컨텍스트 메커니즘을 갖고 있습니다. 파이썬 3.7 이상에서 제공되는 ContextVar나 Go의 context 패키지가 대표적입니다. 규격에서는 이러한 기존 메커니즘을 활용하여 컨텍스트 API를 구현하도록 권장합니다. 또한 OpenTelemetry는 경계를 초월하여 컨텍스트를 전파할 때 필요한 인터페이스와 메커니

---

33 https://www.npmjs.com/package/@opentelemetry/resource-detector-gcp

즘의 구현체를 제공합니다. 다음 코드는 서비스 A와 B가 어떻게 컨텍스트 API를 이용하여 컨텍스트를 공유하는지 잘 보여줍니다.

```python
from opentelemetry.propagate import extract, inject

class ServiceA:
    def client_request():
        inject(headers, context=current_context)
        # ServiceB를 호출하고 헤더를 전달합니다.

class ServiceB:
    def handle_request():
        # ServiceA의 요청을 수신합니다.
        context = extract(headers)
```

[그림 1-6]은 서비스 A에서 서비스 B로 요청을 보내는 두 가지 경우를 보여줍니다. 첫 번째 요청은 컨텍스트 전파 없이 요청을 보낸 경우입니다. 서비스 B는 서비스 A가 갖고 있던 추적 정보나 배기지 정보를 알 수 없습니다. 두 번째 요청은 서비스 A가 서비스 B로 보내는 요청에 컨텍스트 정보가 주입된 경우입니다. 서비스 B는 요청에서 정보를 추출하여 서비스 A의 추적 및 배기지 정보를 확보할 수 있습니다.

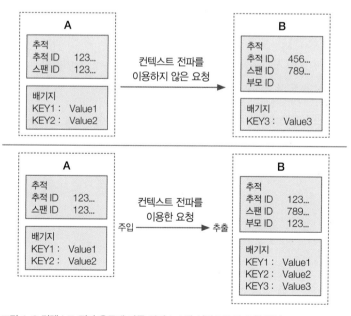

그림 1-6 컨텍스트 전파 유무에 따른 서비스 A와 서비스 B의 요청 차이

코드와 그림으로 살펴본 컨텍스트 전파는 백엔드에서 요청 송신 측과 수신 측을 하나로 묶을 수 있게 하며 서비스 A의 데이터셋을 서비스 B가 활용하도록 합니다. 컨텍스트 전파 사용 시 겪을 수 있는 어려움은 제대로 작동하지 않는 상황이 발생했을 때 그 이유를 알기 어렵다는 점입니다. 여기서 제대로 작동하지 않는 상황이란 설정 문제로 인해 컨텍스트가 제대로 전파되지 않는 것일 수도 있고 네트워크로 인한 문제일 수도 있습니다. 컨텍스트 전파는 나중에 다시 다루겠습니다.

정리하기

Chapter 1에서는 관찰 가능성의 개념과 클라우드 네이티브 애플리케이션에서 관찰 가능성이 해결할 수 있는 문제를 알아보았습니다. 원격 측정 데이터를 생성하고 애플리케이션의 관찰 가능성을 개선하는 데 사용할 수 있는 여러 가지 메커니즘을 살펴보면서 관찰 가능성의 영역이 어떻게 진화해왔고 여전히 남아 있는 문제는 무엇인지 이해했습니다.

또한 OpenTelemetry 프로젝트의 역사를 살펴보면서 OpenTelemetry의 유래와 목표를 알아보았습니다. 그런 다음 OpenTelemetry를 이용하여 원격 측정 데이터의 생성을 시작하는 데 필요한 용어와 빌딩 블록을 제공하는 추적, 메트릭, 시그널 로깅, 파이프라인을 만드는 컴포넌트에 관해 배웠습니다. 이 과정을 통해 고품질의 원격 측정 데이터 생성이라는 관찰 가능성의 첫 번째 과제를 해결할 수 있습니다. 리소스와 컨텍스트 전파를 이해함으로써 여러 서비스와 시그널에 걸쳐 일어나는 이벤트의 상관관계를 찾을 수 있고, 시스템을 더 잘 이해하기 위해 데이터 연결이라는 관찰 가능성의 두 번째 과제를 풀 수 있습니다.

이제 현실에서 이 모든 것이 어떻게 함께 작동하는지 자세히 살펴볼 차례입니다. Chapter 2에서는 OpenTelemetry를 이용해 애플리케이션을 계측하여 분산 추적, 메트릭, 로그, 시맨틱 표기법에 관해 더 깊게 알아봅시다. 그런 다음 분산 시스템이 생성한 원격 측정 데이터를 살펴봅시다.

Chapter 2

OpenTelemetry 시그널: 분산 추적, 메트릭, 로그

애플리케이션 계측을 처음 배우는 것은 결코 쉬운 일이 아닙니다. 계측 코드를 살펴보기 전에 이해해야 할 용어가 꽤 많기 때문입니다. 목표를 설정하면 동기 부여가 됨은 물론이고 학습 페이스를 유지하는 데 도움이 되므로 목표를 설정해봅시다. Chapter 2의 목표는 OpenTelemetry의 이론을 배우면서 OpenTelemetry를 통해 생성된 실제 원격 측정 데이터가 어떤 형태를 띠는지 알아보는 것입니다. 구체적으로 다뤄볼 주제는 다음과 같습니다.

- 분산 추적
- 메트릭
- 로그
- 시맨틱 표기법을 사용하여 일정한 품질의 데이터 생성하기

더 현실감 있게 용어를 이해하고 원격 측정 데이터에 익숙해질 수 있도록 다양한 오픈 소스 도구를 이용해 원격 측정 데이터를 조회하고 시각화해봅시다.

2.1 환경 설정

이번에는 OpenTelemetry를 이용해 grocery-store 애플리케이션을 계측하고 다양한 시그널 개념을 이해하기 위해 여러 가지 백엔드 시스템을 사용합니다. 시스템 환경은 도커 컴포즈를

이용해 구성합니다. 우선 도커 공식 가이드[34]에 따라 도커를 설치합니다. 설치를 완료했다면 다음 명령으로 로컬 시스템에서 도커가 정상 실행되는지 확인합니다.[35]

```
$ docker version
Client:
  Cloud integration: 1.0.14
  Version: 20.10.6
  API version: 1.41
  Go version: go1.16.3 ...
```

도커 컴포즈를 이용해야 하기 때문에 컴포즈도 설치되었는지 확인합시다.

```
$ docker compose version
Docker Compose version 2.0.0-rc.2
```

컴포즈는 최신 버전의 도커 클라이언트에 포함되어 있습니다. 혹시 이 명령을 실행했을 때 오류가 발생한다면 도커 공식 홈페이지에 있는 컴포즈 설치 가이드[36]를 참고하여 컴포즈를 설치하기 바랍니다. 이전 버전의 도커 컴포즈를 사용하고 있다면 도커 컴포즈가 제공하는 명령어로 설치 유무를 확인할 수 있습니다.

이해를 돕기 위해 우리가 사용할 도커 환경의 컨테이너 구조를 [그림 2-1]에 정리했습니다. 그림 왼쪽에 위치한 애플리케이션의 원격 측정 데이터는 컬렉터로 보내져 처리되고 오른쪽에 위치한 백엔드 시스템으로 전달됩니다. 이후의 설명을 위해 각 컨테이너가 외부로 열어놓은 포트 정보도 그림에 나타냈습니다.

---

34 *https://docs.docker.com/get-docker/*
35 옮긴이_설치 시점에 따라 개별 버전은 책의 내용과 다를 수 있습니다.
36 *https://docs.docker.com/compose/install/*

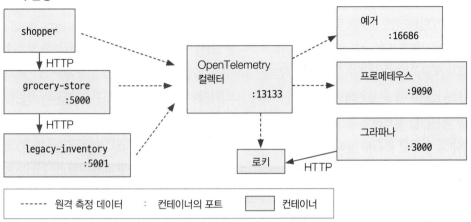

그림 2-1 도커 환경의 컨테이너 구조

여기서 언급한 오픈 소스 프로젝트는 다음과 같으며 OpenTelemetry 데이터를 저장하거나 시각화하는 데 사용됩니다.

- 예거[37]
- 프로메테우스[38]
- 로키|Loki[39]
- 그라파나[40]

계속해서 이 도구들을 사용할 것이기 때문에 반드시 각 프로젝트의 공식 홈페이지에 방문해보고 조금이라도 익숙해지는 것이 좋습니다. 물론 예제를 수행하는 데 각 도구에 관한 선행 지식이 필요한 것은 아닙니다. 이 도구들은 〈Chapter 10 백엔드 시스템 설정〉에서 더 자세히 살펴볼 것입니다.

여기서 다루는 애플리케이션을 실행하기 위해 필요한 설정 파일은 이 책의 GitHub 저장소[41] chapter02 폴더에 있습니다. 다음 명령을 사용하여 저장소의 내용을 다운로드합니다.

---

37 *https://www.jaegertracing.io*

38 *https://prometheus.io*

39 *https://github.com/grafana/loki*

40 *https://grafana.com/oss/grafana/*

41 *https://github.com/PacktPublishing/Cloud-Native-Observability*

```
$ git clone https://github.com/PacktPublishing/Cloud-Native-Observability
$ cd Cloud-Native-Observability/chapter02
```

애플리케이션과 원격 측정 백엔드 시스템을 실행하기 위해 다음 명령을 실행합니다.

```
$ docker compose up
```

우리가 생각한 대로 도구가 작동하는지, 웹 브라우저에서 접근이 가능한지 확인하기 위해 다양한 도구를 시험해보겠습니다. *http://localhost:16686* 주소에 접속하여 예거 시험을 시작해봅시다. **예거**가 잘 실행되었다면 [그림 2-2]와 같은 인터페이스가 표시됩니다.

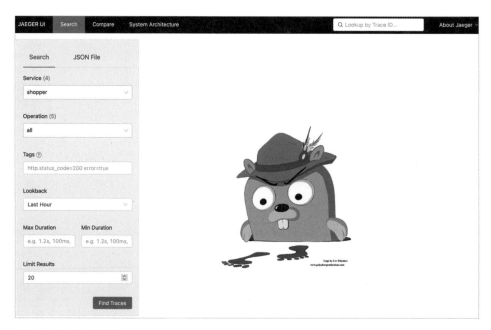

그림 2-2 예거 웹 인터페이스

이번에는 *http://localhost:9090* 주소로 접근하여 또 다른 백엔드 시스템인 프로메테우스를 시험해봅시다. **프로메테우스**가 제공하는 웹 인터페이스는 [그림 2-3]과 같습니다.

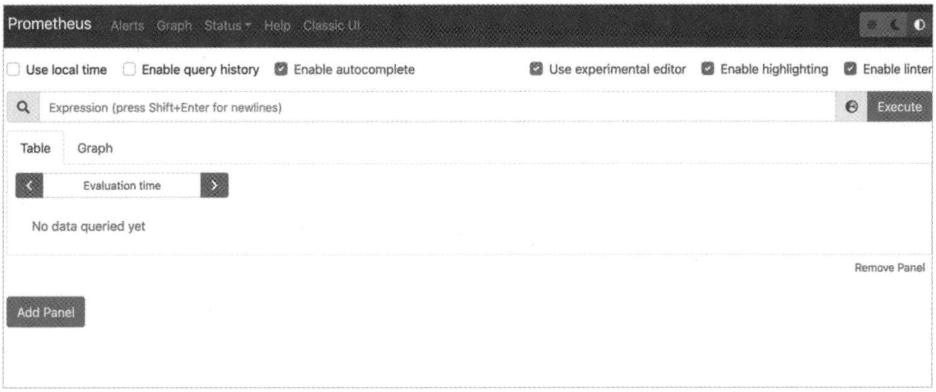

그림 2-3 프로메테우스 웹 인터페이스

마지막 백엔드 시스템은 로그를 조회할 때 사용할 로키입니다. 우리는 **그라파나**를 대시보드로 이용하여 들어오는 로그를 시각화할 것입니다. 로키는 그라파나의 Explore 기능을 통해 사용할 수 있습니다. *http://localhost:3000/explore* 주소를 방문하여 그라파나가 작동하는지 확인해 봅시다. 문제가 없다면 [그림 2-4]와 같은 화면이 표시됩니다.

그림 2-4 그라파나 웹 인터페이스

다음으로 확인할 애플리케이션은 OpenTelemetry 컬렉터입니다. 이 애플리케이션은 예제 애플리케이션에서 생성된 모든 원격 측정 데이터를 적절한 시스템으로 라우팅해주는 역할을 수행합니다. 컬렉터는 헬스 체크^{health check}를 위한 엔드포인트를 제공하며 자세한 내용은 〈Chapter 8 OpenTelemetry 컬렉터〉에서 살펴보겠습니다. 지금은 이 엔드포인트가 컬렉터의 상태 정보를 알려준다는 것을 이해하는 것만으로 충분합니다. 다음 curl 명령으로 헬스 체크 엔드포인트를 확인해봅시다.

```
$ curl localhost:13133
{"status":"Server available","upSince":"2023-06-10T15:42:02.7345149Z","uptime":"9.
3414709s"}
```

마지막으로 grocery-store 데모 애플리케이션을 구성하는 컨테이너가 실행 중인지 확인합니다. 확인을 위해 curl 명령으로 애플리케이션의 상태를 알려주는 애플리케이션 엔드포인트에 접근합니다. 꼭 curl을 사용해야 하는 것은 아니며 웹 브라우저처럼 HTTP 요청을 보낼 수 있는 도구라면 어떤 것이든 좋습니다. 다음 명령을 입력해 grocery-store 애플리케이션의 상태를 확인합니다.[42]

```
$ curl localhost:5000/healthcheck
{
    "service": "grocery-store",
    "status": "ok"
}
```

같은 명령을 사용하되 포트 번호만 5001로 변경하여 inventory 애플리케이션의 상태를 확인할 수도 있습니다.

```
$ curl localhost:5001/healthcheck
{
    "service": "inventory",
    "status": "ok"
}
```

---

42 옮긴이_macOS 환경의 Monetary 이후 버전에서는 Airplay Receiver가 5000번 포트를 사용하고 있어 grocery-store가 정상적으로 실행되지 않을 수 있습니다. 시스템 환경설정의 공유 항목에서 Airplay Receiver를 비활성화하면 충돌을 막을 수 있습니다. 그 외에도 특정 포트에서 실행되지 않는 컨테이너가 있다면 해당 포트를 점유하고 있는 프로세스를 확인하여 중지하기 바랍니다.

shopper 애플리케이션은 사용자가 이용하게 될 클라이언트 애플리케이션으로, 헬스 체크를 위한 엔드포인트를 제공하지 않습니다. 대신 애플리케이션이 보내는 로그를 살펴보며 애플리케이션의 정상 작동 여부를 판단할 수 있습니다. shopper 애플리케이션이 남기는 로그 메시지를 확인하기 위해 docker logs 명령을 사용합니다. 실행 시점과 환경에 따라 출력되는 결과물은 다소 차이가 있을 수 있지만 shopper 애플리케이션이 grocery-store 애플리케이션에 연결하고 있다는 정보가 출력될 것입니다.

```
$ docker logs -n 2 shopper
DEBUG:urllib3.connectionpool:http://grocery-store:5000 "GET /
products HTTP/1.1" 200 107
INFO:shopper:message="add orange to cart"
```

docker logs 명령을 사용해 다른 컨테이너가 남기는 로그 메시지를 살펴볼 수도 있습니다. 실습을 마무리한 후에는 stop 매개변수를 이용해 실행 중인 컨테이너를 종료하고 rm 매개변수로 컨테이너 자체를 삭제할 수 있습니다.

```
$ docker compose stop
$ docker compose rm
```

Chapter 2의 모든 예제는 여러분이 구성한 도커 컴포즈 환경이 작동하고 있다는 것을 전제로 합니다. 도커 컴포즈가 작동 중인지 의심이 들면 언제든 이 절로 돌아와 여러분의 환경이 정상인지 확인해보기 바랍니다. 이제 추적을 시작으로 OpenTelemetry의 여러 시그널에 관해 알아봅시다.

2.2 분산 추적

OpenTelemetry의 추적 시그널은 분산 추적을 기반으로 합니다. 분산 추적은 시스템의 여러 지점에서 생성된 일련의 이벤트 데이터이며 고유한 식별자로 연결되어 있습니다. 이 식별자는 요청 처리에 참여하는 모든 컴포넌트에 전파되어 각 컴포넌트가 수행한 작업과 이벤트 데이터를 원래의 요청에 연결합니다. [그림 2-5]는 애플리케이션을 통해 식료품 주문을 처리하는 과정을 보여줍니다.

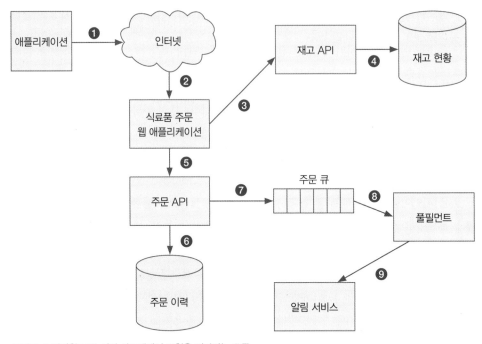

그림 2-5 간단한 주문 처리 시스템에서 요청을 처리하는 흐름

각 추적은 전체 시스템에 대한 고유한 요청을 나타내며 동기와 비동기 요청으로 구분됩니다. **동기 요청**은 순차적으로 발생하는 요청으로, 다음 작업으로 넘어가기 전에 완료되어야 하는 단위 작업을 의미합니다. 클라이언트 애플리케이션이 서버로 요청을 보낸 뒤 다음 작업을 진행하기 전에 서버의 응답을 기다리거나 사용을 제한하는 것이 대표적인 동기 요청입니다. 반면 **비동기 요청**은 동시에 수행되거나 독립적으로 처리될 수 있는 일련의 작업을 의미합니다. 큐에 메시지를 송신하거나 일괄 처리 작업을 수행하는 프로세스와 같은 서버 애플리케이션이 비동기 요청에 속합니다. 이 때 추적에 기록된 각 작업은 시스템에서 처리된 작업의 단위를 의미하는 **스팬**으로 표기됩니다. 추적에 기록된 데이터의 세부 내용을 살펴봅시다.

추적 심층 분석

분산 추적을 지원하는 여러 시스템이 개발되면서 추적의 구성 요소에 관한 정의도 진화했습니다. 웹 진화에 관한 협업을 수행하는 세계적인 그룹 월드 와이드 웹 컨소시엄World Wide Web Consortium(W3C)은 추적의 정의와 표준을 만들기 위해 2017년 작업 그룹working group[43]을 결성했습니다. **추적 컨텍스트**Trace Context 규격에 관한 첫 번째 버전은 2020년 2월에 완성되었고 W3C의 웹 사이트[44]에서 확인할 수 있습니다. OpenTelemetry는 추적에 관한 정보를 담고 있으며, 시스템 전반에 전파되어야 하는 **스팬 컨텍스트**SpanContext를 W3C의 권고에 따라 정의하고 있습니다. 스팬 컨텍스트를 구성하는 요소는 다음과 같습니다.

- **추적 ID**라고 불리는 고유 식별자는 전체 시스템에서 요청을 식별합니다.

- 두 번째 식별자인 **스팬 ID**는 컨텍스트와 상호 작용한 최종 스팬과 연결됩니다. 하위 스팬이 존재하는 경우 상위 스팬의 스팬 ID는 **부모 식별자**parent identifier라고 불리기도 합니다.

- **추적 플래그**trace flag는 추적 수준trace level, 샘플링 여부sampling decision와 같이 추적에 관한 추가 정보를 담고 있습니다.

- 벤더 특화 정보는 **추적 상태**trace state 필드를 이용하여 전달할 수 있습니다. 상태 필드는 개별 벤더가 각자의 시스템에서 필요로 하는 정보를 전파하여 추적 데이터를 해석할 수 있도록 해줍니다. 예를 들어 벤더가 추적 정보에 추가 식별자를 요구하는 경우 vendorA=123456과 같은 형태로 추적 상태 필드에 값을 넣습니다. 다른 벤더가 필요로 하는 정보도 같은 방식으로 추가할 수 있으며 이를 통해 각 벤더 간에도 추적을 공유할 수 있습니다.

스팬은 단일 메서드 호출 또는 메서드 내에서 호출되는 코드의 일부분을 나타냅니다. 추적 내에 존재하는 여러 스팬은 부모-자식 관계로 연결되어 있으며 각 자식 스팬은 자신의 부모 스팬에 관한 정보를 갖고 있습니다. 추적 내에 있는 첫 번째 스팬을 루트 스팬root span이라고 부르는데 부모 스팬에 관한 식별자를 가지고 있지 않다는 특징이 있습니다. [그림 2-6]은 일반적인 추적과 추적에 관계된 스팬의 모습을 도식화한 것입니다. 가로축은 추적 작업의 지속 시간duration을 나타내고, 세로축은 가장 위에 있는 첫 번째 작업을 시작으로 각 스팬이 포착한 작업의 발생 순서를 보여줍니다.

---

43 옮긴이_특정한 목표를 달성하기 위해 함께 일하는 전문가 그룹을 의미합니다.

44 https://www.w3.org/TR/trace-context-1/

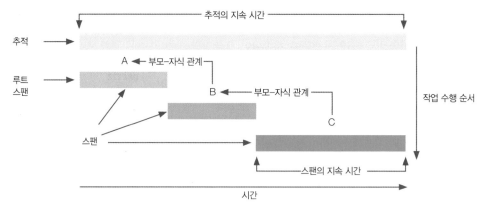

그림 2-6 시각적으로 표현된 추적

grocery-store 애플리케이션의 원격 측정 데이터로부터 생성된 샘플을 이용해 추적을 자세히 살펴봅시다. 브라우저 주소창에 *http://localhost:16686/*을 입력해 예거 웹 인터페이스에 접근합니다.[45]

왼쪽 검색창의 가장 위쪽에 있는 Service 드롭다운 메뉴에서 서비스를 선택한 다음 [Find Traces] 버튼을 눌러 검색합니다. [그림 2-7]은 shopper 서비스에 관한 추적입니다.

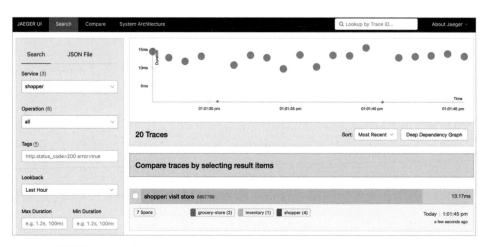

그림 2-7 추적 검색 결과

---

45 옮긴이_docker compose stop 등으로 컨테이너 실행을 중지했다면 docker compose up 명령으로 컨테이너를 실행한 후 브라우저를 통해 예거에 접근하기 바랍니다.

특정 추적에 관한 상세 정보를 확인하기 위해 검색 결과의 추적 하나를 선택합니다. [그림 2-8]은 grocery-store 애플리케이션을 통해 생성된 추적의 상세 정보를 보여줍니다. 상세 정보에 포함된 내용은 다음과 같습니다.

1 요청의 고유 추적 ID. OpenTelemetry는 추적 ID를 128비트 정수형 값으로 표현합니다. 다른 시스템에서는 이것을 64비트 정수형 값으로 표현한다는 것에 주목해야 합니다. 많은 시스템에서 정수형 값은 16진수 문자를 포함하는 문자열로 인코딩됩니다.

2 요청이 시작된 시간

3 요청의 지속 시간(루드 스팬의 종료 시간에서 시작 시간을 뺀 값)

4 요청에 포함된 서비스의 수

5 요청에 기록된 스팬의 수

6 추적에 포함된 스팬의 계층 구조

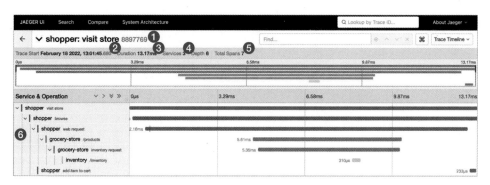

그림 2-8 예거를 통한 추적 조회

[그림 2-8]은 시스템이 요청을 처리하는 동안 어디에서 얼마만큼의 시간을 사용했는지를 직관적으로 보여줍니다. 그 뿐만 아니라 실제 코드를 보지 않더라도 어떤 식으로 구현되어 있을지 가늠할 수 있게 해줍니다. 더 상세한 정보는 각 스팬에 기록되어 있습니다. 어떤 정보가 더 있는지 살펴봅시다.

스팬의 상세 정보

앞서 언급한 것처럼 추적에 기록된 작업은 개별 단위 또는 더 작은 작업으로 나뉘며 이것을 스팬이라고 부릅니다. 스팬은 다음과 같은 정보를 담고 있는 데이터 구조체입니다.

- 고유 식별자
- 부모 스팬의 식별자
- 기록된 작업의 이름
- 시작 시간과 종료 시간

OpenTelemetry는 스팬의 고유 식별자를 64비트 정수형 값으로 표현합니다. 스팬의 시작 시간과 종료 시간은 작업의 지속 시간을 계산할 때 사용됩니다. 또한 스팬은 키-값 쌍의 형태로 메타데이터를 포함할 수 있습니다. 예거와 집킨에서는 이 키-값 쌍을 태그^{tag}라 부르고, OpenTelemetry에서는 속성^{attribute}이라 부릅니다. 용어는 서로 다르지만 두 경우 모두 추가 컨텍스트와 함께 제공된 데이터에 관해 더 자세한 정보를 제공하려는 목적을 갖고 있습니다. [그림 2-9]는 예거를 통해 수집된 특정 스팬의 상세 정보를 조회하는 화면으로, 다음과 같은 내용을 담고 있습니다.

❶ 스팬이 나타내는 작업 식별자의 이름으로, 예시의 경우 /inventory가 작업의 이름입니다.

❷ SpanID는 고유의 64비트 식별자로, 16진수로 인코딩된 값입니다.

❸ Start Time은 요청의 시작 시간을 기준으로 한 작업의 상대적인 시작 시간입니다. 예시의 경우 요청이 시작되고 8.36ms가 지난 후에 작업이 시작되었다는 의미입니다.

❹ Duration은 작업이 완료되기까지 소요된 시간이며 스팬에 기록된 작업 시작 시간과 작업 종료 시간을 이용해 계산됩니다.

❺ Service는 작업과 원격 측정을 시작하도록 한 애플리케이션을 식별하는 이름입니다.

❻ Tags는 기록된 작업에 대한 추가 정보를 나타냅니다.

❼ Process는 요청된 작업을 수행하는 애플리케이션이나 프로세스의 정보를 표시합니다.

그림 2-9 스팬의 상세 정보

스팬에 포착된 많은 태그는 시맨틱 표기법을 따릅니다. 이 내용은 잠시 후에 더 자세히 알아보겠습니다.

추가 고려 사항

시스템이 분산 추적 정보를 만들 때 추가적인 가시성을 제공하는 것의 상충관계^{tradeoff}를 고려할 필요가 있습니다. 추적 정보를 생성하는 것은 애플리케이션 관점에서 봤을 때 잠재적인 성능 부하가 발생할 수 있는 작업입니다. 특히 정보의 수집과 전송이 애플리케이션의 요청 처리 과정의 일환으로 처리되는 경우 추가적인 지연이 발생할 수 있습니다. 또한 정보를 수집하기 위해서는 필연적으로 리소스 할당이 필요하기 때문에 메모리가 과다하게 사용될 수도 있습니다. 이러한 고민들은 OpenTelemetry가 제공하는 설정으로 크게 줄일 수 있는데 자세한 내용은 〈Chapter 4 분산 추적〉에서 살펴볼 것입니다.

데이터를 어떤 저장소로 보내는지에 따라 네트워크 대역폭이나 스토리지 용량처럼 추가 비용이 발생할 수 있다는 점도 고려해야 합니다. 이런 비용을 줄이는 한 가지 방법은 필요한 만큼의 데이터만 샘플링하여 생성되는 데이터의 총량을 줄이는 것입니다. 샘플링에 관한 내용은 〈Chapter 12 샘플링〉에서 심도 있게 알아볼 것입니다.

분산 추적 데이터 생성과 관련된 또 다른 과제는 컨텍스트가 모든 서비스에 정확하게 전파되어야 한다는 점입니다. 시스템 전반에 걸쳐 추적 ID를 제대로 전파하지 못하면 요청이 다수의 추적으로 쪼개져서 기록될 뿐만 아니라 결과적으로 수집된 정보를 활용하기 어렵게 만들고 때에 따라서는 전혀 도움이 되지 않을 수도 있습니다.

마지막으로 고려해야 할 점은 애플리케이션을 정확히 계측하는 데 필요한 노력입니다. 다른 고려 사항에 비해 노력이 적게 드는 작업도 OpenTelemetry가 제공하는 계측 라이브러리를 이용해 더 쉽게 계측할 수 있습니다.

추적을 자세히 살펴보았으니 이제 메트릭을 알아봅시다.

2.3 메트릭

분산 추적과 마찬가지로 메트릭도 작동 중인 시스템의 상태 정보를 개발자와 운영자에게 제공합니다. 메트릭을 통해 수집된 데이터는 시간 단위로 집계되고 여러 가지 도구와 시각화를 통해 그래프로 작성되어 추세와 패턴을 파악하는 데 사용됩니다. CPU 사이클과 같은 저수준 시스템 메트릭부터 오늘 판매된 파란색 스웨터의 수와 같은 고수준 정보까지 메트릭의 응용 범위는 굉장히 넓습니다. 이러한 예는 조직 내 여러 그룹에 도움이 될 것입니다.

추가로 메트릭은 애플리케이션의 상태를 모니터링하고 온-콜on-call 엔지니어에게 알림을 보낼 시기를 결정하는 데 중요한 역할을 합니다. 메트릭은 애플리케이션의 성능 측정 지표인 **서비스 수준 지시자**service level indicator(SLI)[46]의 근간이 됩니다. 이 지시자는 조직에서 오류 예산error budget[47] 계산 시 사용하는 **서비스 수준 목표**service level objective(SLO)[48]를 설정할 때 사용됩니다.

> SLI, SLO, **서비스 수준 협약서**service level agreement(SLA)는 서드파티 의존성이 서비스 가용성에 영향을 미칠 수 있는 운영 환경에서 필수적으로 살펴봐야 하는 주제입니다. 이 주제와 관련하여 책에서 다루지 못한 부분은 구글 엔지니어들이 쓴 『사이트 신뢰성 엔지니어링』(제이펍, 2018)[49]에서 자세히 알아볼 수 있습니다.

OpenTelemetry의 메트릭 시그널은 많은 오픈 소스 데이터 포맷을 통합 데이터 모델로 병합합니다. 기본적으로 OpenMetrics, StatsD, 프로메테우스에서 사용 중인 기존 정의, 요구 사항, 사용법을 확인하여 각 커뮤니티의 사용 사례가 새로운 표준을 통해 이해되고 해결될 수 있도록 합니다.

메트릭 심층 분석

거의 모든 것은 메트릭이 될 수 있습니다. 특정한 시점에 값을 기록했다면 메트릭을 얻을 수 있습니다. 일반적으로 메트릭이 갖는 필드는 다음과 같습니다.

---

46 https://en.wikipedia.org/wiki/Service_level_indicator
47 옮긴이_사용자가 불편을 느끼지 않을 오류와 장애의 규모를 측정하고 수용 여부를 결정하기 위해 사용되는 개념입니다.
48 https://en.wikipedia.org/wiki/Service-level_objective
49 https://sre.google/sre-book/service-level-objectives/

- 기록된 메트릭을 식별할 수 있는 이름

- 정수 또는 부동소수점으로 표현된 데이터 포인트 값. 히스토그램이나 요약의 경우 메트릭에 연결된 값이 하나 이상일 수 있습니다.

- 메트릭의 추가적인 측정 기준 정보. 사용하는 메트릭 수집 백엔드 시스템에 따라 측정 기준 정보를 표현하는 방식이 다릅니다. 프로메테우스는 이러한 정보를 레이블label로 표현하고 StatsD에서는 메트릭 이름에 접두사prefix로 추가하는 것이 일반적입니다. OpenTelemetry에서는 기준 정보를 메트릭의 속성값으로 추가합니다.

데모 애플리케이션이 보낸 메트릭으로 만든 데이터를 살펴봅시다. 프로메테우스 인터페이스에 접근하기 위해 웹 브라우저로 *http://localhost:9090* 주소에 접근합니다. 프로메테우스 사용자 인터페이스는 메트릭 이름을 이용하여 시계열 데이터베이스를 쿼리할 수 있는 기능을 제공합니다. [그림 2-10]에는 request_counter 메트릭 값을 보여주는 테이블이 있습니다. 결과 테이블에 출력된 내용을 자세히 살펴봅시다.

❶ 메트릭의 이름은 request_counter입니다.

❷ 이 메트릭에 대해 기록된 측정 기준은 키-값 쌍으로 출력되며 중괄호 안에 키가 굵게 표시됩니다. 예제에서 service_name 레이블은 세 개의 서로 다른 메트릭으로 기록되어 있으며 각각은 shopper 서비스, inventory 서비스, grocery-store 서비스입니다.

❸ 예시에서 보고된 값은 정수입니다. 이 값은 메트릭 타입에 따라 마지막으로 수신된 값 또는 계산된 현재 값입니다.

그림 2-10 프로메테우스 메트릭의 테이블 뷰

테이블 뷰는 누적된 현재 값을 보여줍니다. 기록된 메트릭을 조회하는 또 다른 방법은 [그림 2-11]에서 확인할 수 있습니다. 프로메테우스가 수신하는 데이터는 시간에 따라 저장되기 때문에 선 그래프를 생성할 수 있습니다. 인터페이스의 Graph 탭을 눌러 어떤 형태로 차트가 그려지는지 확인해봅시다.

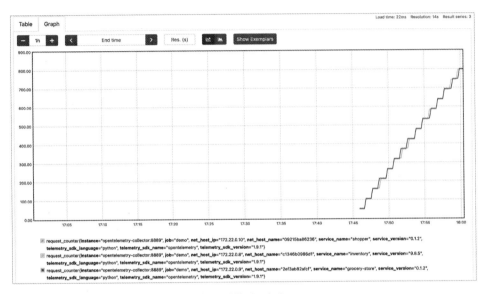

그림 2-11 프로메테우스의 그래프 기능으로 살펴본 동일한 메트릭 값

시간을 기준으로 메트릭 값을 살펴보면 시작 시간이나 사용량 추세 등 서비스에 관한 추가 정보를 추론할 수 있습니다. 또한 메트릭을 시각화하여 이상 anomalie 을 감지할 수 있습니다.

데이터 포인트 타입

메트릭은 광범위한 정보를 표현하는 데 사용되는 서로 다른 측정값들을 캡슐화하는 일반적인 용어입니다. 따라서 데이터는 다양한 데이터 포인트 타입으로 포착됩니다. [표 2-1]은 메트릭이 수집할 수 있는 여러 종류의 데이터 포인트를 보여줍니다.

표 2-1 히스토그램, 요약, 게이지, 카운터 데이터 포인트

히스토그램	값
최소	0
최대	100
개수	20
간격	10
분포	
0-10	1
10-20	1
20-30	1
30-40	2
40-50	4
50-60	4
60-70	3
70-80	2
80-90	1
90-100	1

요약	값
개수	10
최대	0,99ms
최소	3,44ms
합계	8,56ms
분위수	
p50	1,37ms
p75	2,82ms
p99	3,44ms

게이지	값
최종	37,5

카운터	값
최종 증분	19

각 데이터 포인트 타입은 다양한 시나리오에서 조금씩 다른 의미로 사용됩니다. 동일한 이름의 타입이라도 누가 수집했느냐에 따라 그 의미가 다를 수 있다는 점을 염두에 두어야 합니다. 예를 들어 StatsD의 카운터는 매번 그 값이 초기화되지만[50] 프로메테우스의 카운터는 카운터를 기록하고 있는 프로세스가 재시작되기 전까지 값을 누적합니다.[51] 다음 정의들은 데이터 포인트 타입이 OpenTelemetry 표준에서 어떤 방식으로 표현되는지 설명합니다.

- **합계**는 기록된 값의 증가량을 측정합니다. 증가량은 단조증가일 수도 있고 그렇지 않을 수도 있으며, 집계에 사용한 시간적 특성aggregation temporality을 고려해야 합니다. 시간적 특성은 다음 중 하나가 될 수 있습니다.

  A. 증분 집계delta aggregation : 이전 기록과 비교했을 때 변화된 값을 보고합니다.

  B. 누적 집계cumulative aggregation : 변화된 값뿐만 아니라 이전에 보고된 합계도 포함합니다.

50 https://github.com/statsd/statsd/blob/master/docs/metric_types.md#counting
51 https://prometheus.io/docs/concepts/metric_types/#counter

누적 합계cumulative sum는 애플리케이션이 재시작되면 초기화됩니다. 따라서 애플리케이션에서의 이벤트를 식별하는 데 유용하지만 이러한 작동 특성을 사용자가 제대로 인지하지 못한 경우 문제가 발생한 것으로 오해할 수도 있습니다.

[그림 2-12]는 일정 기간 동안의 방문자 수를 보고하는 합계 카운터의 예시입니다. 오른쪽 표는 시간 집계temporal aggregation 유형에 따라 기대되는 값을 보여줍니다.

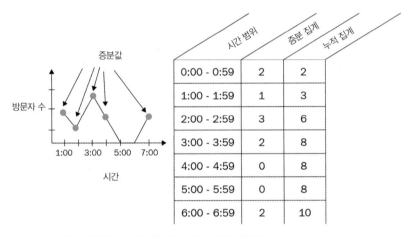

시간 범위	증분 집계	누적 집계
0:00 - 0:59	2	2
1:00 - 1:59	1	3
2:00 - 2:59	3	6
3:00 - 3:59	2	8
4:00 - 4:59	0	8
5:00 - 5:59	0	8
6:00 - 6:59	2	10

그림 2-12 변화 집계와 누적 집계 사용 시 기대되는 합계 결괏값

합계 데이터 포인트는 합계를 계산하기 위한 시간 범위도 포함합니다.

- **게이지**gauge는 관찰 시점의 최종 또는 현재 값을 측정한 비단조non-monotonic 값을 나타냅니다. 일부 정보가 누락되었음을 의미할 수도 있지만 큰 영향을 미치는 내용은 아닙니다. 예를 들면 [그림 2-13]은 매시간 단위로 측정한 온도를 나타냅니다. 더 세부적인 데이터 포인트를 사용하면 온도의 증감을 더 자세히 나타낼 수 있습니다. 하지만 만약 주 단위 또는 월 단위로 온도의 변화 추세를 관찰하는 것이 목적이라면 온도 증감을 세부적으로 표현할 필요는 없을 것입니다.

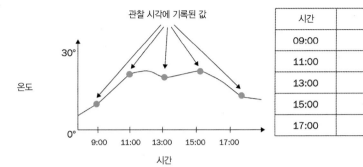

시간	온도
09:00	10
11:00	26
13:00	25
15:00	27
17:00	13

그림 2-13 기록된 게이지 값

다른 환경과 다르게 OpenTelemetry의 게이지는 증가하거나 감소하지 않고 기록된 값으로 설정됩니다. 관찰 시점에 대한 타임스탬프 값은 데이터 포인트에 포함되어야만 합니다.

- **히스토그램** 데이터 포인트는 아주 상세한 정보를 나타내는 개별 측정값을 보여주는 대신 데이터를 분포에 따라 그룹화하고 요약하여 더 많은 데이터 포인트를 압축해서 볼 수 있게 합니다. [그림 2-14]는 응답 시간 분포를 나타내는 데이터 포인트의 히스토그램 예시입니다.

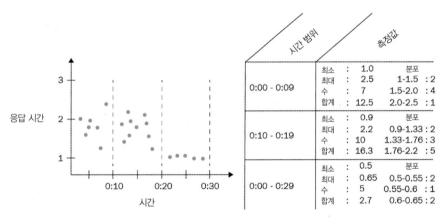

그림 2-14 히스토그램 데이터 포인트

합계와 마찬가지로 히스토그램은 변화 또는 누적 집계를 제공하며 기록된 관찰의 시간 범위 값을 갖고 있어야 합니다. 누적 집계의 경우 분포에서 포착된 데이터 포인트는 각 기록에서 계속 누적된다는 점을 기억합시다.

- **요약**summary 데이터 타입은 히스토그램과 비슷하지만 분포의 **분위수**quantile를 히스토그램보다 더 자세히 제공합니다. 분위수는 **백분위수**percentile라고도 부르는데, 특정 한계점threshold 내에 포함되는 값의 개수를 의미하며 0부터 1사이의 소수로 표현됩니다. 예를 들어 1.1, 2.9, 7.5, 8.3, 9, 10, 10, 10,

10, 25ms라는 10개의 응답 시간을 갖는다고 가정해봅시다. 이때 0.9 분위수 또는 90번째 백분위수는 10ms가 됩니다.

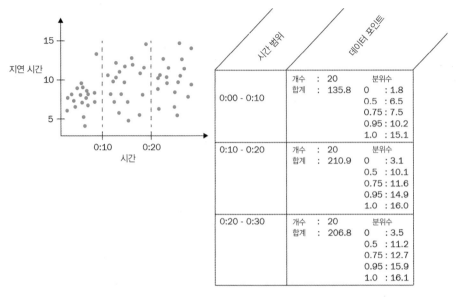

그림 2-15 요약 데이터 포인트

요약은 1.0 분위수와 0.0 분위수를 통해 히스토그램의 최댓값과 최솟값 같은 정보를 표현한다는 점에서 히스토그램과 상당히 유사합니다. 중앙값^{median}이라고도 부르는 0.5 분위수는 요약에서 자주 사용됩니다. 요약 데이터 포인트의 경우 원격 측정 생산자^{producer}가 분위수 계산을 수행하기 때문에 애플리케이션 입장에서는 비용이 꽤 많이 드는 작업이 됩니다. OpenTelemetry는 OpenMetrics 및 프로메테우스와의 상호 운용성을 제공하기 위해 요약을 지원하고, 분위수 연산 작업을 원격 측정 데이터 수신 측으로 이동시키는 히스토그램의 사용을 선호합니다. [그림 2-16]은 인벤토리 서비스가 http_request_duration_milliseconds_bucket 메트릭을 기록해 프로메테우스에 저장한 히스토그램을 보여줍니다. 이 데이터는 버킷^{bucket}으로 그룹화된 요청을 나타내며 각 버킷은 밀리초(ms)로 표시된 요청의 지속 시간입니다.

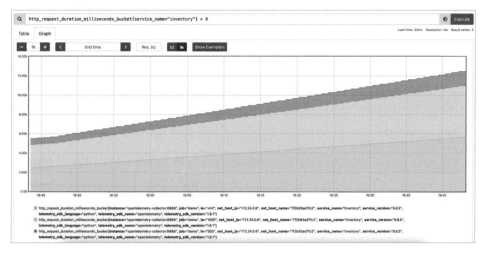

그림 2-16 프로메테우스의 히스토그램

집계된 버킷당 요청 수는 추가 분석을 위해 분위수로 계산할 수 있습니다. 여러 가지 타입의 메트릭 데이터 포인트에 익숙해졌다면 메트릭을 추적과 결합하여 어떻게 더 많은 통찰을 얻을 수 있는지 살펴봅시다.

모범 사례

메트릭은 그 자체만으로도 충분히 유용합니다. 하지만 추적 정보와 함께 사용하면 시스템에서 발생하는 이벤트에 관해 더 많고 상세한 배경지식을 얻을 수 있습니다. 모범 사례[exemplar]는 OpenTelemetry가 활성 스팬 정보를 메트릭에 포함시키도록 하여 더 많은 정보를 얻게 해줍니다. OpenTelemetry에서 정의된 데이터 포인트는 데이터 포인트 정의 내에 모범 사례용 필드를 포함하고 있으며 일반적으로 다음과 같은 정보를 갖습니다.

- 진행 중인 현재 스팬의 추적 ID
- 진행 중인 현재 스팬의 스팬 ID
- 측정된 이벤트의 타임스탬프
- 모범 사례와 관련된 속성
- 기록되고 있는 값

모범 사례가 제공하는 직접적인 상관관계는 오늘날 타임스탬프를 이용해 메트릭 및 추적 정보를 찾아내는 것과 관련된 추측을 대체합니다. 이미 OpenTelemetry 프로토콜의 안정적인 메트릭 섹션에 모범 사례가 정의되어 있긴 하지만 모범 사례의 구현은 여전히 진행 중입니다.

추가 고려 사항

원격 측정에서 자주 생기는 한 가지 우려는 카디널리티 cardinality 관리에 관한 것입니다. 카디널리티는 집합에서 값의 고유성을 나타냅니다. 주차장에 주차된 차량의 수를 센다고 가정해봅시다. 각 차량의 바퀴 수는 대부분 4개이기 때문에 바퀴의 수는 적은 가치를 제공하며 카디널리티가 낮습니다. 차량의 색상, 제조사, 모델명은 상대적으로 높은 카디널리티를 갖습니다. 번호판이나 차량 식별 번호는 가장 높은 수준의 카디널리티를 갖게 되며 특정 차량에 관한 이벤트에서 가장 가치 있는 정보를 제공합니다. 예를 들어 전조등이 켜진 채로 주차된 차량이 있어 소유주에게 알려야 하는 상황을 생각해봅시다. 바퀴가 4개인 자동차를 소유한 사람에게 연락하는 것은 특정 번호판을 가진 차량 소유주에게 연락하는 것과 비교할 때 쓸모 없는 일입니다. 하지만 특정 번호판을 가진 차량은 항상 한 대이며 카운터 자체는 아무 의미가 없습니다.

높은 카디널리티를 갖는 데이터를 사용할 때 겪는 대표적인 문제는 스토리지 비용입니다. 특히 단일 속성이나 레이블을 추가하여 생성되는 메트릭의 수가 급격하게 증가할 수 있습니다. 예를 들어 각 요청에 대해 고유 식별자를 메트릭 이름으로 사용하여 카운터를 생성하는 애플리케이션을 생각해봅시다. 이 경우 메트릭을 만들거나 수신하는 시스템은 각 요청을 개별적인 시계열 데이터로 변환할 것입니다. 이는 시스템 관점에서 갑작스럽거나 예측하지 못한 부하 증가로 이어질 수 있습니다. 이러한 현상을 **카디널리티 폭발** cardinality explosion 이라고 합니다.

생성된 메트릭과 관계된 속성을 선택할 때 원격 측정 데이터를 생성하는 서비스와 인프라의 규모를 감안할 필요가 있습니다. 염두에 두어야 할 내용은 다음과 같습니다.

- 시스템의 컴포넌트 확장이 이해 가능한 수준에서 메트릭의 수를 증가시키나요? 시스템이 확장될 때 예상치 못한 메트릭 급증으로 운영 중단이 발생하는 것은 누구도 원하지 않는 일입니다.
- 애플리케이션 인스턴스에 특화된 속성이 있나요? 애플리케이션이 충돌하는 경우 이러한 속성이 문제가 될 수 있습니다.

데이터가 저장되는 방식에 따라 유한하고 알려진 값(예를 들어 도로명보다는 국가 이름)을 레이블로 사용하는 것이 더 선호되기도 합니다. 솔루션을 선택할 때는 반드시 스토리지 모델과 원격 측정 데이터에 관한 백엔드 시스템의 한계를 이해하는 것이 바탕이 되어야 합니다.

2.4 로그

로그가 신화한 것은 분명하지만 여진히 로그를 구성히는 요소는 광범위합니다. 로그는 이벤트의 기록이며 보통 로그 파일로 더 잘 알려져 있습니다. 로그는 전통적으로 파일로 기록되어 왔고 필요한 경우 검색하여 사용했습니다. 최근에는 네트워크로 연결된 원격 서비스에 로그를 저장하는 것이 일반적입니다. 이를 통해 데이터를 장기 저장소에 저장할 수 있게 되었고 검색이나 로그 취합 방법이 개선되었습니다.

로그 심층 분석

많은 애플리케이션은 각자의 로그 형식을 가지고 있습니다. 물론 여러 가지 표준 로그 형식도 존재합니다. 대표적으로 많은 웹 서버에서 사용하는 공통 로그 형식Common Log Format이 있습니다. 여러 로그 형식 간의 공통점을 식별하는 것은 쉽지 않은 일이지만 로그는 적어도 다음과 같은 항목으로 구성되어야 합니다.

- 이벤트가 발생한 시간에 대한 타임스탬프
- 이벤트를 나타내는 메시지 또는 페이로드payload

이런 메시지들은 다양한 형태로 표현되며 애플리케이션에 특화된 정보를 포함하기도 합니다. 구조화된 로깅에서는 로그에 포함된 서로 다른 필드를 간단히 식별하기 위해 일련의 키-값 쌍 형식으로 표현합니다. 다른 형식의 로그에서는 키-값 쌍을 활용하는 대신 구분자와 정의된 순서를 이용하여 로그를 기록합니다. 다음은 유명한 파이썬 웹 프레임워크인 Flask에서 표준 로그 포매터formatter를 이용하여 수집된 로그입니다.

- 타임스탬프는 대괄호로 감쌉니다.
- 로그 메시지는 각 필드를 공백 문자로 구분하며 사용자 IP, 요청이 사용한 HTTP 메서드, 요청 경로, 프로토콜 버전, 응답 코드 등을 담고 있습니다.

```
172.20.0.9 - - [11/Oct/2021 18:50:25] "GET /inventory HTTP/1.1"
200 -
```

이 로그는 앞서 언급했던 공통 로그 형식의 예시입니다. 이 로그를 JSON 형식으로 인코딩해 구조화된 로그로 표현하면 다음과 같습니다.

```
{
    "host": "172.20.0.9",
    "date": "11/Oct/2021 18:50:25",
    "method": "GET",
    "path": "/inventory",
    "protocol": "HTTP/1.1",
    "status": 200
}
```

생성된 로그 형식에 익숙하지 않은 경우 구조화된 로그가 정보를 파악하기에 훨씬 용이합니다. 그라파나 탐색 인터페이스[52]에 접속해 데모 애플리케이션이 만드는 로그를 살펴봅시다. 여기서는 그라파나의 Explore 화면으로 데모 애플리케이션이 만든 원격 측정 데이터를 탐색할 수 있습니다. 왼쪽 상단의 데이터 소스(data source) 목록에서 로키(Loki)를 선택했는지 확인합시다. 그런 다음 {job="shopper"} 쿼리를 이용하여 shopper 애플리케이션이 생성한 모든 로그가 표시되도록 필터를 설정합니다. [그림 2-17]은 로키를 이용해 수집된 로그를 조회한 화면으로, 다음과 같은 정보가 포함되어 있습니다.

❶ job 레이블 값은 애플리케이션의 이름입니다.
❷ 로그의 타임스탬프는 일반적인 타임스탬프 값과 나노초(ns)까지 표기된 epoch 값을 보여줍니다.

---

52 *http://localhost:3000/explore*

③ 기록된 로그의 바디^{body} 정보입니다.

④ 이벤트와 관련된 추가 레이블과 값입니다.

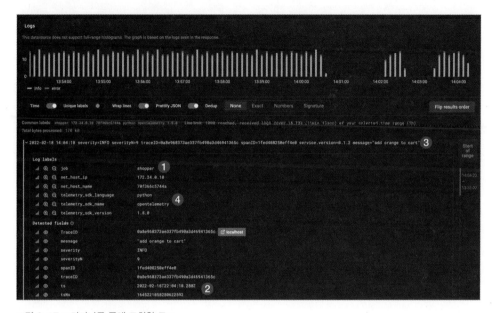

그림 2-17 그라파나를 통해 조회한 로그

로그를 검색할 수 있게 되었으니 상관관계를 통해 로그가 제공하는 정보와 다른 시그널을 어떻게 조합하여 더 많은 컨텍스트를 파악할 수 있을지 살펴봅시다.

로그의 상관관계

메트릭이 제공하는 정보를 다른 시그널과 조합하여 더 풍부하게 만드는 것처럼 로그도 추적 정보를 내포함으로써 더 많은 컨텍스트 정보를 제공할 수 있습니다. 〈Chapter 6 로그〉에서 자세히 다루겠지만 OpenTelemetry가 시그널을 로깅하는 주된 목적은 이미 사용 중인 로깅 라이브러리가 다른 정보와 상관관계를 맺을 수 있도록 하기 위함입니다. OpenTelemetry를 통해 기록된 로그는 이벤트가 발생한 시점의 모든 활성 스팬에 관한 추적 ID와 스팬 ID를 포함합니다. [그림 2-18]은 추적 ID와 스팬 ID 속성을 갖는 로그의 상세 정보를 나타냅니다.

그림 2-18 추적 ID와 스팬 ID를 포함하는 로그

이러한 속성을 이용하면 이벤트를 일으킨 요청을 알아낼 수 있습니다. [그림 2-19]는 해당 추적을 예거에서 어떻게 확인할 수 있는지 보여줍니다. 직접 해보고 싶다면 추적 ID 속성을 복사해 예거 검색 UI 우측 상단에 위치한 Lookup by Trace ID 필드 값으로 입력하여 추적을 검색할 수 있습니다.

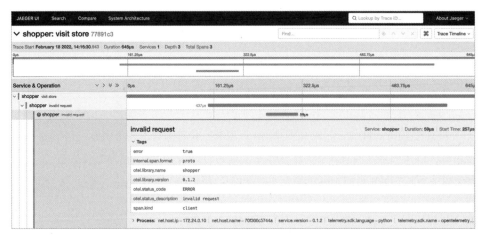

그림 2-19 예거에서 확인한 추적

예제를 통해 살펴본 상관관계를 이용하면 이벤트를 빠르게 탐색할 수 있을 뿐만 아니라 관계된 추적을 찾는 과정에서의 오류를 줄일 수 있습니다. 〈Chapter 6 로그〉에서 살펴볼 것이지만 OpenTelemetry 규격은 수집되는 로그가 갖고 있어야 할 정보에 관한 권고 사항을 알려줍니다. 또한 기존 형식을 OpenTelemetry의 값과 매핑하는 방법을 안내합니다.

추가 고려 사항

전통적인 로그는 자유로운 형태를 갖고 있어 로그 구조를 신경 쓰지 않고 편리하게 사용할 수 있습니다. 로그에 어떤 데이터를 추가하고 싶다면 로그를 출력하는 함수를 호출하고 필요한 내용을 출력하면 됩니다. 정말 훌륭하지 않나요? 하지만 이런 특징은 몇 가지 문제를 일으킬 수 있습니다. 한 가지는 로그에 남은 개인 정보가 중앙화된 로깅 플랫폼으로 전송되면서 발생할 수 있는 잠재적인 개인 정보 유출입니다. 이 문제는 모든 원격 측정이 공통으로 갖는 문제지만 전통적인 형식의 로그에서는 더 발생하기 쉽습니다. 특히 로그가 비밀번호나 비밀 키를 포함하는 데이터 구조체를 디버깅 정보에 포함하고 있는 경우에 더욱 그렇습니다. 로그를 남기는 모든 코드를 살펴보면서 로그 데이터가 기록해서는 안 되는 정보를 담고 있지 않은지 확실히 확인하는 것이 좋습니다.

로그가 불필요하게 장황하여 많은 저장 공간을 차지할 수도 있습니다. 로그 선별 자체가 불가능하지는 않겠지만 환경의 크기에 따라 쓸 만한 정보를 찾기 어려워질 수 있습니다. 또한 중앙화된 로깅 플랫폼을 사용할 때 예상치 못한 비용 증가로 이어질 수 있습니다. 특정한 라이브러리나 프레임워크는 생각보다 많은 양의 디버깅 정보를 남깁니다. 심각도$^{severity\ level}$가 제대로 설정되었는지 확인하는 것은 이 문제를 해결하는 것보다 오래 걸립니다. 하지만 얼마나 많은 데이터가 필요할지 미리 예측하는 것은 어렵습니다. 필자의 경우 더 상세하게 로그를 남기도록 로그 레벨을 변경해달라는 요청을 한밤 중에 받은 적이 두 번 이상 있습니다.

시맨틱 표기법
데이터 소비자^{consumer}는 고품질 원격 측정을 통해 필요할 때 질문에 대한 답을 찾을 수 있습니다. 간혹 중요한 작업이 충분히 측정되지 못하면 시스템의 관찰 가능성에 사각지대가 발생할 수 있습니다. 또한 계측된 프로세스일지라도 수집된 데이터가 충분한 정보를 제공하지 못하는 경우가 있습니다. OpenTelemetry 프로젝트는 시맨틱 표기법을 이용하여 이러한 문제를 해소하고자 합니다. 시맨틱 표기법에는 다음과 같은 내용이 포함됩니다.

- 추적, 메트릭, 로그가 반드시 가져야 하는 속성 정보
- 호스트, 컨테이너, 함수와 같은 다양한 형식의 워크로드에 관한 리소스 속성 정의(리소스 속성은 대부분의 유명 클라우드 플랫폼이 갖고 있는 특징도 포함함)
- 메시징 시스템, 클라이언트−서버 애플리케이션, 데이터베이스 연동과 같은 다양한 시나리오에 관여하는 컴포넌트가 전송하는 원격 측정이 어떤 정보를 가져야 하는지에 관한 권고 사항

시맨틱 표기법은 OpenTelemetry 규격을 준수하여 만들어진 데이터의 일관성을 보장하도록 돕습니다. 구체적으로 설명하자면 무엇을 어떻게 측정해야 하는지 안내하고 애플리케이션과 라이브러리 계측 작업을 단순화합니다. 또한 표준 호환 코드로 생성된 원격 측정 데이터를 분석하는 사람들이 추가 정보에 관한 규격을 참조하여 데이터의 의미를 이해할 수 있게 합니다.

코드 작성 시 마크다운 문서 규격에서 제안하는 시맨틱 표기법을 따르는 것은 다소 까다롭습니다. 다행히도 OpenTelemetry는 이 작업을 쉽게 할 수 있는 몇 가지 도구를 제공합니다.

시맨틱 표기법의 적용

시맨틱 표기법은 매우 훌륭하지만 실제로 개발자가 권고 사항을 코드에 구현해야만 의미가 있습니다. OpenTelemetry는 YAML로 기술된 시맨틱 표기법을 OpenTelemetry 규격 저장소를 통해 제공합니다.[53] 이를 시맨틱 표기법 생성기와 함께 활용하면 다양한 언어로 구현된 코드를 생성할 수 있습니다. 특정 언어에서는 이러한 코드를 독립적인 라이브러리로 제공하여 개발자가 이를 쉽게 활용할 수 있습니다. 이후에 애플리케이션 코드를 측정할 때 반복적으로 파이썬의 시맨틱 표기법 패키지를 이용할 것입니다.

스키마 URL

원격 측정과 관찰 가능성이 진화하면서 관찰하고자 하는 이벤트를 나타내기 위한 용어 역시 변화했습니다. 이는 시맨틱 표기법이 해결해야 할 과제입니다. 이벤트의 키 값으로 사용되던 `db.hbase.namespace`와 `db.cassandra.keyspace`가 `db.name`로 변경된 것이 대표적인 예입니다. 이러한 변화는 분석 작업이나 알림 발송에 이 값을 사용하는 사람들이 문제를 겪게 만듭니다.

---

53 *https://github.com/open-telemetry/semantic-conventions*

OpenTelemetry는 이미 측정된 값과의 하위 호환성을 유지하면서도 변경되는 내용을 시맨틱 표기법이 따라갈 수 있게 하기 위해 스키마 URL이라는 개념을 도입했습니다.

> OpenTelemetry 커뮤니티는 측정 코드 관점에서 하위 호환성 보장이 얼마나 중요한지 잘 이해하고 있습니다. 새로운 버전의 원격 측정 라이브러리가 출시되었다고 해서 과거로 돌아가 애플리케이션을 다시 계측하는 것은 굉장히 어려운 일입니다. 이로 인해 OpenTelemetry에 정의된 컴포넌트가 이전 버전과 상호 운용성을 보장받을 수 있도록 상당히 많은 노력이 이루어졌습니다. 이러한 내용은 OpenTelemetry 프로젝트 규격의 일부로 버저닝versioning과 안정성 보장에 관한 항목에 기술되어 있습니다.[54]

스키마 URL은 로그, 메트릭, 리소스, 추적과 같은 원격 측정 데이터에 추가된 필드로, 측정된 정보와 시맨틱 표기법의 버전을 연결하는 역할을 수행합니다. 이 필드는 원격 측정 데이터의 생산자와 소비자가 데이터를 어떻게 해석해야 하는지 이해할 수 있도록 돕습니다. 또한 스키마는 특정 버전으로 만들어진 정보를 다른 버전으로 변환할 수 있는 방법을 제공하기도 합니다. 다음 예제에서 확인해봅시다.

1.8.0 스키마

```
file_format: 1.0.0
schema_url: https://opentelemetry.io/schemas/1.8.0
versions:
    1.8.0:
        spans:
            changes:
                - rename_attributes:
                    attribute_map:
                        db.cassandra.keyspace: db.name
                        db.hbase.namespace: db.name
    1.7.0:
    1.6.1:
```

예제가 어떻게 작동하는지 이해하기 위해 카산드라Cassandra 데이터베이스의 원격 측정 데이터

---

54 https://github.com/open-telemetry/opentelemetry-specification/blob/main/specification/versioning-and-stability.md

가 db.cassandra.keyspace라는 이름으로 생성되고 스키마 버전이 1.7.0으로 지정되었다고 가정해봅시다. 측정된 데이터는 스키마 버전 1.8.0을 사용하는 백엔드 시스템으로 전송됩니다. 백엔드 시스템은 스키마 URL을 통해 서로 다른 버전의 정보를 변환하는 방법을 확인할 수 있으며, 백엔드 시스템은 1.8.0 버전에 맞는 값으로 정보를 변환할 수 있습니다. 정말 강력하지 않나요? 스키마는 원격 측정을 수행하는 시스템들이 각자 진화할 수 있는 유연성을 제공하여 각각의 시스템을 분리합니다.

정리하기

Chapter 2에서는 OpenTelemetry를 이용하여 애플리케이션을 계측할 때 도움이 되는 몇 가지 개념을 배우고, 〈Chapter 4 분산 추적〉에서 OpenTelemetry로 첫 애플리케이션을 계측할 때 사용하게 될 분산 추적의 구성 요소를 살펴보았습니다. 또한 개발자와 운영자가 매일 사용하게 될 도구를 이용해 추적 데이터를 분석했습니다.

그런 다음 메트릭 시그널로 넘어가 간단한 메트릭을 살펴보고, 메트릭과 메트릭의 구조를 만들 때 일반적으로 사용되는 여러 가지 데이터 타입을 비교했습니다. 모범 사례에 관한 논의에서는 메트릭과 추적의 관계를 찾아내는 것이 어떻게 여러 시그널에 걸친 원격 측정 데이터를 조합하여 시스템 내에서 일어나는 일을 완벽히 이해할 수 있게 해주는지 간단히 소개했습니다.

또한 로그 형식을 살펴보고 데모 애플리케이션에 관한 정보를 찾기 위해 로그를 탐색하며 관찰 가능성 실무자가 사용할 수 있는 또 다른 도구에 좀 더 익숙해졌습니다.

마지막으로 OpenTelemetry에 정의된 시맨틱 표기법을 이용하여 일관성 있고 높은 품질을 가진 데이터를 만들었습니다. 이러한 표기법을 따르면 원격 측정 데이터의 이름을 짓는 것과 같은 고통스러운 작업을 없앨 수 있고, 데이터를 해석할 때 발생할 수 있는 불필요한 추측도 제거할 수 있습니다.

계측과 원격 측정 이면의 이론과 개념을 이해하면 모든 계측 작업을 직접 수행할 수 있는 도구를 제공할 수 있습니다. 그런데 모든 라이브러리의 모든 호출을 수동으로 계측할 필요가 없다면 어떨까요? Chapter 3에서는 자동 계측이 어떻게 시스템에 관한 더 나은 가시성을 갈구하는 개발자를 도울 수 있는지 살펴봅니다.

자동 계측

원격 측정의 목표는 사람들에게 시스템에 관한 정보를 전달하는 것입니다. 원격 측정을 통해 얻어진 데이터는 소프트웨어를 개선하고 장애가 발생하지 않도록 하는 방안과 관련된 의사결정을 내릴 때 활용됩니다. 분석 도구는 장애가 발생했을 때 원격 측정 데이터를 해석하여 서비스 중지의 근본 원인에 관한 분석을 도와줍니다. 그리고 장애가 해소된 후에 기록된 추적, 메트릭, 로그 정보를 소급하여 상관관계를 확인하면 정확히 무슨 일이 일어났는지 완벽히 이해할 수 있습니다. 원격 측정으로 얻은 지식은 조직 내 애플리케이션의 미래, 현재, 과거 문제를 해결하는 데 도움이 됩니다. 관찰 가능성을 담당하는 조직이 코드를 읽고 이해할 수 있는 역량을 가진 경우가 드물기 때문에 관찰 가능성에 어떻게 투자할지를 논의하기 어려울 때가 많습니다. 따라서 의사결정권자는 늘 어디에, 어떻게 투자할 것인지 끊임없이 생각하고 절충해야만 합니다. 특히 솔루션을 구현하는 것이 더 복잡하고 장기간에 걸쳐 어떠한 가치도 제공하지 못한다면 코드를 계측하는 데 드는 초기 비용 때문에 계측을 시작하는 것조차 어려워집니다. 이런 상황에서 자동 계측은 수동으로 코드를 계측하는 부담을 어느 정도 덜어줄 것으로 기대됩니다.

Chapter 3에서 다룰 주제는 다음과 같습니다.

- 자동 계측
- 바이트코드 조작
- 런타임 훅과 몽키 패칭monkey patching

자바와 파이썬으로 작성된 몇 가지 예제 코드와 코드에 대한 원격 측정 데이터를 살펴봄으로써 자동 계측의 힘을 이해할 수 있을 것입니다. 그럼 시작해볼까요?

3.1 환경 설정

여기서 살펴볼 애플리케이션은 고장 난 전화기 게임the broken telephone game[55]을 시뮬레이션합니다. 무슨 게임인지 모르는 사람을 위해 간단히 설명하겠습니다. 첫 번째 사람이 어떤 문장을 생각하고 이것을 두 번째 사람에게 속삭입니다. 두 번째 사람은 속삭이는 내용을 최선을 다해 듣고 세 번째 사람에게 전달합니다. 이 과정은 마지막 사람이 메시지를 전달받아 모든 사람들에게 공유할 때까지 계속됩니다.

각 애플리케이션은 게임에 참여한 사람을 나타냅니다. 첫 번째 애플리케이션은 전달하려는 메시지를 출력하고 두 번째 애플리케이션으로 전달할 요청 객체에 이 메시지를 담습니다. 최종적으로 마지막 애플리케이션은 자신이 받은 메시지를 출력합니다. [그림 3-1]은 시스템 전체에 걸친 요청과 응답의 데이터 흐름을 나타냅니다.

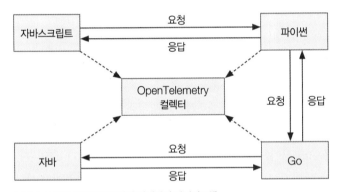

그림 3-1 예제 애플리케이션의 아키텍처 다이어그램

각 서비스 사이의 통신은 구글이 개발한 원격 프로시저 호출 시스템인 gRPC[56]를 통해 수행됩니다. 여기서는 애플리케이션이 다음과 같은 역할을 수행한다는 것만 알아도 충분합니다.

- 프로토콜 버퍼의 정의 파일을 통한 서비스 및 메시지의 데이터 구조에 관한 합의 공유
- 프로토콜을 사용한 데이터 송수신

---

55 옮긴이_'옮겨 말하기' 놀이로 잘 알려져 있습니다.
56 https://grpc.io

각 애플리케이션에서 추출된 원격 측정 데이터는 각 서비스에 정의된 OpenTelemetry 익스포터를 통해 OpenTelemetry 컬렉터로 전송됩니다. 이후 컬렉터는 수집된 추적 정보를 시각화하기 위해 예거로 정보를 전달합니다.

지금부터 살펴볼 예제들은 도커 컨테이너로 제공되어 쉽게 실행할 수 있습니다. 이는 별도로 언어별 런타임이나 라이브러리를 여러분의 시스템에 설치할 필요가 없다는 것을 의미합니다. Chapter 2에서 도커 설정 작업을 수행했다면 바로 3단계의 명령을 실행하기 바랍니다.

1 도커 공식 웹 사이트[57]의 지침에 따라 여러분의 시스템에 도커가 설치되어 있는지 확인합니다. 다음 명령을 실행하면 시스템에 설치되어 있는 도커의 버전을 확인할 수 있습니다.

```
$ docker version
Client:
  Cloud integration: 1.0.14
  Version: 20.10.6
  API version: 1.41
  Go version: go1.16.3 ...
```

2 다음 명령을 사용하여 도커 컴포즈가 여러분의 시스템에 설치되어 있는지 확인합니다. 설치되어 있지 않다면 도커 공식 웹 사이트[58]를 참고하여 도커 컴포즈를 설치합니다.

```
$ docker compose version
Docker Compose version 2.0.0-beta.1
```

3 이 책의 GitHub 저장소[59]에서 코드를 다운로드하여 chapter03 폴더의 도커 환경을 실행합니다.[60]

---

57 *https://docs.docker.com/get-docker/*

58 *https://docs.docker.com/compose/install/*

59 *https://github.com/PacktPublishing/Cloud-Native-Observability*

60 옮긴이_Chapter 2에서 GitHub 저장소를 복제해두었다면 다시 복제하지 않아도 됩니다. macOS 환경에서 M1 등 ARM 아키텍처를 사용하는 경우, docker compose up 명령 수행 시 "no matching manifest for linux/arm64/v8..."로 시작하는 에러가 발생할 수 있습니다. 이럴 땐 docker-compose.yml 파일의 opentelemetry-collector 구성에 대한 이미지를 otel/opentelemetry-collector-contrib:0.43.0으로 수정한 후 docker compose up 명령을 실행하기 바랍니다.

```
$ git clone https://github.com/PacktPublishing/Cloud-Native-Observability
$ cd Cloud-Native-Observability/chapter03
$ docker compose up
```

데모 시스템을 구성하는 애플리케이션은 자바스크립트, 파이썬, Go, 자바로 작성되어 있습니다. 각 언어로 만들어진 애플리케이션 코드는 이 책의 GitHub 저장소 chapter03 폴더 내부에 별도의 폴더로 저장되어 있습니다. 이 책에서는 언어별로 작성된 코드를 모두 다루지는 않고 전반적인 코드만 살펴볼 것입니다.

마지막으로 데모 애플리케이션이 출력하는 추적 정보를 탐색해보고 싶다면 예거 웹 인터페이스를 이용하는 것이 가장 좋습니다. 도커 컴포즈 환경은 데모 애플리케이션과 함께 예거를 실행하도록 구성되어 있으므로 웹 브라우저에서 http://localhost:16686 주소로 접속해 예거가 작동 중인지 확인할 수 있습니다.

3.2 자동 계측

OpenTelemetry 프로젝트 초기에 수동 계측 없이 원격 측정을 지원해달라는 제안이 있었습니다. 이 책의 초반부에서 언급했듯이 OpenTelemetry는 새로운 규격을 만들기 전에 OTEP를 통해 큰 변화나 새로운 작업을 제안합니다. 프로젝트 초기에 만들어졌던 한 가지 OTEP[61]는 사용자가 계측을 위해 코드를 수정하지 않고도 원격 측정 데이터를 만들어낼 수 있도록 지원해야 한다는 것을 서술하고 있습니다.

> 소스 코드 수정 없이 이식 가능한 원격 측정 데이터를 추출하기 위한 자동화된 접근 방식에 관한 다중 언어 요구 사항
>
> OpenTelemetry 개선 제안 #0001

---

61 https://github.com/open-telemetry/oteps/blob/main/text/0001-telemetry-without-manual-instrumentation.md

신규 사용자가 별다른 노력 없이 OpenTelemetry의 사용을 시작할 수 있게 하는 것은 프로젝트 초창기부터 중요한 목표였습니다. 이를 실현하기 위해서는 원격 측정 수행 시 발생하는 문제점인 수동 계측 비용을 해결해야 했습니다.

수동 계측의 과제

애플리케이션을 계측하는 것은 어려운 작업입니다. 특히 계측 작업을 해보지 않은 사람에게는 더욱 어렵게 느껴질 것입니다. 애플리게이션을 제대로 계측하기 위해서는 시간과 연습이 필요합니다. 다음은 코드를 계측할 때 만날 수 있는 과제들을 나열한 것입니다.

- 원격 측정 프레임워크가 제공하는 라이브러리와 API의 사용법을 배우는 것은 쉽지 않습니다. 자동 계측을 이용하면 사용자가 라이브러리와 API 사용법을 직접 배울 필요가 없습니다. 대신 구성을 통해 조정할 수 있는 단순화된 사용자 경험에 의존하게 됩니다.
- 애플리케이션 계측은 까다로울 수 있습니다. 특히 개발자를 알 수 없는 레거시 애플리케이션에서 더 그렇습니다. 자동 계측은 수정해야 하는 코드의 양을 줄임으로써 표면적인 변경의 총량을 줄이고 위험을 최소화합니다.
- '무엇을' '어떻게' 측정해야 하는지 아는 것은 연습이 필요합니다. 자동 계측 도구 및 라이브러리의 개발자는 자동 계측을 통한 원격 측정 데이터가 OpenTelemetry가 정의한 시맨틱 표기법을 따르도록 보장합니다.

게다가 많은 경우에 시스템은 여러 가지 언어로 작성된 애플리케이션을 포함합니다. 이 경우 개발자가 언어별 계측 방법을 배워야 하기 때문에 수동 계측의 복잡도가 증가합니다. OpenTelemetry 프로젝트의 목표는 동일한 구성으로 다양한 언어를 지원하는 것이므로 자동 계측은 계측에 필요한 노력을 최소화하는 도구를 제공합니다. 이것은 이론적으로 자동 계측 경험이 언어에 관계없이 일정하다는 것을 의미합니다. 하지만 실제로는 라이브러리와 도구가 계속해서 변경되기 때문에 프로젝트 전반에 걸쳐 약간의 불일치가 존재합니다.

자동 계측 컴포넌트

OpenTelemetry 관점에서 자동 계측은 두 부분으로 구성됩니다. 첫 번째 부분은 계측 라이브러리입니다. **계측 라이브러리**는 OpenTelemetry 커뮤니티의 구성원을 통해 제공 및 지원되며,

OpenTelemetry API를 이용해 다양한 언어로 인기 있는 서브파티 라이브러리와 프레임워크를 계측합니다. [표 3-1]은 OpenTelemetry가 제공하는 언어별 계측 라이브러리의 일부를 나열한 것입니다.

표 3-1 OpenTelemetry 환경에서 사용할 수 있는 계측 라이브러리

언어	라이브러리
Go	gin, gomemcache, gorilla/mux, net/http
Erlang	Cowboy, Ecto, Phoenix
자바	Akka, gRPC, Hibernate, JDBC, Kafka, Spring, Tomcat
자바스크립트	fetch, grpc-js, http, xml-http-request
.NET	AspNetCore, GrpcNetClient, SqlClient, StackExchangeRedis
파이썬	Boto, Celery, Django, Flask, gRPC, Redis requests, SQLAlchemy
Ruby	ActiveJob, Faraday, Mongo, Rack, Rails

대부분의 계측 라이브러리는 특정 언어의 서드파티 라이브러리에 한정됩니다. 예를 들어 Boto 계측 라이브러리는 Boto 라이브러리와 관련된 메서드 호출을 계측합니다. 물론 동일한 대상을 계측하기 위해 여러 가지 계측 라이브러리가 사용되는 경우도 있습니다. requests와 urllib3 계측 라이브러리가 대표적이며, 이론적으로는 requests가 urllib3를 기반으로 만들어졌기 때문에 동일한 대상을 계측한다고 봐도 무방합니다. 둘 이상의 계측 라이브러리가 적합하다고 생각된다면 각 라이브러리가 제공하는 데이터를 검토하여 필요에 맞는 것을 선택합니다.

계측 라이브러리의 구현은 언어마다 다를 수 있고 심지어 라이브러리마다 다를 수 있습니다. 여기서는 자바, 파이썬 라이브러리에 사용된 메커니즘을 살펴봄으로써 일부 라이브러리의 세부적인 구현을 명확히 알게 될 것입니다.

자동 계측을 구성하는 두 번째 컴포넌트는 OpenTelemetry가 제공하는 메커니즘으로, 사용자가 별다른 노력 없이 자동으로 계측 라이브러리를 호출할 수 있게 해줍니다. 이 메커니즘을 보통 **에이전트** 또는 러너runner라고 부릅니다. 실전에서 이 도구는 OpenTelemetry를 설정하고 원격 측정을 수행할 수 있는 계측 라이브러리를 불러오는 데 사용됩니다.

자동 계측은 여전히 활발하게 개발되고 있으며 자동 계측과 그 구현뿐 아니라 구성 방법과 같은 OpenTelemetry 규격 역시 개발 중입니다. 집필 시점에 OpenTelemetry가 제안하는 자동 계측을 각 언어가 구현한 방식은 다양합니다. 곧 살펴볼 파이썬 및 자바 예제는 계측 라이브러리와 에이전트를 둘 다 이용하는 완전한 자동 계측을 구현한 반면, 자바스크립트와 Go 코드는 계측 라이브러리만을 사용하는 데 그치고 있습니다.

자동 계측의 한계

자동 계측은 애플리케이션을 계측하고 애플리케이션 내부 작동의 가시성을 높이는 과정을 시작하기에 좋은 방법입니다. 하지만 자동 계측으로 얻을 수 있는 정보에는 한계가 있다는 점을 반드시 염두에 두어야 합니다.

첫 번째 한계는 아주 명확합니다. 자동 계측은 애플리케이션에 특화된 코드를 측정할 수 없습니다. 따라서 자동 계측을 통해 획득한 계측 데이터에는 애플리케이션과 관련된 중요한 정보가 누락되었을 수 있습니다. 계측된 HTTP 라이브러리를 통해 웹 페이지를 요청하는 단순한 클라이언트 애플리케이션 코드를 예로 들어보겠습니다.

```python
def do_something_important():
    # 중요한 작업을 수행합니다.

def client_request():
    do_something_important()
    requests.get("https://webserver")
```

자동 계측이 이 예제를 계측할 때 사용되었다면 라이브러리를 통해 이루어진 호출에 대해 원격 측정 데이터가 생성될 것입니다. 그러나 do_something_important 함수가 호출되었을 때 일어나는 일에 관해서는 아무런 정보도 포착되지 않습니다. 이러한 작동은 많은 의문점을 풀지 못하게 만들기 때문에 바람직하지 못합니다.

두 번째 한계는 관심 없는 정보도 계측될 수 있다는 점입니다. 동일한 네트워크 호출이 중복되어 계측되거나 그다지 관심 없는 정보가 생성될 수 있습니다. 그래서 OpenTelemetry에서는 계측 라이브러리를 통해 원격 측정을 사용자가 세밀하게 조정할 수 있는 구성을 지원하기 위해 노력을 기울이고 있습니다.

이러한 상황을 염두에 두고 자바 환경에서 자동 계측이 어떻게 구현되었는지 살펴봅시다.

3.3 바이트코드 조작

OpenTelemetry를 위한 자동 계측의 자바 구현체는 코드를 계측하기 위해 자바 계측 API[62]를 활용합니다. 이 API는 자바 언어가 기본적으로 제공하는 API로, 애플리케이션과 관련된 정보 수집에 흥미가 있다면 누구든 사용할 수 있습니다.

OpenTelemetry 자바 에이전트

OpenTelemetry 자바 에이전트는 GitHub 저장소[63]에서 단일 자바 아카이브 파일 형식인 JAR로 다운로드할 수 있습니다. JAR 컨테이너는 다음과 같은 컴포넌트를 포함합니다.

- javaagent 모듈(자바 계측 API를 통해 호출됨)
- 다양한 프레임워크와 서드파티 라이브러리를 지원하는 계측 라이브러리
- OpenTelemetry 컴포넌트를 초기화하고 구성하는 도구

이 컴포넌트들은 원격 측정을 수행하고 측정된 정보를 목적지로 전달할 때 사용됩니다.

JAR 파일은 자바 런타임 실행 시 커맨드라인에 -javaagent 옵션을 지정해 호출할 수 있습니다. 자바 OpenTelemetry 에이전트는 자바 내에서 시스템 속성이라고도 불리는 커맨드라인 인자를 통한 설정을 지원합니다. 다음 명령은 에이전트가 어떻게 사용되는지 보여줍니다.[64]

```
$ java -javaagent:/app/opentelemetry-javaagent.jar \
    -Dotel.resource.attributes=service.name=broken-telephonejava\
    -Dotel.traces.exporter=otlp \
    -jar broken-telephone.jar
```

---

62 *https://docs.oracle.com/javase/8/docs/api/java/lang/instrument/Instrumentation.html*
63 *https://github.com/open-telemetry/opentelemetry-java-instrumentation/releases*
64 옮긴이_코드에서 otlp는 OpenTelemetry 프로토콜(Protocol)을 의미합니다.

이 명령은 컨테이너 내부에서 데모 애플리케이션을 실행하는 방법이기도 합니다. 자바 에이전트를 통해 OpenTelemetry 에이전트를 로드하면 라이브러리에 다른 코드가 실행되기 전에 바이트코드를 수정할 수 있습니다. [그림 3-2]는 OpenTelemetry 에이전트를 사용할 때 초기화 프로세스와 관련된 일부 컴포넌트를 나타냅니다. `OpenTelemetryInstaller`가 런타임 실행 시 제공된 구성을 사용해 원격 측정 출력기를 설정하는 동안 `OpenTelemetryAgent`는 프로세스를 시작합니다. 한편 `AgentInstaller`는 바이트코드 주입을 통해 자바 코드를 실행 중에 수정할 수 있는 오픈 소스 라이브러리인 Byte Buddy를 실행합니다.

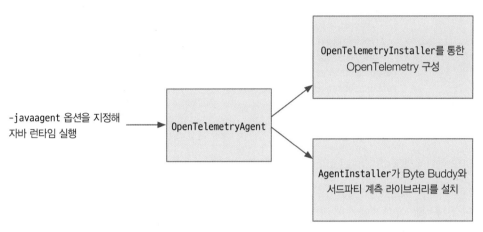

그림 3-2 OpenTelemetry 자바 에이전트의 로드 순서

또한 `AgentInstaller`는 OpenTelemetry 에이전트가 사용할 수 있는 모든 서드파티 계측 라이브러리를 로드합니다.

> 바이트코드 주입의 메커니즘은 이 책의 주제를 벗어납니다. 여기서는 자바 에이전트가 실행 중에 계측 코드를 주입한다는 것을 아는 것만으로 충분합니다. 더 자세한 내용을 알고 싶다면 Byte Buddy 공식 웹 페이지[65]를 방문해보기 바랍니다.

---

65 *https://bytebuddy.net/#/*

다음 예제는 고장 난 전화 서버로 gRPC 요청을 보내는 자바 코드입니다. 코드의 세부적인 내용보다는 계측과 관련된 코드에 집중하기 바랍니다.

```java
// BrokenTelephoneServer.java
static class BrokenTelephoneImpl extends BrokenTelephoneGrpc.
BrokenTelephoneImplBase {
    @Override
    public void saySomething(Brokentelephone.BrokenTelephoneRequest req,
        StreamObserver<Brokentelephone.BrokenTelephoneResponse> responseObserver)
    {
            Brokentelephone.BrokenTelephoneResponse reply = Brokentelephone
                .BrokenTelephoneResponse
                .newBuilder()
                .setMessage("Hello " + req.getMessage()).build();
            responseObserver.onNext(reply);
            responseObserver.onCompleted();
    }
}
```

코드 어디에서도 OpenTelemetry를 언급하지 않습니다. 곧 보게 되겠지만 진짜 마법 같은 일은 에이전트가 런타임에 호출되어 바이트코드 주입을 통해 애플리케이션을 계측할 때 일어납니다. 우리는 이 예제를 통해 자바에서 자동 계측이 어떻게 작동하는지 이해할 수 있습니다. 이제 자바 구현을 파이썬 구현과 비교해봅시다.

3.4 런타임 훅과 몽키 패칭

자동 계측 지원에 필요한 모든 것을 단일 아카이브가 갖고 있는 자바와 달리, 파이썬의 자동 계측 구현은 여러 컴포넌트에 의존합니다. 파이썬에서 자동 계측이 작동하는 방식을 이해하기 위해 먼저 각 컴포넌트를 살펴봅시다.

계측 라이브러리

파이썬의 계측 라이브러리는 서드파티 라이브러리를 계측하기 위해 다음 두 메커니즘 중 하나에 의존합니다.

- 계측 대상 라이브러리가 노출하는 이벤트 혹은 이벤트가 발생했을 때 계측 라이브러리가 원격 측정을 등록하고 데이터를 만들 수 있게 해줍니다.
- 라이브러리에 대한 호출 가로채기^{intercepting call}는 계측된 후 몽키 패칭[66]이라고 알려진 기술을 통해 런타임에 대체됩니다. 계측 라이브러리는 원래의 호출을 수신하고 원격 측정 데이터를 만든 후 원래의 라이브러리를 호출합니다.

몽키 패칭은 애플리케이션이 라이브러리를 호출했을 때 해당 호출이 도중에 바뀌었는지 의심하지 않는다는 점에서 바이트코드 주입과 비슷합니다. [그림 3-3]은 opentelemetry-instrumentation-redis 몽키 패칭이 redis.Redis.execute_command를 호출하는 방법을 나타냅니다. 몽키 패칭은 호출을 가로채 원격 측정 데이터를 생성한 뒤 원래의 라이브러리를 호출하도록 흐름을 바꿉니다.

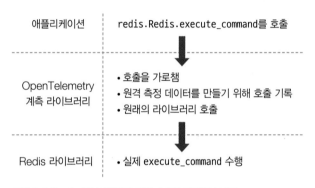

그림 3-3 Redis 라이브러리에 대한 호출을 가로챘습니다.

각 계측 라이브러리는 인터페이스를 준수하여 자체 등록 및 등록 취소를 수행합니다. 자바와 달리 파이썬에서는 서로 다른 계측 라이브러리들이 독립적으로 패키징되어 있습니다. 이는 계측 라이브러리 설치 시 요구되는 의존성의 수를 줄여줍니다. 다만 사용자 입장에서는 설치해야 하는 패키지를 알고 있어야 한다는 단점이 있습니다. 이를 피하기 위한 몇 가지 방법에 관해서는 〈Chapter 7 계측 라이브러리〉에서 자세히 살펴보겠습니다.

---

66 *https://en.wikipedia.org/wiki/Monkey_patch*

계측기 인터페이스

계측 라이브러리 사용자에게 일관된 경험을 보장하고 계측 라이브러리 개발자가 구현해야 하는 내용을 알리기 위해 OpenTelemetry 파이썬 커뮤니티는 계측기 인터페이스instrumentor interface[67]를 정의했습니다. 이 인터페이스는 라이브러리 개발자가 다음 메서드를 구현하고 제공하게 합니다.

- _instrument: 계측 라이브러리의 초기화 로직을 담고 있습니다. 보통 몽키 패칭이나 이벤트 훅에 대한 등록이 이 메서드에 구현됩니다.
- _uninstrument: 이벤트 훅에 대한 등록 취소나 몽키 패칭 삭제를 위한 로직을 구현합니다. 라이브러리와 관련된 추가적인 정리 로직이 포함되기도 합니다.
- instrumentation_dependencies: 계측 라이브러리가 지원하는 라이브러리와 버전 목록을 반환합니다.

계측기 인터페이스 요구 사항을 만족시키는 것과 별개로, 자동 계측을 지원하는 계측 라이브러리는 엔트리 포인트를 통해 자신을 등록해야 합니다. 엔트리 포인트는 모듈이 설치될 때 문자열을 통해 클래스나 메서드를 등록하여 스스로 검색할 수 있도록 하는 파이썬 메커니즘입니다.

 엔트리 포인트에 관한 추가 정보는 파이썬 공식 문서를 참고하기 바랍니다.[68]

다른 파이썬 코드는 등록된 이름을 통해 계측 라이브러리의 엔트리 포인트를 찾고 실행합니다.

래퍼 스크립트

이러한 메커니즘이 작동할 수 있도록 파이썬 계측 라이브러리들은 파이썬으로 작성된 애플리케이션을 감쌀 수 있는 래퍼wrapper 스크립트를 함께 제공합니다. opentelemetry-instrument 스크립트는 opentelemetry_instrumentor 이름으로 등록된 엔트리 포인트를 호출하여 해당 환경에 설치된 모든 계측 라이브러리를 탐색합니다.

---

67 https://opentelemetry-python-contrib.readthedocs.io/en/latest/instrumentation/base/instrumentor.html
68 https://packaging.python.org/specifications/entry-points/

[그림 3-4]는 opentelemetry_instrumentor 엔트리 포인트에 개별 파이썬 클래스로 등록된 opentelemetry-instrumentation-foo와 opentelemetry-instrumentation-bar라는 두 가지 계측 라이브러리 패키지를 보여줍니다. 이 카탈로그는 파이썬 환경 내에서 전역적으로 사용할 수 있으며, opentelemetry-instrument가 호출되었을 때 카탈로그를 검색하고 계측 메서드를 호출하여 등록된 모든 계측 라이브러리를 불러옵니다.

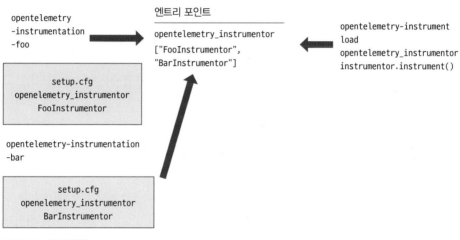

그림 3-4 패키지 등록

opentelemetry-instrument 스크립트는 opentelemetry-instrumentation 파이썬 패키지를 통해 활성화됩니다. 다음 코드는 파이썬으로 구현된 gRPC 서버를 보여줍니다. 앞선 예제 코드와 마찬가지로 OpenTelemetry를 전혀 언급하지 않습니다.

```python
#!/usr/bin/env python3
from concurrent import futures

import grpc
import brokentelephone_pb2
import brokentelephone_pb2_grpc

class Player(brokentelephone_pb2_grpc.BrokenTelephoneServicer):
    def SaySomething(self, request, context):
        return brokentelephone_pb2.BrokenTelephoneResponse(
            message="Hello, %s!" % request.message
        )
```

```
def serve():
    server = grpc.server(futures.ThreadPoolExecutor(max_workers=10))
    brokentelephone_pb2_grpc.add_BrokenTelephoneServicer_to_server(Player(),
server)
    server.add_insecure_port("[::]:50051")
    server.start()
    server.wait_for_termination()

if __name__ == "__main__":
    serve()
```

파이썬 코드 역시 자바 예제에서 봤던 것처럼 전형적인 애플리케이션 코드입니다. 계측과 관련된 내용은 없습니다. 다음 명령은 파이썬에서 자동 계측이 어떻게 호출되는지 보여줍니다.

```
$ opentelemetry-instrument ./broken_telephone.py
```

[그림 3-5]는 데모 애플리케이션이 생성한 추적을 나타냅니다. 요청은 brokentelephone-js 서비스에 의해 파이썬, Go, 자바 애플리케이션까지 이어집니다. 추적 정보는 gRPC 계측 라이브러리에서 언어별로 생성되었습니다.

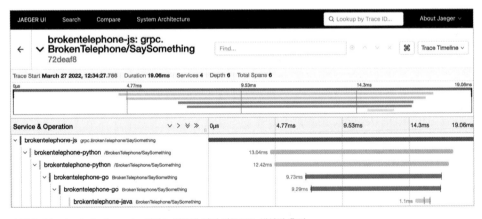

그림 3-5 brokentelephone-js 서비스 전반에 걸쳐 자동으로 생성된 추적

여러분도 데모 애플리케이션을 이용해 추적을 확인할 수 있습니다. 〈Chapter 2 Open Telemetry 시그널〉에서 살펴봤던 것처럼 *http://localhost:16686* 주소를 통해 예거 인터페이스에 접속한 뒤 추적을 검색하면 됩니다. 생성된 추적은 애플리케이션 전반에 걸쳐 데이터가 어떻게 흘러가고 있는지 한 눈에 볼 수 있게 해줍니다. 고장 난 전화기 게임 예제는 사소하지만 실제 분산 시스템 환경에서 정보를 매핑하는 것이 얼마나 유용한지 생각해볼 수 있습니다. 그리고 적은 노력으로도 시스템에서 시간을 많이 소요되는 부분이 어디인지 쉽게 확인할 수 있습니다.

정리하기

자동 계측을 이용하면 이미 만들어진 애플리케이션을 계측하는 데 드는 시간을 줄일 수 있습니다. 원격 측정을 시작하는 데 필요한 노력을 줄이면 사용자가 수동 계측에 많은 시간을 투입하기 전에 원격 측정을 시도해볼 수 있습니다. 비록 자동 계측을 통해 생성된 데이터는 복잡한 시스템의 기저에 있는 근본적인 문제를 확인하기에 충분하지 않을 수도 있지만 애플리케이션 계측의 출발점이 되는 것은 분명합니다. 또한 자동 계측은 익숙하지 않은 시스템을 계측할 때 꽤 유용합니다.

계측 라이브러리를 사용하면 사용자가 라이브러리의 안팎을 살펴보지 않고도 사용 중인 라이브러리에 관한 통찰을 얻을 수 있습니다. 집필 시점에 사용 가능한 OpenTelemetry 라이브러리들은 각 언어별로 제공되는 온라인 문서를 토대로 이미 작성된 코드 계측에 사용될 수 있습니다. 〈Chapter 7 계측 라이브러리〉에서 다시 살펴보겠지만 OpenTelemetry 라이브러리를 사용하면 애플리케이션 계측에 필요한 코드의 양을 크게 줄일 수 있습니다.

Chapter 3에서는 바이트코드 주입을 활용하는 자바 코드, 런타임 훅과 몽키 패칭을 쓰는 파이썬 코드를 살펴보고 자동 계측의 두 가지 구현 방법을 비교해봤습니다. 두 가지 모두 코드 실행 시 적당한 시점에 원격 측정을 주입할 수 있도록 하는 언어의 특징을 활용합니다. 자동 계측을 더 깊이 알아보기 전에 분산 추적을 먼저 살펴보며 어떻게 각 시그널을 독립적으로 활용할 수 있는지 이해하는 것이 좋습니다. Chapter 4에서 이 내용을 살펴보겠습니다.

PART 2

애플리케이션 계측

PART 2에서는 OpenTelemetry가 제공하는 분산 추적, 메트릭, 로그와 같은
시그널을 이용하여 애플리케이션을 계측하는 방법을 살펴봅니다.

▶▶▶ Chapter 4
분산 추적: 코드 실행 추적

▶▶▶ Chapter 5
메트릭: 측정값 기록

▶▶▶ Chapter 6
로그: 이벤트 포착

▶▶▶ Chapter 7
계측 라이브러리

분산 추적:
코드 실행 추적

OpenTelemetry의 개념을 이해하고 OpenTelemetry가 다루는 시그널에 익숙해졌으니 본격적으로 애플리케이션 코드의 계측을 시작해봅시다. 〈Chapter 2 OpenTelemetry 시그널〉에서 우리는 OpenTelemetry으로 계측되는 시스템을 통해 관련 용어와 시그널의 개념을 살펴보았습니다. 이제는 직접 코드를 계측하고 원격 측정 데이터를 만들어보며 추적 시그널의 구현 방법을 살펴봅시다.

Chapter 4에서 다룰 주제는 다음과 같습니다.

- OpenTelemetry 설정
- 추적 데이터 생성
- 속성, 이벤트, 링크를 이용한 데이터 보완
- 오류 처리를 위한 정보 추가

학습을 마치면 OpenTelemetry로 여러 애플리케이션을 측정하고, 분산 추적을 통해 애플리케이션들이 어떻게 연결되어 있는지 추적할 수 있습니다. 이를 통해 여러분이 다루고 있는 애플리케이션에 분산 추적을 어떻게 적용할 수 있을지 파악할 수 있습니다.

4.1 환경 설정

OpenTelemetry는 이 책의 번역 시점을 기준으로 파이썬 3.7 이상의 환경[69]을 지원합니다.

---

69 *https://github.com/open-telemetry/opentelemetry-python*

책에서 소개하는 모든 파이썬 예제는 파이썬 3.8 버전을 사용하며, 파이썬 공식 웹 페이지의 설치 가이드[70]를 참고하여 설치할 수 있습니다. 다음 명령을 사용해 여러분의 환경에 설치되어 있는 파이썬 버전을 확인할 수 있습니다. 단일 시스템 내에 여러 버전의 파이썬을 설치할 수 있으며 다음과 같이 각 파이썬의 버전을 확인할 수 있습니다.

```
$ python --version
$ python3 --version
```

예제를 실행할 때는 파이썬이 제공하는 가상 환경 virtual environment[71]을 사용하는 것이 좋습니다. 파이썬 가상 환경은 시스템과 별개로 파이썬 패키지를 설치할 수 있게 해주며, 패키지와 관련된 문제가 발생했을 때 가상 환경을 삭제하고 새로 시작할 수 있습니다. 다음 명령은 cloud_native_observability 폴더에 새로운 가상 환경을 만들고 활성화합니다.

```
$ mkdir cloud_native_observability
$ python3 -m venv cloud_native_observability[72]
$ source cloud_native_observability/bin/activate
```

예제에서는 Flask, requests 등 몇 가지 서드파티 라이브러리를 활용합니다. 파이썬 패키지 관리자 pip를 이용해 사용할 패키지를 모두 설치합시다.

```
$ pip install flask==2.3.2 requests==2.31.0
```

가상 환경과 필요한 라이브러리가 준비되었으니 OpenTelemetry를 사용할 때 필요한 파이썬 패키지도 설치해봅시다. 이번 절에서는 opentelemetry-api와 opentelemetry-sdk 패키지를 주로 사용합니다.

---

70 *https://docs.python.org/3/using/index.html*

71 *https://docs.python.org/3/library/venv.html*

72 옮긴이_venv는 파이썬 3.3 버전 이후부터 기본적으로 포함되는 패키지입니다. venv 외에도 다양한 가상 환경 패키지가 있으니 취향에 맞는 패키지를 사용하세요.

```
$ pip install opentelemetry-api opentelemetry-sdk
```

`pip freeze` 명령은 현재 파이썬 환경에 설치된 모든 목록을 보여줍니다. 이 명령을 사용해 패키지가 제대로 설치되었는지 확인할 수 있습니다.

```
$ pip freeze | grep opentelemetry
opentelemetry-api==1.18.0
opentelemetry-sdk==1.18.0
opentelemetry-semantic-conventions==0.39b0
```

OpenTelemetry 프로젝트는 활발하게 개발되고 있으며 자주 릴리스되기 때문에 책에 표시된 패키지 버전과 여러분의 환경에 설치된 버전이 다를 수 있습니다. 따라서 예제 코드를 실행하다 보면 일부 메서드와 출력이 조금 다를 수 있지만 문제가 되는 것은 아닙니다.

 OpenTelemetry API 규격은 메이저 버전의 업데이트가 있기 전까지 변경되지 않습니다.

4.2 추적 파이프라인 설정

패키지를 모두 설치했다면 OpenTelemetry를 이용한 분산 추적의 첫 번째 단계인 추적 파이프라인 설정을 진행할 준비가 끝난 것입니다. 추적 파이프라인은 〈Chapter 2 OpenTelemetry 시그널〉에서 살펴본 것처럼 OpenTelemetry API를 호출했을 때 추적 데이터가 생성되도록 해줍니다. 또한 파이프라인을 통해 어디서, 어떻게 데이터가 만들어지는지 정의합니다. 추적 파이프라인이 설정되지 않은 경우 API는 아무런 작업을 수행하지 않는데, 이는 코드가 분산 추적 데이터를 생성하지 않는다는 것을 의미합니다. 추적 파이프라인을 통해 다음 항목을 설정할 수 있습니다.

- **TracerProvider**: 스팬 생성 방법
- **Resource 객체**: 스팬의 출처

- **SpanProcessor**: 스팬 노출 방법

- **SpanExporter**: 스팬 노출 위치

다음 코드는 SDK로부터 TracerProvider, ConsoleSpanExporter, SimpleSpanProcessor 클래스를 불러와 추적 프로바이더를 설정합니다. 예제에서는 ConsoleSpanProcessor를 이용해 애플리케이션이 콘솔로 추적 정보를 출력하도록 합니다. 추적 프로바이더 설정의 마지막 단계는 우리가 생성한 프로바이더를 전역 추적 프로바이더로 설정하도록 set_tracer_provider 메서드를 호출하는 것입니다. 코드가 다른 작업을 수행하기 직전에 이 메서드가 호출될 수 있도록 configure_tracer 메서드 끝에서 호출합니다.

shopper.py

```
#!/usr/bin/env python3
from opentelemetry import trace
from opentelemetry.sdk.trace import TracerProvider
from opentelemetry.sdk.trace.export import ConsoleSpanExporter,
SimpleSpanProcessor

def configure_tracer():
    exporter = ConsoleSpanExporter()
    span_processor = SimpleSpanProcessor(exporter)
    provider = TracerProvider()
    provider.add_span_processor(span_processor)
    trace.set_tracer_provider(provider)

if __name__ == "__main__":
    configure_tracer()
```

이제부터 애플리케이션에 코드를 추가하는 과정을 반복할 것이며, 특별한 언급이 없다면 코드가 추가될 때마다 다음 명령을 사용하여 코드를 시험하고 출력을 확인하면 됩니다.

```
$ python ./shopper.py
```

예제 코드에 대해 이 명령을 실행하면 아무것도 출력되지 않습니다. 오류가 발생하지 않았다면 모듈이 잘 설치되었고 로드하는 데 문제가 없다는 것입니다.

> 🔖 TracerProvider를 처음 설정할 때 겪는 일반적인 실수는 전역 **TracerProvider** 선언을 누락하여 API 호출 시 아무런 작동을 하지 않는 기본 **TracerProvider**를 사용하게 되는 것입니다. 이는 사용자가 애플리케이션 내에서 추적을 사용하지 않는 경우를 감안하여 의도적으로 설정된 것입니다.

별거 아닌 것처럼 보일 수도 있지만 애플리케이션에 대한 TracerProvider를 설정하는 것은 분산 추적 정보 수집을 시작하기 전에 해야 하는 아주 중요한 첫 단계입니다. 케이크를 굽기 전에 재료를 준비하는 것과 비슷하다고 생각하면 됩니다. 준비가 되었으니 이제 케이크를 구워봅시다.

추적기 확보

설정된 추적 파이프라인을 이용하여 우리가 측정하고자 하는 추적 데이터에 대한 생성기인 Tracer를 얻을 수 있습니다. TracerProvider 인터페이스를 통해 추적기를 얻는 데 활용할 수 있는 단일 메서드 get_tracer를 정의합니다. 이 메서드를 호출하려면 계측 모듈의 이름과 버전을 알고 있어야 합니다. 이러한 정보들은 추적 데이터의 출처가 어디인지 사용자가 빠르게 식별할 수 있게 돕습니다. [그림 4-1]은 get_tracer 메서드를 호출하는 위치에 따라 전달되는 값이 어떻게 달라지는지 보여줍니다. requests와 Flask를 호출하는 라이브러리에서는 두 라이브러리의 이름과 버전을 반영하지만 shopper와 grocery_store 모듈에서는 두 모듈의 이름과 버전을 반영합니다.

그림 4-1 get_tracer가 호출된 위치에 따라 달라지는 이름과 버전 설정

첫 번째 추적기를 획득하기 위해 shopper.py 코드의 configure_tracer 함수 가장 마지막 부분에 다음과 같이 get_tracer 메서드를 추가합니다.

shopper.py

```python
def configure_tracer():
    exporter = ConsoleSpanExporter()
    span_processor = SimpleSpanProcessor(exporter)
    provider = TracerProvider()
    provider.add_span_processor(span_processor)
    trace.set_tracer_provider(provider)
    return trace.get_tracer("shopper.py", "0.0.1")

if __name__ == "__main__":
    tracer = configure_tracer()
```

추적기 설정에 사용되는 이름은 의미를 가진 것이어야 하며 계측하고자 하는 애플리케이션 범위 내에서 고유한 값이어야 합니다. 일반적으로 계측 범위는 패키지나 모듈이지만 클래스를 범위로 볼 수도 있습니다. 이제 확보한 추적기를 사용하여 애플리케이션을 추적할 시간입니다! 다음 절에서는 OpenTelemetry에서 스팬을 만드는 방법을 살펴봅시다.

4.3 추적 데이터 생성

애플리케이션에 대한 원격 측정 데이터 생성을 시작해봅시다. OpenTelemetry에서 스팬을 만드는 방법은 여러 가지입니다. 가장 먼저 사용할 방법은 앞서 획득한 추적기 인스턴스의 start_span을 호출하는 것입니다. 스팬의 이름으로 사용할 문자열 인자를 전달하여 스팬 객체를 만듭니다. 스팬 객체는 분산 추적을 구성하는 블록으로, 애플리케이션 내에서 고유한 작업 단위를 나타내기 위해 사용됩니다. 다음 예제는 실제 작업을 수행하는 메서드 호출 전에 새로운 스팬 객체를 만듭니다. 우리가 다루는 애플리케이션은 shopper이므로 가장 먼저 수행할 작업은 쇼핑할 상점을 찾는 것입니다. 추적 데이터가 유용하게 활용되기 위해서는 의미 있는 이름을 사용해 스팬을 만들어야 합니다. browse 함수가 수행되고 나면 스팬 객체의 end 메서드를 호출해 작업이 완료되었음을 알립니다.

shopper.py

```
def browse():
    print("visiting the grocery store")

if __name__ == "__main__":
    tracer = configure_tracer()
    span = tracer.start_span("visit store")
    browse()
    span.end()
```

코드를 실행하면 우리의 첫 번째 추적이 콘솔에 출력됩니다. ConsoleSpanExporter는 출력 데이터를 쉽게 읽을 수 있도록 JSON 형식으로 만들어줍니다.

shopper.py 출력

```
visiting the grocery store
{
    "name": "visit store",
    "context": {
        "trace_id": "0x4c6fd97f286439b1a4bb109f12bf2095",
        "span_id": "0x6ea2219c865f6c4b",
        "trace_state": "[]"
    },
    "kind": "SpanKind.INTERNAL",
    "parent_id": null,
    "start_time": "2023-06-10T20:26:47.176169Z",
    "end_time": "2023-06-10T20:26:47.176194Z",
    "status": {
        "status_code": "UNSET"
    },
    "attributes": {},
    "events": [],
    "links": [],
    "resource": {
        "attributes": {
            "telemetry.sdk.language": "python",
            "telemetry.sdk.name": "opentelemetry",
            "telemetry.sdk.version": "1.18.0",
            "service.name": "unknown_service"
        },
```

```
        "schema_url": ""
    }
}
```

출력된 결과에서 유심히 봐야 할 내용은 다음과 같습니다.

- 우리가 지정한 스팬의 이름 필드
- 자동으로 생성된 추적과 스팬의 식별자인 trace_id와 span_id
- 작업 수행에 소요된 시간을 계산하는 데 사용할 start_time과 end_time 타임스탬프 값
- 비어 있는 parent_id 값(이 필드를 보고 스팬이 추적의 시작과 함께 생성된 루트 스팬인지 식별할 수 있음)
- 기본값인 UNSET으로 설정된 스팬의 status_code 필드

JSON 형식으로 출력된 스팬 정보를 통해 애플리케이션이 수행하는 작업에 관한 첫 번째 정보를 얻었습니다. 이렇게 생성된 정보 중 가장 중요한 것은 trace_id입니다. 128비트 정수형 값인 trace_id는 분산 추적에서 여러 작업을 묶을 수 있게 해줄 뿐만 아니라 전체 시스템에서 단일 요청을 나타내는 고유한 값이기도 합니다. span_id는 64비트 정수형 값으로, 요청의 특정한 단위 작업을 식별할 때 사용되며 여러 연산 사이의 관계를 표현해주기도 합니다. 이러한 식별자들이 어떻게 작동하는지 보기 위해 다음에 살펴볼 예제 코드에서는 추적에 또 다른 연산을 추가할 것입니다. 그 전에 컨텍스트 API를 간략하게 살펴보겠습니다.

> Chapter 4의 모든 예제에서는 **ConsoleSpanExporter**만 사용됩니다. 〈Chapter 8 OpenTelemetry 컬렉터〉에서 또 다른 익스포터를 살펴보고, 〈Chapter 10 백엔드 시스템 설정〉에서 OpenTelemetry 컬렉터와 여러 가지 백엔드 시스템을 살펴볼 것입니다.

4.4 컨텍스트 API

여러 스팬을 묶으려면 새로운 스팬을 시작하기 전에 기존 스팬들을 활성화해야 합니다. OpenTelemetry에서 스팬을 활성화한다는 것은 현재 컨텍스트 객체에 스팬을 설정하는 것을

의미합니다. 컨텍스트 객체는 전파를 통해 프로세스 내에서 또는 API 경계를 넘어 여러 시그널이 애플리케이션에 관한 데이터를 공유하는 메커니즘입니다. 애플리케이션 코드 어디에서든지 컨텍스트 API를 이용해 현재 스팬을 얻을 수 있습니다. 컨텍스트 객체를 일관된 API를 제공하는 변하지 않는 데이터 저장소라고 생각해도 무방합니다. 〈Chapter 1 관찰 가능성의 역사와 개념〉에서 살펴봤던 것처럼 파이썬에서의 컨텍스트 API 구현은 ContextVars에 의존적이지만 모든 프로그래밍 언어가 자체적인 내장 컨텍스트 개념을 갖고 있는 것은 아닙니다. 컨텍스트 API는 사용자가 OpenTelemetry를 사용할 때 일관된 경험을 갖게 해줍니다. 컨텍스트와 상호 작용할 때 필요한 API 정의는 다음과 같이 상당히 간소합니다.

- get_value: 주어진 키에 대한 값을 컨텍스트로부터 추출합니다. 호출을 위한 필수 인자는 키 하나이며 필요한 경우 컨텍스트를 전달할 수도 있습니다. 컨텍스트가 전달되지 않은 경우 기본적으로 글로벌 컨텍스트에서 값을 추출하게 됩니다.

- set_value: 컨텍스트에 주어진 키로 값을 저장합니다. 필수 인자는 키와 저장할 값이며 특정 컨텍스트에 값을 저장할 때는 컨텍스트 인자도 함께 전달합니다. 앞서 언급했던 것처럼 컨텍스트는 불변이기 때문에 메서드 호출 시 새로운 값이 저장된 새로운 Context 객체가 반환됩니다.

- attach: 특정 컨텍스트 환경에서 API 호출이 실행되도록 합니다. 즉, 전달된 컨텍스트 인자로 현재의 컨텍스트를 지정합니다. 응답 값은 고유의 토큰이며 다음에 설명할 detach 메서드에서 사용됩니다.

- detach: 컨텍스트를 이전 상태로 되돌리기 위해 사용되며 attach로 획득한 고유 토큰을 인자로 받습니다. 메서드가 호출되면 attach 직전에 지정되어 있던 원래 컨텍스트로 되돌아갑니다.

API 정의가 잘 이해되지 않더라도 걱정할 필요는 없습니다. 다음 예제를 살펴보면 API가 무엇인지 더 명확해질 것입니다. 이 코드에서 우리는 set_span_in_context 메서드로 스팬을 컨텍스트에 할당하여 스팬을 활성화합니다. set_span_in_context 메서드는 내부적으로 컨텍스트의 set_value 메서드를 호출합니다. set_span_in_context 메서드를 호출하면 두 번째 스팬 시작 전 컨텍스트 지정을 위해 사용할 컨텍스트 객체를 돌려줍니다.

shopper.py

```python
from opentelemetry import context, trace
if __name__ == "__main__":
    tracer = configure_tracer()
    span = tracer.start_span("visit store")
    ctx = trace.set_span_in_context(span)
```

```
token = context.attach(ctx)
span2 = tracer.start_span("browse")
browse()
span2.end()
context.detach(token)
span.end()
```

애플리케이션을 실행한 후 출력 결과를 살펴보면 두 스팬에 대한 trace_id 값이 동일한 것을 알 수 있습니다. 또한 browse 스팬의 parent_id 필드는 visit store 스팬의 span_id와 동일한 값이라는 것도 확인할 수 있습니다.

shopper.py 출력

```
visiting the grocery store
{
    "name": "browse",
    "context": {
        "trace_id": "0x03c197ae7424cc492ab1c92112490be1",
        "span_id": "0xb7396b0e6ccab2fd",
        "trace_state": "[]"
    },
    "kind": "SpanKind.INTERNAL",
    "parent_id": "0x8dd8c60c67518a8d",
    ...
}
{
    "name": "visit store",
    "context": {
        "trace_id": "0x03c197ae7424cc492ab1c92112490be1",
        "span_id": "0x8dd8c60c67518a8d",
        "trace_state": "[]"
    },
    "kind": "SpanKind.INTERNAL",
    "parent_id": null,
    ...
}
```

많은 경우에 스팬을 수동으로 시작하고 끝내는 것이 유용할 수 있지만 코드에서 볼 수 있는 것처럼 컨텍스트를 수동으로 관리하는 것은 분명 귀찮은 일입니다. 보통 파이썬에서는 컨텍스트 매니저를 이용해 추적하고자 하는 작업을 감싸는 것이 더 쉽습니다. start_as_current_span이 바로 그런 일을 해주는 편리한 메서드입니다. 이 메서드는 새로운 스팬 객체를 만들고 컨텍스트의 현재 스팬으로 설정해줄 뿐만 아니라 attach 메서드도 호출해줍니다. 게다가 컨텍스트를 빠져나가면 스팬도 자동으로 종료시킵니다. 다음 코드는 이 메서드를 이용해 앞서 살펴본 예제 코드를 얼마나 간단하게 정리할 수 있는지 보여줍니다.

shopper.py

```python
if __name__ == "__main__":
    tracer = configure_tracer()
    with tracer.start_as_current_span("visit store"):
        with tracer.start_as_current_span("browse"):
            browse()
```

스팬 객체와 컨텍스트 객체를 개별적으로 선언하지 않고 with 구문으로 변경하여 코드가 상당히 간결해졌습니다. 컨텍스트 관리 자동화는 스팬 계층 구조를 빠르게 만들기 위해 사용될 수 있습니다. 다음 예제에서는 새로운 메서드와 스팬을 하나씩 추가합니다. 코드를 실행하여 컨텍스트상의 이전 스팬이 어떻게 새로운 스팬의 부모 스팬으로 활용되는지 살펴봅시다.

shopper.py

```python
def add_item_to_cart(item):
    print("add {} to cart".format(item))

if __name__ == "__main__":
    tracer = configure_tracer()
    with tracer.start_as_current_span("visit store"):
        with tracer.start_as_current_span("browse"):
            browse()
            with tracer.start_as_current_span("add item to cart"):
                add_item_to_cart("orange")
```

shopper 애플리케이션을 실행하면 실제 추적처럼 보이는 결과가 나타나기 시작합니다. 새로운 코드의 결과를 살펴보면 세 가지 다른 연산이 포착된 것을 볼 수 있습니다. 여러분의 환경에서 보이는 출력 결과의 순서는 조금 다를 수도 있습니다. 여기서는 코드에 기술되어 있는 연산의 순서와 동일한 순서로 살펴보겠습니다. 가장 먼저 보이는 연산은 앞서 봤던 것처럼 visit store이며 parent_id 필드 값이 null인 것으로 미루어 보아 루트 스팬이라는 것을 알 수 있습니다.

shopper.py 출력

```
{
    "name": "visit store",
    "context": {
        "trace_id": "0x9251fa73b421a143a7654afb048a4fc7",
        "span_id": "0x08c9bf4cccd7ba5d",
        "trace_state": "[]"
    },
    "kind": "SpanKind.INTERNAL",
    "parent_id": null,
    "start_time": "2023-06-10T21:43:20.441933Z",
    "end_time": "2023-06-10T21:43:20.442222Z",
    "status": {
        "status_code": "UNSET"
    },
    "attributes": {},
    "events": [],
    "links": [],
    "resource": {
        "telemetry.sdk.language": "python",
        "telemetry.sdk.name": "opentelemetry",
        "telemetry.sdk.version": "1.18.0",
        "service.name": "unknown_service"
    }
}
```

출력 결과에서 살펴볼 다음 연산은 browse 스팬입니다. 스팬의 parent_id 필드 값이 visit store 스팬의 span_id 값과 같다는 것에 주목합시다. trace_id 역시 같으며 이는 두 스팬이 같은 추적과 연결되어 있다는 것을 의미합니다.

shopper.py 출력

```
{
    "name": "browse",
    "context": {
        "trace_id": "0x9251fa73b421a143a7654afb048a4fc7",
        "span_id": "0xa77587668be46030",
        "trace_state": "[]"
    },
    "kind": "SpanKind.INTERNAL",
    "parent_id": "0x08c9bf4cccd7ba5d",
    "start_time": "2023-06-10T21:43:20.442091Z",
    "end_time": "2023-06-10T21:43:20.442212Z",
    "status": {
        "status_code": "UNSET"
    },
    "attributes": {},
    "events": [],
    "links": [],
    "resource": {
        "telemetry.sdk.language": "python",
        "telemetry.sdk.name": "opentelemetry",
        "telemetry.sdk.version": "1.18.0",
        "service.name": "unknown_service"
    }
}
```

마지막으로 살펴볼 스팬은 add item to cart 스팬입니다. 앞서 살펴본 스팬과 마찬가지로 동일한 trace_id 식별자를 갖고 있습니다. 이 스팬의 parent_id 식별자는 browse 스팬의 span_id 식별자와 일치합니다.

shopper.py 출력

```
{
    "name": "add item to cart",
    "context": {
        "trace_id": "0x9251fa73b421a143a7654afb048a4fc7",
        "span_id": "0x6470521265d80512",
```

```
            "trace_state": "[]"
        },
        "kind": "SpanKind.INTERNAL",
        "parent_id": "0xa77587668be46030",
        "start_time": "2023-06-10T21:43:20.442169Z",
        "end_time": "2023-06-10T21:43:20.442191Z",
        "status": {
            "status_code": "UNSET"
        },
        "attributes": {},
        "events": [],
        "links": [],
        "resource": {
            "telemetry.sdk.language": "python",
            "telemetry.sdk.name": "opentelemetry",
            "telemetry.sdk.version": "1.18.0",
            "service.name": "unknown_service"
        }
}
```

그렇게 나빠 보이진 않습니다. 이전 예제에 비해 코드가 훨씬 간결해졌습니다. 그리고 애플리케이션에 추적 코드를 추가하는 것이 얼마나 쉬운지도 알 수 있습니다. 스팬을 시작할 때 사용할 수 있는 마지막 방법은 데코레이터^{decorator}입니다. 데코레이터는 코드 자체에 추적을 위한 정보를 추가하지 않고도 편리하게 코드를 계측할 수 있는 방법입니다. 데코레이터를 사용해 코드를 더 간결하게 만들 수 있습니다.

> 데코레이터를 사용한다는 것은 여러분이 생성한 추적기 인스턴스가 전역에서 접근 가능하도록 구성되어 데코레이터가 코드 어디에서든 인스턴스를 사용할 수 있음을 의미합니다.

shopper.py 코드를 리팩터링하기 위해 추적기 인스턴스가 생성되는 지점을 main 메서드 바깥으로 옮기고 앞서 작성했던 메서드에 데코레이터를 추가해봅시다. 주목할 점은 main 메서드의 코드가 아주 간단해졌다는 점입니다.

shopper.py

```python
tracer = configure_tracer()

@tracer.start_as_current_span("browse")
def browse():
    print("visiting the grocery store")
    add_item_to_cart("orange")

@tracer.start_as_current_span("add item to cart")
def add_item_to_cart(item):
    print("add {} to cart".format(item))

@tracer.start_as_current_span("visit store")
def visit_store():
    browse()

if __name__ == "__main__":
    visit_store()
```

프로그램을 한 번 더 실행해봅시다. 스팬 정보는 이전과 큰 차이 없이 출력될 것입니다. 리팩터링을 했다고 해서 출력 내용이 바뀌는 것은 아니지만 코드가 훨씬 깔끔해졌습니다. 이전 예제와 마찬가지로 컨텍스트 관리가 처리되고 있기 때문에 컨텍스트 API와의 상호 작용에 관해 걱정할 필요는 없습니다. 데코레이터로 작성된 코드는 읽기 쉬울 뿐만 아니라 코드에 익숙하지 않은 사람이 동일한 패턴으로 애플리케이션에 새로운 메서드를 구현하는 것도 쉽게 만듭니다.

스팬 처리기

코드에서 사용된 스팬 처리기에 관해 기억할 점은 추적 파이프라인의 초기 설정이 SimpleSpanProcessor를 사용했다는 점입니다. 이 처리기는 스팬이 종료되자마자 발생한 모든 이벤트를 처리합니다. 이러한 작동은 코드에 추가된 모든 스팬이 애플리케이션 작동에 부분적으로 지연을 발생시킬 수 있다는 것을 의미하며 우리가 의도한 것은 아닙니다. 다만 특정 상황에서는 올바른 선택이 되기도 합니다. 프로그램이 멈추기 전에 main 스레드를 제외한 다른 스레드의 종료가 보장되기 어려운 경우가 대표적입니다. 하지만 가능하다면 스팬 처리기는 main 스레드 바깥에서 작동하도록 하는 것이 좋습니다. SimpleSpanProcessor 대신 사용할 수 있는 처리기로는 BatchSpanProcessor가 있습니다. [그림 4-2]의 왼쪽 그림은 SimpleSpanProcessor

가 스팬 정보 추출을 위해 어떻게 실행 중인 프로그램을 중지시키는지 보여주고, 오른쪽 그림은 BatchSpanProcessor가 또 다른 스레드를 이용해 정보를 추출하는 방법을 보여줍니다.

이름에서 알 수 있듯이 BatchSpanProcessor는 스팬 추출 작업 그룹을 만듭니다. 이 작업은 별개의 스레드를 통해 진행되며 스케줄 단위로 추출하거나 일정 개수의 스팬이 쌓였을 때 추출을 시작합니다. 이렇게 하면 일반적인 애플리케이션 코드 작동 흐름에 불필요한 지연이 추가되는 것을 방지할 수 있습니다. BatchSpanProcessor 설정 작업은 SimpleSpanProcessor와 비슷합니다. 이제부터는 BatchSpanProcessor를 스팬 처리기로 사용할 것입니다. 다음 코드는 BatchSpanProcessor를 이용하기 위해 모듈 선언부와 추적기 설정을 업데이트합니다.

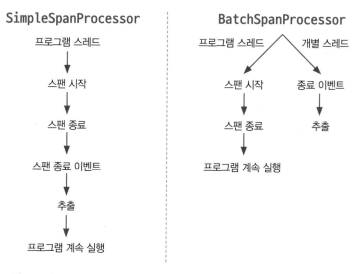

그림 4-2 SimpleSpanProcessor와 BatchSpanProcessor의 차이

shopper.py

```python
from opentelemetry.sdk.trace.export import BatchSpanProcessor, ConsoleSpanExporter

def configure_tracer():
    exporter = ConsoleSpanExporter()
    span_processor = BatchSpanProcessor(exporter)
    provider = TracerProvider()
    provider.add_span_processor(span_processor)
    trace.set_tracer_provider(provider)
    return trace.get_tracer("shopper.py", "0.0.1")
```

바로 애플리케이션을 실행해 프로그램이 여전히 잘 작동하는지, 새로운 스팬 처리기를 사용해도 동일한 출력이 나오는지 확인해봅시다. 많은 변경을 수행한 것처럼 보이진 않지만 생성된 각 스팬의 start_time과 end_time 필드를 면밀히 살펴보면 스팬의 수행 시간^{duration}이 변한 것을 알 수 있습니다. [표 4-1]은 두 가지 스팬 처리기를 이용해 프로그램을 실행한 후 출력값을 비교한 것입니다. visit store 스팬의 수행 시간이 BatchSpanProcessor 처리기를 이용했을 때 눈에 띄게 짧은데 이는 비동기로 스팬을 처리했기 때문입니다.

표 4-1 SimpleSpanProcessor와 BatchSpanProcessor의 수행 시간 비교

	start_time	end_time	수행 시간
SimpleSpanProcessor			
visit store	2023-06-10T16:57:56.075531Z	2023-06-10T16:57:56.076188Z	657μs
browse	2023-06-10T16:57:56.075598Z	2023-06-10T16:57:56.076079Z	481μs
add item to cart	2023-06-10T16:57:56.075644Z	2023-06-10T16:57:56.075663Z	19μs
BatchSpanProcessor			
visit store	2023-06-10T17:57:56.748660Z	2023-06-10T17:57:56.748892Z	232μs
browse	2023-06-10T17:57:56.748734Z	2023-06-10T17:57:56.748879Z	145μs
add item to cart	2023-06-10T17:57:56.748828Z	2023-06-10T17:57:56.748855Z	27μs

예제에서 살펴본 마이크로초(μs) 단위의 수행 시간이 별거 아닌 것처럼 보일 수 있지만 실제 상용 시스템에서 이 정도 성능 차이는 치명적입니다. 즉, 현실에서 실행되는 애플리케이션 입장에서는 BatchSpanProcessor가 훨씬 나은 선택입니다. 이제 우리는 API를 통해 추적 데이터가 어떻게 생성되는지 더 잘 이해하게 되었습니다. 하지만 생성되고 있는 데이터의 경우 여전히 개선할 사항이 많습니다. 현재 생성되고 있는 데이터에는 유용하다고 느낄 만큼 자세한 정보가 담겨 있지 않습니다. 이 부분은 다음 절에서 다시 다루겠습니다.

4.5 데이터 보완

앞선 예제의 출력에 각 스팬이 내보낸 리소스 속성이 포함되어 있다는 점을 인식했나요? 리소스 속성은 원격 측정 데이터를 생성한 엔티티를 나타내는 변경 불가능한 일련의 속성을 제

공하며 추적에 국한되지 않습니다. 원격 측정 데이터를 내보내는 모든 시그널은 데이터 추출 시 리소스 속성을 활용하여 엔티티 정보를 추가합니다. 〈Chapter 1 관찰 가능성의 역사와 개념〉에서 살펴본 것처럼 추적의 경우 애플리케이션의 리소스는 원격 측정 데이터 생성기인 TracerProvider와 연관됩니다. 지금까지 우리가 살펴본 스팬 출력의 리소스 속성값은 SDK가 자신의 정보와 기본 서비스 이름(service.name)을 포함하여 자동으로 제공한 것입니다. 많은 백엔드 서비스에서 그들에게 추적을 보내는 서비스를 식별하기 위해 서비스 이름을 사용하지만 기본값으로 제공되는 unknown_service를 쓰는 것은 그다지 도움이 되지 않습니다. 그러므로 이것을 수정해봅시다. 다음 코드는 지정된 서비스 이름과 버전을 이용해 새로운 Resource 객체를 생성하고 TracerProvider의 인자로 전달합니다.

shopper.py

```python
from opentelemetry.sdk.resources import Resource
from opentelemetry.sdk.trace import TracerProvider
from opentelemetry.sdk.trace.export import BatchSpanProcessor, ConsoleSpanExporter

def configure_tracer():
    exporter = ConsoleSpanExporter()
    span_processor = BatchSpanProcessor(exporter)
    resource = Resource.create(
        {
            "service.name": "shopper",
            "service.version": "0.1.2",
        }
    )
    provider = TracerProvider(resource=resource)
    provider.add_span_processor(span_processor)
    trace.set_tracer_provider(provider)
    return trace.get_tracer("shopper.py", "0.0.1")
```

이제 출력에는 다음과 같이 리소스 속성에 추가된 데이터와 함께 자동으로 생성된 데이터가 포함됩니다.

shopper.py 출력

```
    "resource": {
        "telemetry.sdk.language": "python",
        "telemetry.sdk.name": "opentelemetry",
        "telemetry.sdk.version": "1.18.0",
        "service.name": "shopper",
        "service.version": "0.1.2"
    }
```

확실히 unknown_service로 표기되는 것보다 유용합니다. 다만 코드에 하드코딩된 이름과 버전 정보가 여전히 남아 있습니다. 더 큰 문제는 하드코딩된 이름과 버전이 일치하지 않는다는 점입니다. 다음 코드처럼 configure_tracer 메서드가 이름과 버전 정보를 인자로 받도록 리팩터링해야 합니다.

shopper.py

```python
def configure_tracer(name, version):
    exporter = ConsoleSpanExporter()
    span_processor = BatchSpanProcessor(exporter)
    resource = Resource.create(
        {
            "service.name": name,
            "service.version": version,
        }
    )
    provider = TracerProvider(resource=resource)
    provider.add_span_processor(span_processor)
    trace.set_tracer_provider(provider)
    return trace.get_tracer(name, version)

tracer = configure_tracer("shopper", "0.1.2")

...
if __name__ == "__main__":
    visit_store()
    tracer = configure_tracer("shopper", "0.1.2")
...
```

애플리케이션을 실행하면 코드 수정 이전과 동일한 내용이 출력되어야 합니다. 서비스의 이름과 버전을 지정하는 코드가 하나로 합쳐졌기 때문에 코드의 오류가 줄었고, `configure_tracer` 메서드는 곧 살펴볼 다른 애플리케이션에 대해 OpenTelemetry를 설정하더라도 재활용할 수 있게 되었습니다. 아마도 여러분은 호스트명이나 동적 런타임 환경의 인스턴스 식별자와 같은 정보를 리소스의 추가 정보로 제공하고 싶을 것입니다. OpenTelemetry SDK는 리소스에 관한 세부 정보를 자동으로 제공하는 `ResourceDetector` 인터페이스를 지원합니다.

ResourceDetector

`ResourceDetector` 속성은 이름에서 알 수 있듯이 리소스에 자동으로 추가되는 정보를 포착하기 위해 사용됩니다. `ResourceDetector`는 애플리케이션을 실행하는 플랫폼의 정보를 추출하는 훌륭한 방법이며, 이미 유수의 클라우드 서비스 사업자를 위한 리소스 감지기를 제공합니다. 이 정보는 애플리케이션의 성능 문제를 찾아내기 위해 애플리케이션을 지역 또는 호스트 단위로 그룹화하는 데 도움이 됩니다. `ResourceDetector` 인터페이스는 리소스를 반환하는 `detect` 메서드 구현에 관한 규격을 담고 있습니다. `grocery-store` 애플리케이션의 모든 서비스에서 재활용할 수 있는 `ResourceDetector` 인터페이스를 구현해봅시다. 이 감지기는 코드를 실행하는 컴퓨터의 호스트명과 IP 주소를 자동으로 채워줍니다. 이를 구현하는 손쉬운 방법은 파이썬의 소켓 라이브러리를 이용하는 것입니다. `shopper.py`와 동일한 폴더에 다음 코드를 새로운 파일로 작성한 후 저장합니다.

local_machine_resource_detector.py

```python
import socket
from opentelemetry.sdk.resources import Resource, ResourceDetector

class LocalMachineResourceDetector(ResourceDetector):
    def detect(self):
        hostname = socket.gethostname()
        ip_address = socket.gethostbyname(hostname)
        return Resource.create(
            {
                "net.host.name": hostname,
                "net.host.ip": ip_address,
```

```
        }
    )
```

이 모듈을 사용하기 위해 shopper 애플리케이션에서 모듈을 불러옵니다. configure_tracer 코드도 서비스 이름과 버전을 추가하기 전에 ResourceDetector를 먼저 호출하도록 업데이트해야 합니다. 앞서 언급했던 것처럼 리소스는 변경 불가하며 이는 특정 리소스를 업데이트할 수 있는 메서드가 없다는 것을 의미합니다. 리소스 감지기가 생성한 리소스의 새로운 속성은 리소스의 merge 메서드를 이용해 추가합니다. merge 메서드는 호출자의 속성으로부터 새로운 리소스를 만들고 인자로 전달된 리소스의 모든 속성을 새로운 리소스가 갖도록 업데이트합니다. 업데이트된 코드는 방금 만든 모듈을 불러오고 LocalMachineResourceDetector를 호출하여 새로운 리소스를 만든 다음 merge 메서드를 통해 원래 리소스가 갖고 있던 정보가 소실되지 않도록 합니다.

shopper.py[73]

```python
from opentelemetry.sdk.resources import Resource
from opentelemetry.sdk.trace import TracerProvider
from opentelemetry.sdk.trace.export import ConsoleSpanExporter, SimpleSpanProcessor
from local_machine_resource_detector import LocalMachineResourceDetector
def configure_tracer(name, version):
    exporter = ConsoleSpanExporter()
    span_processor = SimpleSpanProcessor(exporter)
    local_resource = LocalMachineResourceDetector().detect()
    resource = local_resource.merge(
        Resource.create(
            {
                "service.name": name,
                "service.version": version,
            }
        )
    )
    provider = TracerProvider(resource=resource)
    provider.add_span_processor(span_processor)trace.set_tracer_provider(provider)
    return trace.get_tracer(name, version)
```

---

73 옮긴이_앞서 작성했던 코드처럼 ConsoleSpanExporter가 아닌 BatchSpanProcessor를 사용해 코드를 작성해도 무방합니다. 단, 호스트명이 DNS 질의가 되지 않는다면 코드 실행 시 에러가 발생할 수 있습니다. 이럴 땐 hosts 파일에 임의로 '1.2.3.4   호스트명'을 추가한 후 실행합시다.

출력은 앞선 예제에서 봤던 모든 리소스를 포함하고 있는 것은 물론이고 새롭게 생성된 정보도 포함합니다.

LocalMachineResourceDetector 출력

```
"resource": {
    "telemetry.sdk.language": "python",
    "telemetry.sdk.name": "opentelemetry",
    "telemetry.sdk.version": "1.3.0",
    "net.host.name": "myhost.local",
    "net.host.ip": "192.168.128.47",
    "service.name": "shopper",
    "service.version": "0.1.2"
}
```

> 호출자와 merge 메서드로 전달된 리소스가 동일한 리소스 속성을 갖는 경우, 인자로 전달된 리소스의 속성으로 호출자의 속성을 덮어 씌웁니다. 예를 들어 resource_one이 foo=one이라는 속성을 가지고 있고 resource_two가 foo=two라는 속성을 가지고 있을 때 resource_one.merge(resource_two)를 실행한 결과는 인자로 전달된 resource_two의 속성에 따라 foo=two가 됩니다.

ResourceDetector를 자유롭게 사용해보고 애플리케이션이 실행되는 장비에 대해 어떤 유용한 정보를 추가할 수 있는지 살펴보기 바랍니다. 예를 들어 특정한 환경 변수나 시스템에서 사용 중인 파이썬의 버전 등을 추가해두면 애플리케이션의 문제를 해결할 때 많은 도움이 될 것입니다.

스팬 속성

생성된 추적 데이터를 살펴보면 우리가 만든 코드에서 무슨 일이 일어나고 있는지 이해할 수 있습니다. 이러한 추적 데이터가 더 유용한 정보가 될 수 있도록 shopper 애플리케이션에 어떤 데이터를 추가할지 알아봅시다. shopper 애플리케이션은 HTTP 클라이언트의 일종이기 때문에 규격에 기술된 시맨틱 표기법을 살펴보는 것이 큰 도움이 됩니다. [표 4-2]는

OpenTelemetry 시맨틱 표기법을 따를 때 추가할 스팬 속성과 몇 가지 예제 값을 정리한 것입니다.[74]

표 4-2 HTTP 클라이언트 스팬 속성의 시맨틱 표기법

속성명	값
http.method	"GET"
http.flavor	"1.1"
http.url	"https://example.com:8080/webshop/articles/4?s=1"
net.peer.ip	"192.0.2.5"
http.status_code	200

유효한 속성은 문자열, 64비트 정수, 부동소수점 float, 불리언 Boolean 형식이어야 합니다. 이러한 형식으로 만들어진 배열도 가능하지만 단일 자료형으로 구성된 배열이어야 합니다.

> null이나 None을 속성으로 사용하는 것은 권장하지 않습니다. 백엔드 시스템이 null을 다루는 방법이 여러 가지일 수 있기 때문에 예상치 못한 방식으로 작동할 수도 있습니다.

다음 예제는 클라이언트 애플리케이션에 대한 권장 속성을 포함하도록 browse 메서드를 업데이트합니다. 데코레이터를 사용하고 있기 때문에 get_current_span 메서드를 이용해 현재 스팬을 얻을 수 있습니다. 이렇게 얻은 스팬의 set_attribute 메서드가 요구하는 두 개의 인자, 즉 키와 값을 이용해 set_attribute를 호출합니다. 아직 서버를 실행하지 않았기 때문에 http.url과 net.peer.ip에는 임의의 값을 할당해두겠습니다.

shopper.py

```python
@tracer.start_as_current_span("browse")
def browse():
    print("visiting the grocery store")
    span = trace.get_current_span()
```

---

74 https://github.com/open-telemetry/opentelemetry-specification/blob/main/specification/trace/semantic_conventions/http.md#http-client-server-example

```
span.set_attribute("http.method", "GET")
span.set_attribute("http.flavor", "1.1")
span.set_attribute("http.url", "http://localhost:5000")
span.set_attribute("net.peer.ip", "127.0.0.1")
```

프로그램을 실행해 얻은 출력을 통해 browse 스팬에 추가된 속성을 예상할 수 있습니다. 출력을 살펴봅시다.

shopper.py 출력

```
"name": "browse",
"attributes": {
    "http.method": "GET",
    "http.flavor": "1.1",
    "http.url": "http://localhost:5000",
    "net.peer.ip": "127.0.0.1"
},
```

훌륭합니다! 데이터가 모두 출력되었습니다. 하지만 여러 속성이 필요한 경우 각 속성에 대해 메서드를 개별적으로 호출하는 것은 조금 불편합니다. 다행히도 이런 작업을 수행해주는 편리한 메서드가 있습니다. 앞선 코드에서 전달한 값과 동일한 값을 갖는 딕셔너리^{dictionary}를 set_attributes 메서드[75] 호출 시 인자로 사용하면 코드가 간결해집니다.

shopper.py

```
span.set_attributes(
    {
        "http.method": "GET",
        "http.flavor": "1.1",
        "http.url": "http://localhost:5000",
        "net.peer.ip": "127.0.0.1",
    }
)
```

---

75 옮긴이 앞선 예제에서는 단수형 메서드인 set_attribute를 사용했지만 여기서는 복수형 메서드인 set_attributes에 관해 이야기하고 있습니다.

많은 속성을 지정하다 보면 오타를 내기 쉽습니다. 코드를 검토할 때 오타를 찾으면 다행이지만 오타로 인해 중요한 데이터를 잃는 최악의 상황이 발생할 수도 있습니다. 예를 들어 특정 URL과 flavor 속성에 의존하는 경고를 설정했는데 오타로 인해 flavour 속성을 지정했다고 생각해봅시다. 추적 데이터의 정확도는 매우 중요하기 때문에 이러한 속성값들을 더 쉽게 설정할 수 있도록 시맨틱 표기법 패키지는 다양한 상수constant를 미리 제공합니다. 이렇게 하면 공통적으로 사용되는 키와 값을 하드코딩하지 않게 됩니다. 다음 예제는 opentelemetry-semanticconversions 패키지를 이용해 리팩터링한 코드입니다.

shopper.py

```python
from opentelemetry.semconv.trace import HttpFlavorValues, SpanAttributes
@tracer.start_as_current_span("browse")
def browse():
    print("visiting the grocery store")
    span = trace.get_current_span()
    span.set_attributes(
        {
            SpanAttributes.HTTP_METHOD: "GET",
            SpanAttributes.HTTP_FLAVOR: HttpFlavorValues.HTTP_1_1.value,
            SpanAttributes.HTTP_URL: "http://localhost:5000",
            SpanAttributes.NET_PEER_IP: "127.0.0.1",
        }
    )
```

물론 시맨틱 표기법만 사용해서는 애플리케이션에 특화된 정보를 충분히 얻을 수 없습니다. 속성의 한 가지 강점은 추적하고 있는 트랜잭션에 관한 의미 있는 정보를 추가하여 무슨 일이 일어나는지 알게 해준다는 점입니다. 실제 데이터를 처리하기 시작했을 때 shopper 애플리케이션 입장에서 중요한 것은 장바구니에 추가된 물품과 수량의 정보입니다. 다음 코드는 이러한 정보를 스팬 속성으로 기록합니다.

shopper.py

```python
@tracer.start_as_current_span("browse")
def browse():
    print("visiting the grocery store")
    span = trace.get_current_span()
```

```
    span.set_attributes(
        {
            SpanAttributes.HTTP_METHOD: "GET",
            SpanAttributes.HTTP_FLAVOR: str(HttpFlavorValues.HTTP_1_1),
            SpanAttributes.HTTP_URL: "http://localhost:5000",
            SpanAttributes.NET_PEER_IP: "127.0.0.1",
        }
    )
    add_item_to_cart("orange", 5)

@tracer.start_as_current_span("add item to cart")
def add_item_to_cart(item, quantity):
    span = trace.get_current_span()
    span.set_attributes({
        "item": item,
        "quantity": quantity,
    })
    print("add {} to cart".format(item))
```

스팬 속성은 이후에 다시 살펴보겠습니다. 속성은 다른 시그널의 핵심 컴포넌트이기도 해서 이 책의 전반에 걸쳐 여러 번 다뤄질 것입니다. 마지막으로 속성 사용을 고려하거나 실제로 추적 내에서 데이터를 기록하기 시작했을 때 주의해야 할 점은 개인 식별 정보^{Personally Identifiable} ^{Information}(PII)를 인식하는 것입니다. 여러분 스스로를 위해 가능한 한 모든 PII 정보를 원격 측정 데이터에서 삭제하는 것이 좋습니다. 이 내용은 〈Chapter 8 OpenTelemetry 컬렉터〉 에서 다시 살펴보겠습니다.

SpanKind

스팬과 관련된 또 다른 유용한 정보는 SpanKind입니다. SpanKind는 스팬을 분류할 때 사용하는 식별자로, 추적 내에서 스팬 간의 관계를 나타내는 추가 정보를 제공합니다. OpenTelemetry 는 다음과 같은 유형의 스팬을 제공합니다.

- **INTERNAL**: 애플리케이션 내부 연산을 나타내며 해당 스팬이 외부 의존성을 갖지 않는다는 것을 의미 합니다. 이 값은 기본값으로 사용됩니다.
- **CLIENT**: 원격지 서비스에 대한 요청이 포함된 연산을 나타냅니다. 여기서 원격지 서비스는 서버 스팬 을 의미합니다. 이 연산에 의한 요청은 동기식이기 때문에 서버의 응답을 기다려야만 합니다.

- **SERVER**: 클라이언트 스팬이 보낸 동기식 요청에 대한 응답 연산을 나타냅니다. 클라이언트–서버 통신에서 클라이언트는 요청의 발신자이기 때문에 서버 스팬에 대해 부모 스팬이 됩니다.
- **PRODUCER**: 비동기 요청의 발신에 대한 연산을 나타냅니다. 클라이언트 스팬과는 달리 생산자는 비동기 요청 소비자의 응답을 기다리지 않습니다.
- **CONSUMER**: 생산자가 보낸 비동기 요청에 대한 소비자 연산을 나타냅니다.

눈치챘겠지만 지금까지 만든 모든 스팬은 INTERNAL 스팬입니다. 출력을 자세히 살펴보면 다음과 같은 정보를 찾을 수 있습니다.

출력

```
"kind": "SpanKind.INTERNAL"
```

이제 grocery-store 서버에 대한 몇 가지 요청을 추가하여 shopper 애플리케이션이 더 현실적인 애플리케이션이 되도록 해봅시다. 이 HTTP 요청들은 서버로부터 데이터를 추출하기 위한 것이므로 SpanKind를 CLIENT로 지정하겠습니다. 서버 입장에서는 클라이언트 요청에 대한 응답 연산이므로 SpanKind를 SERVER로 지정하면 됩니다. 스팬 유형은 스팬 생성 시 kind 인자로 지정하면 됩니다. 다음 예제는 browse 메서드에 클라이언트가 서버로 보내는 웹 요청을 추가합니다. HTTP 요청은 파이썬의 requests 라이브러리[76]를 이용합니다. 서버로 보내는 요청은 컨텍스트 매니저로 감싸는데, 컨텍스트 매니저는 web request라는 이름의 새로운 스팬을 CLIENT로 지정해 시작합니다.

shopper.py[77]

```
import requests
from common import configure_tracer
from opentelemetry.semconv.trace import HttpFlavorValues, SpanAttributes

@tracer.start_as_current_span("browse")
```

---

[76] https://docs.python-requests.org/
[77] 옮긴이_urllib3의 최근 버전을 사용하는 경우 OpenSSL 1.1.1 이상의 버전이 설치되어야 합니다. OpenSSL의 버전을 업그레이드하거나 pip install urllib3==1.26.6 명령을 이용해 하위 버전의 urllib3를 설치하여 해결할 수 있습니다.

```python
def browse():
    print("visiting the grocery store")
    with tracer.start_as_current_span(
        "web request", kind=trace.SpanKind.CLIENT
    ) as span:
        url = "http://localhost:5000"
        span.set_attributes(
            {
                SpanAttributes.HTTP_METHOD: "GET",
                SpanAttributes.HTTP_FLAVOR: str(HttpFlavorValues.HTTP_1_1),
                SpanAttributes.HTTP_URL: url,
                SpanAttributes.NET_PEER_IP: "127.0.0.1"
            }
        )
        resp = requests.get(url)
        span.set_attribute(SpanAttributes.HTTP_STATUS_CODE,resp.status_code)
```

지금까지 작성한 코드는 모두 클라이언트 코드입니다. 이제 서버 측 코드를 작성해봅시다. 서버 측 코드를 작성하기 전에 중복된 코드 작성을 줄이기 위해 다른 파일들과 동일한 폴더에 common.py라는 별도의 모듈을 생성하고 configure_tracer 메서드를 이동시킵니다. 또한 리팩터링하면서 하드코딩한 service.name과 service.version 속성값도 시맨틱 표기법 패키지가 제공하는 값으로 변경합니다.

common.py

```python
from opentelemetry import trace
from opentelemetry.sdk.resources import Resource
from opentelemetry.sdk.trace import TracerProvider
from opentelemetry.sdk.trace.export import BatchSpanProcessor, ConsoleSpanExporter
from opentelemetry.semconv.resource import ResourceAttributes
from local_machine_resource_detector import LocalMachineResourceDetector

def configure_tracer(name, version):
    exporter = ConsoleSpanExporter()
    span_processor = BatchSpanProcessor(exporter)
    local_resource = LocalMachineResourceDetector().detect()
    resource = local_resource.merge(
        Resource.create(
            {
                ResourceAttributes.SERVICE_NAME: name,
```

```
                ResourceAttributes.SERVICE_VERSION: version,
            }
        )
    )
    provider = TracerProvider(resource=resource)
    provider.add_span_processor(span_processor)
    trace.set_tracer_provider(provider)
    return trace.get_tracer(name, version)
```

이전에 작성한 shopper.py와 새로 작성할 서버 측 코드 grocery_store.py에서 추적기를 생성할 때 이 코드를 사용할 수 있습니다. 서버 측 코드에서는 파이썬 웹 프레임워크 Flask[78]를 사용해 API를 제공하고, 애플리케이션의 초기 코드에서는 단일 라우트 핸들러^{route handler}만 사용할 것입니다. 이 책은 Flask에 관한 책이 아니기 때문에 Flask가 어떻게 작동하는지 하나하나 살펴보지는 않습니다. 작동 가능한 서버 측 애플리케이션을 만든다는 목적에 맞게 라우트 데코레이터를 이용해 특정 경로에 대한 응답 핸들러를 설정하고 run 메서드를 이용해 웹 서버를 시작할 수 있다는 것만 알면 됩니다. 이전 예제의 CLIENT 스팬에 대한 응답 연산이기 때문에 핸들러에서 스팬 생성 데코레이터의 스팬 유형을 SERVER로 지정합니다. 코드에서는 시맨틱 표기법을 따르기 위해 여러 가지 다른 속성값도 지정하고 있다는 것에 주목합시다. Flask는 이런 다양한 정보를 손쉽게 만들 수 있게 해줍니다.

grocery_store.py

```
from flask import Flask, request
from opentelemetry import trace
from opentelemetry.semconv.trace import HttpFlavorValues, SpanAttributes
from opentelemetry.trace import SpanKind
from common import configure_tracer

tracer = configure_tracer("0.1.2", "grocery-store")
app = Flask(__name__)
@app.route("/")
@tracer.start_as_current_span("welcome", kind=SpanKind.SERVER)
def welcome():
    span = trace.get_current_span()
    span.set_attributes(
```

---

78 *https://flask.palletsprojects.com/en/1.1.x/*

```
        {
            SpanAttributes.HTTP_FLAVOR: request.environ.get("SERVER_PROTOCOL"),
            SpanAttributes.HTTP_METHOD: request.method,
            SpanAttributes.HTTP_USER_AGENT: str(request.user_agent),
            SpanAttributes.HTTP_HOST: request.host,
            SpanAttributes.HTTP_SCHEME: request.scheme,
            SpanAttributes.HTTP_TARGET: request.path,
            SpanAttributes.HTTP_CLIENT_IP: request.remote_addr,
        }
    )
    return "Welcome to the grocery store!"

if __name__ == "__main__":
    app.run()
```

물론 추적을 확인하기 위해서는 먼저 애플리케이션이 실행 중이어야 합니다. 서버가 실행 중인지 확인하기 위해 다음 명령을 실행합니다.

```
$ python grocery_store.py
```

Flask의 기본 포트인 5000번을 다른 애플리케이션이 이미 사용 중이라면 Address already in use라는 오류를 보게 됩니다. 한 번에 하나의 서버 애플리케이션 인스턴스만 실행되도록 해야 한다는 점에 주의하세요.

> 코드가 변경될 때마다 자동으로 서버를 업데이트하도록 debug 모드를 활성화하여 서버를 실행할 수 있습니다. 이 기능은 빠르게 개발을 수행할 때 편리하지만 주의해야 할 점이 있습니다. 개발이 끝난 후에 활성화되어 있어서는 안 되며, debug 모드는 〈Chapter 3 자동 계측〉에서 살펴봤던 것처럼 자동 계측 시 문제를 일으킬 수 있습니다. debug 모드는 run 메서드 호출 시 run(debug=True)를 사용하여 활성화할 수 있습니다.

앞으로 작성하는 모든 예제에서 서버는 shopper 애플리케이션 실행 전에 시작되어야 합니다. 그렇지 않으면 HTTP 연결 오류로 인해 클라이언트 애플리케이션이 중지됩니다. 터미널 화면을 두 개로 나누어 한쪽에는 서버를, 다른 한쪽에는 클라이언트를 실행하면 이런 오류를 피하는 데 도움이 됩니다. 클라이언트와 서버 애플리케이션을 모두 실행하여 출력을 살펴봅시다.[79] /라는 이름을 가진 서버 연산은 SERVER 스팬으로 구분됩니다.

grocery_store.py 출력

```
{
    "name": "/",
    "context": {
        "trace_id": "0xe7f562a98f81a36ba81aaf1e239dd718",
        "span_id": "0x51daed87f12f5bc0",
        "trace_state": "[]"
    },
    "kind": "SpanKind.SERVER",
    "parent_id": null,
}
```

클라이언트에서는 web request라는 이름을 가진 연산이 CLIENT 스팬으로 확인됩니다.

shopper.py 출력

```
{
    "name": "web request",
    "context": {
        "trace_id": "0xc2747c6a8c7f7e12618bf69d7d71a1c8",
        "span_id": "0x88b7afb56d248244",
        "trace_state": "[]"
    },
    "kind": "SpanKind.CLIENT",
    "parent_id": "0xe756587bc381338c",
}
```

출력된 데이터는 서로 다른 서비스 간의 연결을 정의하고 시스템의 컴포넌트 간 관계를 설명하는 데 도움이 되는 훌륭한 정보입니다. 단일 추적 데이터의 탐색을 통해 각 애플리케이션이 수

---

79 옮긴이_클라이언트는 shopper.py이고, 서버 애플리케이션은 grocery_store.py입니다. 본문에서 이야기한 것처럼 grocery_store.py를 먼저 실행한 후 shopper.py를 실행합시다.

행하는 역할을 더 명확히 이해할 수 있습니다. 하지만 이상하게도 지금 생성한 데이터는 완전히 연결된 것처럼 보이지 않습니다. 클라이언트와 서버의 trace_id가 일치하지 않을 뿐 아니라 SERVER 스팬에 parent_id가 없습니다. 아무래도 전파를 빼먹은 것 같습니다!

4.6 컨텍스트 전파

네트워크 경계를 넘어 한 서비스에서 다른 서비스로 정보를 전달하려면 '컨텍스트 전파context propagation'라고 불리는 추가 작업이 필요합니다. 컨텍스트가 전파되지 않으면 각 서비스는 매번 새로운 추적을 별도로 만들게 되고, 백엔드 시스템이 추적을 분석할 때 연관된 서비스를 연결할 방법이 없게 됩니다. [그림 4-3]에서 볼 수 있는 것처럼 서비스 사이에 전파되지 않은 추적은 서비스 사이의 연결고리가 누락된 것과 같습니다. 이는 추적의 상관관계를 찾기 어렵다는 것을 의미합니다.

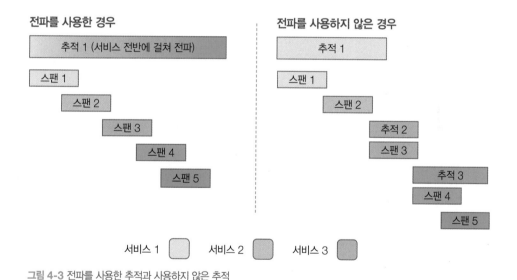

그림 4-3 전파를 사용한 추적과 사용하지 않은 추적

구체적으로 서비스 사이에 전파되어야 하는 데이터는 span_context입니다. 여기에는 다음과 같은 네 가지 정보가 포함되어 있습니다.

- **span_id**: 현재 스팬의 식별자

- **trace_id**: 현재 추적의 식별자

- **trace_flags**: 추적 수준과 샘플링 비율을 조절할 때 사용되는 추가 설정 플래그(W3C의 Trace Context 규격[80]을 따름)

- **trace_state**: 벤더 특화 식별 데이터 집합(W3C의 Trace Context 규격[81]을 따름)

span_context 정보는 새로운 스팬을 생성할 때 사용됩니다. trace_id는 새로운 스팬에서 추적 ID로 사용되고, span_id는 새로운 스팬의 부모 스팬 ID로 사용됩니다. 다른 서비스에서 새로운 스팬이 시작되었을 때 컨텍스트가 제대로 전파되지 않으면 새로운 스팬은 필요한 데이터를 어디에서 가져와야 할지 알 수 없게 됩니다. 컨텍스트는 직렬화되어야 하고 전파가 이루어질 수 있도록 경계를 넘어 전달자에게 주입되어야 합니다. 그리고 수신 측에서는 전달자로부터 컨텍스트를 추출하여 역직렬화해야 합니다. 우리가 만들고 있는 애플리케이션의 컨텍스트 전달 매체는 HTTP 헤더입니다. OpenTelemetry의 **Propagation API**는 우리가 다음 예제에서 사용할 메서드를 제공합니다. 클라이언트 측에서는 inject 메서드를 호출하여 HTTP 요청의 헤더로 전달될 딕셔너리 객체를 span_context에 설정합니다.

shopper.py

```python
from opentelemetry.semconv.trace import HttpFlavorValues, SpanAttributes
from opentelemetry.propagate import inject
@tracer.start_as_current_span("browse")
def browse():
    print("visiting the grocery store")
    with tracer.start_as_current_span(
        "web request", kind=trace.SpanKind.CLIENT
    ) as span:
        url = "http://localhost:5000"
        span.set_attributes(
            {
                SpanAttributes.HTTP_METHOD: "GET",
                SpanAttributes.HTTP_FLAVOR: str(HttpFlavorValues.HTTP_1_1),
                SpanAttributes.HTTP_URL: url,
```

---

80 *https://www.w3.org/TR/trace-context/#trace-flags*

81 *https://www.w3.org/TR/trace-context/#tracestate-header*

```
                SpanAttributes.NET_PEER_IP: "127.0.0.1"
        }
    )
    headers = {}
    inject(headers)
    resp = requests.get(url, headers=headers)
    span.set_attribute(SpanAttributes.HTTP_STATUS_CODE, resp.status_code)
```

서버 측에서 해야 할 일은 조금 더 복잡합니다. 요청 핸들러에 지정된 데코레이터가 스팬을 생성하기 전에 컨텍스트가 추출되었는지 확인할 필요가 있기 때문입니다. Flask는 데코레이터를 통해 요청이 처리되기 전후로 메서드를 호출할 수 있는 메커니즘을 제공합니다. 이 메커니즘은 요청 헤더로부터 전달된 컨텍스트를 추출하고 요청이 처리되기 전에 추출된 정보를 서버 측 컨텍스트에 붙입니다. 이 작업은 요청의 컨텍스트에 저장되어야 하는 토큰을 반환하며, 요청이 처리되면 이전의 컨텍스트를 복원하기 위해 요청을 분리합니다.

grocery_store.py

```
from opentelemetry import context
from opentelemetry.propagate import extract

@app.before_request
def before_request_func():
    token = context.attach(extract(request.headers))
    request.environ["context_token"] = token

@app.teardown_request
def teardown_request_func(err):
    token = request.environ.get("context_token", None)
    if token:
        context.detach(token)
```

코드를 실행하면 컨텍스트가 전파되었는지 볼 수 있습니다. 서버뿐만 아니라 클라이언트도 재시작해야 한다는 점을 잊지마세요. 다음 출력에서는 trace_id와 span_id를 유심히 살펴보기 바랍니다.

shopper.py 출력

```
{
    "name": "web request",
    "context": {
        "trace_id": "0x1fe2dc4e2e750e4598463749300277ed",
        "span_id": "0x5771b0a074e00a5b",
        "trace_state": "[]"
    },
    "kind": "SpanKind.CLIENT",
}
```

계획대로 모든 것이 잘 진행되었다면 클라이언트와 서버는 동일한 추적에 포함됩니다. 서버 측 출력의 parent_id 필드는 클라이언트의 span_id 필드와 일치하고 양쪽의 trace_id가 동일하다는 것에 주목합시다.

grocery_store.py 출력

```
{
    "name": "/",
    "context": {
        "trace_id": "0x1fe2dc4e2e750e4598463749300277ed",
        "span_id": "0x26f143d0f8a9c0bd",
        "trace_state": "[]"
    },
    "kind": "SpanKind.SERVER",
    "parent_id": "0x5771b0a074e00a5b",
}
```

이제 서비스들이 모두 연결되었으니 전파에 관해 더 자세히 살펴봅시다!

추가 전파기 형식

지금까지 예제를 통해 살펴본 전파는 W3C Trace Context 전파 형식을 따릅니다. Trace Context 형식은 최신 규격인 동시에 현존하는 유일한 전파 형식입니다. 다른 추적 표준과 호환되면서 OpenTelemetry와의 상호 운용성^{interoperability}이 구현된 추가 전파기가 여럿 있는데, OpenTelemetry가 지원하는 전파기로는 B3[82], 예거, ot-trace[83] 등이 있습니다. 현재 제공되는 전파기들은 TextMapPropagator 인터페이스를 inject, extract 메서드와 함께 구현합니다. 다음 예제는 B3MultiFormat 전파기를 이용한 구현입니다. opentelemetry-propagator-b3 패키지를 설치하면 이 전파기를 사용할 수 있습니다.

```
from opentelemetry.propagators.b3 import B3MultiFormat
from opentelemetry.propagate import set_global_textmap

set_global_textmap(B3MultiFormat())
```

> 전파에 관한 문제를 해결하는 것은 어렵고 많은 시간이 걸립니다. 서비스가 다른 형식을 이용해 데이터를 전파하도록 잘못 설정되는 경우가 많으며 이렇게 되면 전파가 전혀 작동하지 않습니다.

앞선 예제를 shopper나 grocery-store 애플리케이션 중 한쪽에서만 사용하게 되면 컨텍스트의 전파가 제대로 작동하지 않습니다. 실제 애플리케이션이 서로 다른 형식으로 데이터를 전파하는 것은 흔히 발생하는 일입니다. 다행히도 OpenTelemetry는 복합 전파기를 이용해 여러 가지 전파기를 동시에 사용할 수 있도록 합니다.

복합 전파기

복합 전파기를 이용하면 여러 가지 상황에 대응 가능한 여러 개의 전파기를 구성할 수 있습니다. 많은 언어의 구현에서 복합 전파기는 같은 시그널에 대해 여러 개의 전파기를 지원합니다. 이는 이전 시스템과의 하위 호환성을 제공하는 동시에 미래에 사용될 새로운 형식에 대응할 수 있도록 해줍니다. CompositePropagator는 기본적으로 여느 전파기와 동일한 인터페이스를 제공하지만 초기화 단계에서 사용할 전파기 리스트를 전달할 수 있다는 점에서 차이가 있습니다. 전달된 전파기 리스트는 주입과 추출 단계에서 반복 사용됩니다. 다음 예제에서는 B3

---

82 옮긴이_ https://github.com/openzipkin/b3-propagation
83 옮긴이_ https://pypi.org/project/opentelemetry-propagator-ot-trace/

전파기를 사용하도록 설정된 새로운 서비스인 legacy-inventory가 등장합니다. [그림 4-4]는
shopper 애플리케이션에서 전달된 요청이 store 애플리케이션과 inventory 시스템으로 어떻게
흘러가는지 나타냅니다.

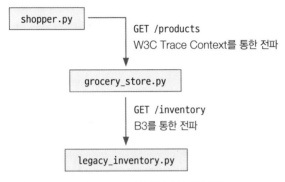

그림 4-4 legacy-inventory 시스템으로의 요청 흐름

grocery-store 애플리케이션은 W3C Trace Context와 B3를 이용해 요청을 전파해야 합니
다. 따라서 CompositePropagator를 사용하도록 코드를 업데이트하여 두 가지 전파기를 사용할
수 있도록 해야 합니다. 코드를 수정하기 전에 먼저 해야 할 일은 B3 전파기 패키지 설치 여부
를 확인하는 것입니다.

```
$ pip install opentelemetry-propagator-b3==1.10.0
```

서버 측 코드를 간결하게 만들기 위해 common.py 공통 모듈에 서버 핸들러가 스팬 속성을 설정
할 수 있도록 새로운 메서드를 추가합니다. 추가된 set_span_attributes_from_flask 메서드는
곧 살펴볼 legacy_inventory.py와 grocery_store.py에서 사용할 수 있습니다.

common.py

```
from flask import request
from opentelemetry.semconv.trace import SpanAttributes

def set_span_attributes_from_flask():
```

```
        span = trace.get_current_span()
        span.set_attributes(
            {
                SpanAttributes.HTTP_FLAVOR: request.environ.get("SERVER_PROTOCOL"),
                SpanAttributes.HTTP_METHOD: request.method,
                SpanAttributes.HTTP_USER_AGENT: str(request.user_agent),
                SpanAttributes.HTTP_HOST: request.host,
                SpanAttributes.HTTP_SCHEME: request.scheme,
                SpanAttributes.HTTP_TARGET: request.path,
                SpanAttributes.HTTP_CLIENT_IP: request.remote_addr,
            }
        )
```

legacy_inventory.py 서비스 코드는 단일 핸들러를 통해 하드코딩된 상품 목록과 개수를 JSON 형식으로 반환하는 Flask 기반 서버 애플리케이션입니다. 코드는 grocery-store 코드와 매우 비슷합니다. Flask 애플리케이션과 OpenTelemetry를 설정하는 과정은 set_global_textmap 메서드 호출을 통해 OpenTelemetry가 특정 전파기를 사용하도록 설정하는 것만 제외하면 이미 익숙한 코드입니다. Flask 애플리케이션이 사용할 포트 번호를 기본 Flask 포트 번호와 다르게 지정하여 app.run 메서드에 인자로 전달하고 있다는 점을 잊지 마세요. 다른 포트 번호를 사용하지 않으면 grocery_store.py와 legacy_inventory.py를 같이 실행했을 때 소켓 오류가 발생합니다.

legacy_inventory.py

```
from flask import Flask, jsonify, request
from opentelemetry import context
from opentelemetry.propagate import extract, set_global_textmap
from opentelemetry.propagators.b3 import B3MultiFormat
from opentelemetry.trace import SpanKind
from common import configure_tracer, set_span_attributes_from_flask

tracer = configure_tracer("legacy-inventory", "0.9.1")
app = Flask(__name__)
set_global_textmap(B3MultiFormat())

@app.before_request
def before_request_func():
    token = context.attach(extract(request.headers))
```

```
        request.environ["context_token"] = token

@app.teardown_request
def teardown_request_func(err):
    token = request.environ.get("context_token", None)
    if token:
        context.detach(token)

@app.route("/inventory")
@tracer.start_as_current_span("/inventory", kind=SpanKind.SERVER)
def inventory():
    set_span_attributes_from_flask()
    products = [
        {"name": "oranges", "quantity": "10"},
        {"name": "apples", "quantity": "20"},
    ]
    return jsonify(products)

if __name__ == "__main__":
    app.run(debug=True, port=5001)
```

grocery-store 애플리케이션도 CompositePropagator를 사용해 W3C Trace Context와 B3 형식을 모두 지원하도록 설정합니다. grocery_store.py 코드에 다음 내용을 추가합니다.

grocery_store.py

```
from opentelemetry.propagate import extract, inject, set_global_textmap
from opentelemetry.propagators.b3 import B3MultiFormat
from opentelemetry.propagators.composite import CompositePropagator
from opentelemetry.trace.propagation import tracecontext

set_global_textmap(CompositePropagator([tracecontext.TraceContextTextMapPropagator
(),B3MultiFormat()]))
```

추가로 store 애플리케이션에 다음 코드를 추가하여 legacy-inventory 서비스를 호출해야 합니다. 중요한 점은 inject 메서드를 통해 컨텍스트가 헤더에 포함되도록 하고 요청에 헤더를 포함하여 legacy-inventory 애플리케이션으로 전달하는 것입니다.

grocery_store.py[84]

```
import requests
from common import set_span_attributes_from_flask
...
@app.route("/")
@tracer.start_as_current_span("welcome", kind=SpanKind.SERVER)
def welcome():
    ...
    set_span_attributes_from_flask()
    return "Welcome to the grocery store!"

@app.route("/products")
@tracer.start_as_current_span("/products", kind=SpanKind.SERVER)
def products():
    set_span_attributes_from_flask()
    with tracer.start_as_current_span("inventory request") as span:
        url = "http://localhost:5001/inventory"
        span.set_attributes(
            {
                SpanAttributes.HTTP_METHOD: "GET",
                SpanAttributes.HTTP_FLAVOR: str(HttpFlavorValues.HTTP_1_1),
                SpanAttributes.HTTP_URL: url,
                SpanAttributes.NET_PEER_IP: "127.0.0.1",
            }
        )
        headers = {}
        inject(headers)
        resp = requests.get(url, headers=headers)
        return resp.text
```

마지막으로 새로운 엔드포인트로 요청을 보내도록 shopper 애플리케이션의 browse 메서드를 수정합니다.

shopper.py

```
def browse():
    print("visiting the grocery store")
```

---

84 옮긴이_ welcome() 함수에 정의되어 있던 span.set_attributes() 코드를 common.py로 옮겨둔 set_span_attributes_from_flask()를 호출하도록 변경되었습니다.

```
with tracer.start_as_current_span(
    "web request", kind=trace.SpanKind.CLIENT
) as span:
    url = "http://localhost:5000/products"
```

이제 세 번째 애플리케이션을 실행할 준비가 되었습니다. 다음 명령들을 각각 다른 터미널 화면에서 실행합니다. 소켓 오류가 발생하는 것을 막기 위해 5000번과 5001번 포트에 실행 중인 애플리케이션이 없는지 확인하기 바랍니다.

```
$ python ./legacy_inventory.py
$ python ./grocery_store.py
$ python ./shopper.py
```

legacy-inventory 서버가 실행되고 shopper 애플리케이션에서 요청을 보내면 흥미로운 결과를 얻을 수 있습니다. 앞선 전파 예제에서 봤던 것처럼 출력된 정보에서 세 가지 서비스가 일정한 trace_id 값을 갖고 있는지, 서버 스팬의 parent_id 필드 값이 관련된 클라이언트의 요청 스팬이 갖고 있는 span_id 필드 값과 일치하는지 살펴봅니다.

shopper.py 출력

```
"name": "web request",
"context": {
    "trace_id": "0xb2a655bfd008007711903d8a72130813",
    "span_id": "0x3c183afa2640a2bb",
},
```

이어지는 grocery-store 애플리케이션의 출력은 두 개의 스팬 정보를 갖습니다. /products라는 이름의 스팬은 클라이언트로부터 수신된 요청이며 컨텍스트가 제대로 추출되었다면 trace_id 값이 shopper 애플리케이션의 trace_id 값과 일치할 것입니다. 두 번째 스팬은 inventory 서비스로 보내는 요청 스팬입니다.

grocery_store.py 출력

```
    "name": "/products",
    "context": {
        "trace_id": "0xb2a655bfd008007711903d8a72130813",
        "span_id": "0x77883e3459f83fb6",
    },
    "parent_id": "0x3c183afa2640a2bb",
 ----
    "name": "inventory request",
    "context": {
        "trace_id": "0xb2a655bfd008007711903d8a72130813",
        "span_id": "0x8137dbaaa3f40062",
    },
    "parent_id": "0x77883e3459f83fb6",
```

마지막으로 inventory 서비스의 출력을 살펴봅시다. 이 서비스는 앞서 살펴본 서비스와는 다른 전파기 형식을 사용합니다. 전파기가 제대로 설정되었다면 trace_id 필드는 여전히 다른 두 서비스와 동일한 값을 가져야 하고 parent_id는 부모 연산인 inventory request 스팬의 정보를 반영하고 있어야 합니다.

legacy_inventory.py 출력

```
    "name": "/inventory",
    "context": {
        "trace_id": "0xb2a655bfd008007711903d8a72130813",
        "span_id": "0x3306b21b8000912b",
    },
    "parent_id": "0x8137dbaaa3f40062",
```

여기까지 오기 위해 많은 작업을 거쳤습니다. 일단 시스템 전반에 대한 전파 설정을 완료하고 나면 이를 수정할 일은 거의 없습니다. 말 그대로 한 번 만들어 평생 사용하는 셈입니다. 새로운 코드 기반에 대해 작업을 수행해야 한다면 하나의 전파 형식을 선택하고 가능한 한 다른 형식을 쓰지 않는 것이 머리 아픈 일을 만들지 않는 방법입니다. 지금까지 우리는 분산 추적에서 가장 중요한 개념인 스팬 컨텍스트를 시스템에 전파하는 것에 관해 알아보았습니다. 이제 전파 외에 우리에게 도움을 줄 수 있는 다른 것들을 살펴봅시다.

> 방대한 코드와 다양한 전파 형식을 사용하는 시스템을 다룰 때는 가능한 한 모든 전파 형식을 설정하는 것이 유용합니다. 다소 과도해 보일 수도 있지만 때로는 고작 몇 바이트를 아끼는 것보다 상호 운용성을 보장하는 것이 더 나은 선택일 수 있습니다.

4.7 이벤트, 예외, 상태 기록

문제가 발생했을 때 문제점을 빠르게 식별하는 것은 분산 추적의 주요 관심사입니다. [그림 4-5]의 예거 인터페이스처럼 많은 백엔드 시스템에서 오류가 발생한 추적은 사용자 데이터를 쉽게 찾아볼 수 있도록 강조 표시됩니다.

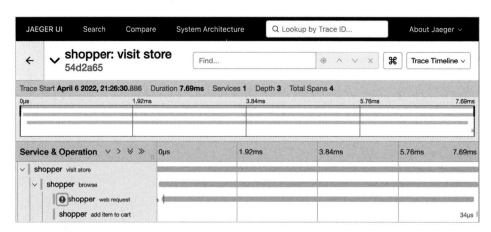

그림 4-5 예거의 추적 조회 화면

지금부터는 이벤트 포착, 예외 기록, 스팬 상태 설정을 위해 OpenTelemetry가 제공하는 도구를 살펴보겠습니다.

이벤트

속성과 별개로 이벤트는 특정 시간에 발생한 스팬에 관한 데이터를 기록할 수 있습니다. 이벤트는 타임스탬프 정보를 갖고 속성 목록이나 키-값 쌍 형태의 정보를 포함할 수도 있다는 점

에서 OpenTracing의 로그와 비슷합니다. 이벤트는 다음 코드에서 볼 수 있는 것처럼 스팬의
add_event 메서드를 통해 추가됩니다. 여기서 이름은 필수 인자이며 선택적으로 타임스탬프와
속성 목록을 전달할 수 있습니다.

shopper.py

```
span.add_event("about to send a request")
resp = requests.get(url, headers=headers)
span.add_event("request sent", attributes={"url": url},timestamp=0)
```

다음 출력에서 볼 수 있는 것처럼 이벤트 목록은 기록 시점의 타임스탬프 순서가 아닌 스팬에
추가된 순서대로 표시됩니다.

shopper.py 출력[85]

```
"events": [
    {
        "name": "about to send a request",
        "timestamp": "2023-06-10T06:38:49.793903Z",
        "attributes": {}
    },
    {
        "name": "request sent",
        "timestamp": "1970-01-01T00:00:00.000000Z",
        "attributes": {
            "url": "http://localhost:5000/products"
        }
    }
],
```

이벤트는 시간 차원이 있다는 점에서 속성과 다르며, 시간 정보는 스팬 내에서 일어난 일의 순
서를 이해하는 데 도움이 됩니다. 이벤트 중에는 예외[exception]라고 불리는 특별한 의미를 갖는
이벤트도 존재합니다.

---

85 옮긴이_출력은 크게 세 부분으로 나뉩니다. 가장 먼저 출력되는 "web request" 결과에서 이벤트 목록을 확인할 수 있습니다.

예외

OpenTelemetry에서 예외와 스팬의 상태는 의도적으로 나누어져 있습니다. 스팬은 많은 예외를 포함할 수 있지만 이러한 예외가 스팬의 상태를 오류로 설정해야 한다는 것을 의미하지는 않습니다. 예를 들어 사용자는 특정 서비스에 대한 요청이 있을 때 예외를 기록하고 싶을 수 있지만 결과적으로 작업을 성공시키는 재시도 로직이 있을 수도 있습니다. 이러한 예외를 기록하는 것은 코드에서 개선이 필요한 부분을 식별하는 데 유용합니다. OpenTelemetry 규격이 제시하는 예외의 기본 정의는 다음과 같습니다.

- 이벤트로 기록되어야 한다.

- 예외의 이름이 있어야 한다.

- exception.type이나 exception.message 속성 중 하나를 반드시 가져야 한다.

다음은 grocery-store 애플리케이션에 대한 요청이 실패했을 때 예외를 기록하는 코드입니다. browse 메서드에 try/except 블록을 추가해 예외를 포착하고 실패 상황을 만들기 위해 대상 URL을 유효하지 않은 값으로 변경해봅시다.

shopper.py

```python
try:
    url = "invalid_url"
    resp = requests.get(url, headers=headers)
    span.add_event(
        "request sent",
        attributes={"url": url},
        timestamp=0,
    )
    span.set_attribute(
        SpanAttributes.HTTP_STATUS_CODE,
        resp.status_code
    )
except Exception as err:
    attributes = {
        SpanAttributes.EXCEPTION_MESSAGE: str(err),
    }
    span.add_event("exception", attributes=attributes)
```

코드를 실행하면 예외가 발생합니다. 이 예외는 이벤트로 기록되고 콘솔에 출력될 수 있도록 추적 데이터에 추가됩니다.

shopper.py 출력

```
    "events": [
        {
            "name": "exception",
            "timestamp": "2023-06-10T04:13:05.287376Z",
            "attributes": {
                "exception.message": "Invalid URL 'invalid_url': No schema
supplied. Perhaps you meant http://invalid_url?"
                ...
            }
        }
    ]
```

더 많은 정보를 제공하는 것은 분명하지만 매번 예외를 기록하기 위해 많은 코드를 수정하는 것은 현실적이지 않습니다. 다행히도 OpenTelemetry 규격은 이러한 작업을 쉽게 처리할 수 있도록 스팬 메서드를 정의해두었습니다. 다음 코드는 수동으로 이벤트를 생성하는 대신 스팬의 record_exception 메서드로 이전 예제의 예외 블록 코드를 대치합니다. 이 두 가지는 의미상으로 동일하지만 메서드를 사용하는 것이 훨씬 편리합니다. 메서드는 예외를 첫 번째 필수 인자로 전달받으며, 타임스탬프와 같은 이벤트 속성을 추가 인자로 전달할 수 있습니다.

shopper.py

```
    try:
        url = "invalid_url"
        resp = requests.get(url, headers=headers)
        ...
    except Exception as err:
        span.record_exception(err)
```

다음 번 코드가 실행될 때 예외 이벤트가 자동으로 생성됩니다. 출력을 자세히 살펴보면 이전 예제보다 훨씬 유용한 정보가 담겨 있으며 내용은 다음과 같습니다.

- 이전과 마찬가지로 생성된 메시지

- 예외 타입

- 코드의 예외가 발생한 지점에서 포착된 스택 추적 정보

이러한 정보를 통해 문제가 되는 코드를 즉시 찾고 해결할 수 있습니다.

shopper.py 출력

```
"events": [
    {
        "name": "exception",
        "timestamp": "2023-06-10T04:17:07.328665Z",
        "attributes": {
            "exception.type": "MissingSchema",
            "exception.message": "Invalid URL 'invalid_url': No schema
supplied. Perhaps you meant http://invalid_url?",
            "exception.stacktrace": "Traceback (most recent call last):\n
File \"/Users/alex/dev/cloud_native_observability/lib/python3.8/site-packages/
opentelemetry/trace/__init__.py\", line 522, in use_span\n yield span\n
File \"/Users/alex/dev/cloud_native_observability/lib/python3.8/site-packages/
opentelemetry/sdk/trace/__init__.py\", line 879, in start_as_current_span\n
yield span_context\n File \"/Users/alex/dev/cloud-native-observability/
chapter4/./shopper.py\", line 110, in browse\n resp =requests.get(\"invalid_
url\", headers=headers)\n File \"/Users/alex/dev/cloud_native_observability/lib/
python3.8/site-packages/requests/api.py\", line 76, in get\n return request('get',
url, params=params, **kwargs)\n File \"/Users/alex/dev/cloud_native_observability/
lib/python3.8/sitepackages/requests/api.py\", line 61, in request\n return
session.request(method=method, url=url, **kwargs)\n File \"/Users/alex/dev/
cloud_native_observability/lib/python3.8/sitepackages/requests/sessions.py\",
line 528, in request\n prep = self.prepare_request(req)\n File \"/Users/alex/
dev/cloud_native_observability/lib/python3.8/site-packages/requests/sessions.
py\", line 456, in prepare_request\n p.prepare(\nFile \"/Users/alex/dev/cloud_
native_observability/lib/python3.8/site-packages/requests/models.py\", line
316, in prepare\n self.prepare_url(url, params)\n File \"/Users/alex/dev/cloud_
native_observability/lib/python3.8/sitepackages/requests/models.py\", line 390,
in prepare_url\n raise MissingSchema(error)\nrequests.exceptions.MissingSchema:
Invalid URL 'invalid_url': No schema supplied. Perhaps you meant http://invalid_
url?\n",
            "exception.escaped": "False"
    }
```

```
        }
    ],
```

이렇듯 시스템에서 발생한 예외의 상세 정보는 디버깅할 때 매우 가치 있습니다. 특히 이벤트가 수분 전, 수 시간 전, 수일 전에 발생한 경우에 유용합니다. [표 4-3]에 정리된 것처럼 스택 추적의 형식[86]은 언어에 따라 다릅니다.

표 4-3 언어별 스택 추적 형식

언어	형식
C#	Exception.ToString() 값
Go	runtime.Stack 값
자바	Throwable.printStackTrace()의 내용
자바스크립트	V8 엔진이 반환한 error.stack 값
파이썬	traceback.format_exc() 값
Ruby	Exception.full_message 값

추가로 파이썬 SDK는 처리되지 않은 예외를 자동으로 포착하여 예외 발생 당시 활성화 상태였던 스팬에 예외 이벤트를 추가합니다. 이전에 작성한 예제에서 try/except 블록을 삭제하고 잘못된 URL 변수는 유지하도록 코드를 업데이트합니다. 다음 코드는 record_exception 메서드를 직접 호출하는 것과 동일한 효과를 갖습니다.

shopper.py

```
resp = requests.get("invalid_url", headers=headers)
```

스팬에서 예외를 기록하는 것이 가치 있는 일임은 분명하지만 그렇게 처리하고 싶지 않은 이벤트도 있을 것입니다. 이 경우에는 스팬이 생성될 때 기능을 비활성화하도록 옵션 플래그를 지

---

86 https://github.com/open-telemetry/opentelemetry-specification/blob/main/specification/trace/semantic_conventions/exceptions.md#stacktrace-representation

정할 수 있습니다. 이전 예제 코드에서 다음과 같이 record_exception 옵션의 인자를 False로 설정하여 기능을 비활성화합니다.

shopper.py

```
with tracer.start_as_current_span(
    "web request", kind=trace.SpanKind.CLIENT, record_exception=False
) as span:
```

이제 예외가 기록되는 방법을 이해했으니 이러한 예외가 스팬의 상태와 어떻게 연결될 수 있는지 자세히 조사해봅시다.

상태

스팬의 상태는 사용자에게 많은 도움이 됩니다. 스팬의 상태를 기반으로 추적을 빠르게 필터링할 수 있으므로 운영자가 작업을 훨씬 쉽게 수행할 수 있습니다. 상태는 상태 코드와 옵션인 설명(description)으로 구성됩니다. 다음은 현재 제공되는 스팬의 상태 코드입니다.

- UNSET
- OK
- ERROR

새로운 스팬이 갖는 상태 코드의 기본값은 UNSET입니다. 이 기본값은 스팬의 상태가 OK로 변경되었는지 확실히 알 수 있도록 하기 위해 의도된 것입니다. 이전 버전의 OpenTelemetry 규격에서는 상태 코드의 기본값이 OK였기 때문에 스팬이 정말로 OK 상태인 것인지, 오류 상태 코드가 반환되기 전에 OK가 설정된 것인지 명확하지 않아 오해의 소지가 있었습니다.

스팬의 상태 코드를 설정하는 것은 애플리케이션 개발자 또는 서비스 운영자에게 달려있습니다. 스팬의 상태를 설정하는 인터페이스는 StatusCode와 문자열 형식의 설명으로 구성된 Status 객체를 인자로 받습니다. 다음은 웹 요청의 응답에 따라 스팬의 상태 코드를 OK로 설정하는 예제입니다. 응답의 HTTP 상태 코드가 200에서 400 사이이면 True를 반환하는 requests 라이브러리의 Response 객체를 사용한다는 것에 주목합시다.

shopper.py

```
from opentelemetry.trace import Status, StatusCode
def browse():
    with tracer.start_as_current_span(
        "web request", kind=trace.SpanKind.CLIENT, record_exception=False
    ) as span:
        url = "http://localhost:5000/products"
        resp = requests.get(url, headers=headers)
        if resp:
            span.set_status(Status(StatusCode.OK))
        else:
            span.set_status(
            Status(StatusCode.ERROR, "status code:{}".format(resp.status_code))
            )
```

코드가 준비되었으면 *http://localhost:5000/products*로 요청을 보내 유효한 URL일 때 어떤 출력이 나오는지 확인해봅시다.

shopper.py 출력(유효한 URL)

```
"status": {
    "status_code": "OK"
}
```

이제 URL을 유효하지 않은 주소인 *http://localhost:5000/invalid*로 변경하고 응답이 ERROR인 경우 출력이 어떻게 달라지는지 살펴봅시다.

shopper.py 출력(유효하지 않은 URL)

```
"status": {
    "status_code": "ERROR",
    "description": "status code: 404"
}
```

description 필드는 응답 코드가 **ERROR**로 설정되었을 때만 사용됩니다. 그 외의 경우에는 무시합시다.

상태 코드와 관련하여 기억할 점이 하나 더 있습니다. 계측 라이브러리는 시맨틱 표기법에 따라 상태 코드를 바꿀 수 있도록 옵션이 설정되지 않은 이상 임의로 상태 코드를 OK로 변경할 수 없습니다. 이는 계측 라이브러리가 스팬의 결과를 예상치 못하게 바꾸는 것을 막기 위함입니다. 그렇지만 계측 라이브러리 형식에서 시맨틱 컨벤션에 정의된 오류가 발생한 경우 상태 코드를 ERROR로 설정하는 것이 좋습니다.

예외가 발생했을 때 예외를 기록함과 동시에 스팬이 상태를 설정하도록 만들 수도 있습니다. 이를 위해서는 스팬 시작 시 set_status_on_exception 인자를 True로 설정해야 합니다.

shopper.py

```
with tracer.start_as_current_span(
    "web request",
    kind=trace.SpanKind.CLIENT,
    set_status_on_exception=True,
) as span:
```

이렇게 설정했을 때 어떤 상태 출력이 나오는지 코드를 통해 시험해봅시다. 해야 할 작업이 많아 보이지만 오류를 다루고 스팬의 상태를 의미 있게 설정하는 것은 문제를 분석할 때 매우 큰 차이를 만듭니다. 또한 계측 시 코드상에서 다양한 시나리오를 이용해 작업하는 것은 코드가 해야 할 작업을 확실히 이해하도록 만들기 위한 강제 사항입니다. 그리고 상황이 잘못되었을 때 이렇게 수집한 데이터가 큰 변화를 가져올 것입니다.

정리하기

지금까지 여러분은 OpenTelemetry의 시그널 추적에 관한 주요 개념을 살펴봤습니다. 이해해야 할 것들이 꽤 많았지만 지금까지 살펴본 것들은 그 이면에 더 많은 코드가 있다는 것을 알게 해주는 시작점에 불과합니다. 정리해보자면 OpenTelemetry 추적 파이프라인의 서로 다른 컴포넌트를 이용해 추적기를 얻고 데이터를 콘솔로 출력하기 위한 설정 방법과 애플리케이션의 요구 사항에 맞추어 스팬을 시작하는 다양한 방법을 배웠습니다. 그런 다음 더 영양가 있는 데이터를 만들기 위해 속성, 리소스, 리소스 감지기 등을 활용했습니다. 마지막으로 이벤트, 상태, 예외와 같은 중요한 주제를 통해 코드상에서 오류가 발생했을 때 필요한 주요 정보를 포착하는 방법을 살펴봤습니다.

이제 우리는 컨텍스트 API를 이해하여 애플리케이션 전반에 걸쳐 정보를 공유할 수 있게 되었고, Propagation API 사용법을 배워 애플리케이션의 경계를 넘어 정보를 공유하는 방법을 터득했습니다.

여전히 여러분의 머릿속에 많은 질문이 떠다니겠지만 애플리케이션을 살펴보거나 분산 추적을 통해 새로운 애플리케이션에 대한 계측을 계획할 수 있게 되었을 것입니다. 살펴본 컴포넌트 중 일부는 여러 시그널에서 유사하기 때문에 미처 이해하지 못한 개념들은 Chapter 5에서 메트릭을 살펴보면서 더 명확히 알 수 있습니다. 이제 본격적으로 측정을 해봅시다!

메트릭: 측정값 기록

시스템 전반에 걸쳐 코드 실행을 추적하면 애플리케이션에서 무슨 일이 일어나고 있는지 포착할 수 있습니다. 그런데 추적보다 더 가벼운 방법으로 애플리케이션을 측정할 수는 없을까요? 지금까지 OpenTelemetry를 이용한 분산 추적 생성 방법을 배웠으니 이제 다음 시그널인 메트릭을 살펴봅시다. Chapter 4에서와 마찬가지로 메트릭 생성을 위해 OpenTelemetry 파이프라인을 설정하는 방법을 먼저 알아봅니다. 그런 다음 OpenTelemetry가 제공하는 다양한 계측기를 활용하여 grocery-store 애플리케이션이 만든 원격 측정 데이터를 더 의미 있는 정보로 만들어봅니다.

Chapter 5에서 다룰 내용은 다음과 같습니다.

- 메트릭 수집, 집계, 추출을 위한 OpenTelemetry 설정
- 여러 가지 계측기를 이용한 메트릭 생성
- 메트릭을 통한 grocery-store 애플리케이션 이해

학습을 마치면 다양한 계측기를 적용하여 grocery-store 애플리케이션을 강화하는 동시에 각 계측기가 측정값을 기록하는 방법을 더 잘 파악할 수 있습니다. 또한 클라우드 네이티브 애플리케이션에 대해 원격 측정을 수행하는 여러 가지 계측기를 살펴보며 각 계측기의 작동 방식을 알 수 있습니다.

5.1 환경 설정

코드 예제는 Chapter 4와 마찬가지로 모두 파이썬 3.8 버전으로 작성되었습니다(집필 시점을 기준으로 OpenTelemetry는 파이썬 3.7 이상의 버전을 지원합니다). 파이썬 공식 홈페이지의 설치 가이드[87]에 따라 호환되는 버전의 파이썬이 설치되어 있는지 확인합시다. 다음 명령으로 여러분의 시스템에 설치된 파이썬 버전을 확인할 수 있습니다.

```
$ python --version
$ python3 --version
```

python과 python3 명령은 동일한 파이썬 설치본을 가리키도록 설정된 경우가 많습니다. 하지만 항상 그런 것은 아니기 때문에 여러분의 시스템에 OpenTelemetry가 지원하는 버전이 설치되어 있는지 확실히 확인하는 것이 좋습니다. 모든 예제는 파이썬을 호출하기 위해 python 명령을 사용하지만 시스템 환경에 따라 python3 명령을 사용해도 무방합니다.

먼저 OpenTelemetry가 메트릭을 생성하도록 설정하는 방법을 알아보기 위해 개별적으로 작동하는 예제를 살펴봅시다. 코드를 실행하려면 OpenTelemetry API와 SDK 패키지가 필요합니다. 이 패키지들은 다음과 같이 pip 명령으로 설치할 수 있습니다.

```
$ pip install opentelemetry-api==1.18.0 \
              opentelemetry-sdk==1.18.0 \
              opentelemetry-propagator-b3==1.10.0
```

추가로 풀 기반pull-based의 메트릭 추출 시연을 위해 프로메테우스 익스포터를 사용합니다. 이 익스포터 역시 pip 명령으로 설치할 수 있습니다.[88]

---

87 https://docs.python.org/3/using/index.html
88 옮긴이_pip를 이용해 패키지를 설치할 때 버전을 지정할 수 있습니다. 버전을 지정하지 않으면 가장 최신 버전이 설치됩니다. 예제 코드의 원활한 실행을 위해 책에 명시된 버전을 설치하고 사용하기 바랍니다.

```
$ pip install opentelemetry-exporter-prometheus==1.12.0rc1
```

이후에는 앞서 살펴본 grocery-store 애플리케이션을 다시 활용합니다. Chapter 4에서 작성한 애플리케이션 코드는 다음 명령으로 GitHub 저장소에서 다운로드할 수 있습니다.

```
$ git clone https://github.com/PacktPublishing/Cloud-Native-Observability
```

grocery-store 애플리케이션 코드는 chapter04 폴더에 있으며, 애플리케이션 코드의 최종 버전은 chapter05 폴더에서 찾을 수 있습니다. 코드 예제를 실습할 때 chapter04 폴더의 코드를 기반으로 변경하는 것을 권장합니다. chapter05 폴더에 있는 완전한 코드는 변경한 코드가 제대로 실행되지 않을 때만 참고하기 바랍니다. 또한 Chapter 4의 내용을 알고 있어야 grocery-store 애플리케이션의 작동을 이해하기 쉬우므로 Chapter 4를 먼저 읽고 이어서 학습하기를 추천합니다.

grocery-store 애플리케이션은 코드의 여러 부분에서 웹 요청을 보내기 위해 requests 라이브러리[89]를 사용하며, Flask[90]로 일부 서비스에서 필요한 경량 웹 서버를 구현합니다. 다음 pip 명령으로 두 라이브러리를 설치합시다.

```
$ pip install flask==2.3.2 requests==2.31.0
```

추가로 여기서는 서드파티 오픈 소스 도구인 hey를 사용하여 웹 애플리케이션에 부하를 발생시킵니다. hey는 GitHub 저장소[91]에서 다운로드할 수 있습니다. MacOS 환경에서 사용할 수 있는 바이너리를 다운로드하는 명령은 다음과 같습니다. 이 명령은 파일을 다운로드한 후

---

89 *https://requests.readthedocs.io/en/latest/*
90 *https://flask.palletsprojects.com*
91 *https://github.com/rakyll/hey*

curl의 -o 플래그에 지정된 것처럼 파일명을 hey로 변경합니다. 그런 다음 chmod 명령으로 파일의 실행 속성을 변경하여 hey를 실행 가능하게 만듭니다.

```
$ curl -o hey https://hey-release.s3.us-east-2.amazonaws.com/hey_darwin_amd64
$ chmod +x ./hey
```

반드시 hey를 사용해야 하는 것은 아닙니다. 여러분이 평소에 자주 사용하는 부하 생성기를 사용해도 좋습니다. 여기까지 준비가 되었다면 이제 메트릭 측정을 시작해봅시다!

5.2 메트릭 파이프라인 설정

메트릭 시그널은 개념적으로 추적 시그널과 비슷합니다. 메트릭 파이프라인의 구성은 다음과 같습니다.

- **MeterProvider**: 메트릭의 생성 방식을 결정하고 **미터**meter에 접근할 수 있게 합니다.
- **Meter**: **측정값**을 기록할 때 사용할 **계측기**instrument를 생성합니다.
- **뷰**: 애플리케이션 개발자가 **SDK**가 생성한 메트릭을 필터링하여 처리하도록 합니다.
- **MetricReader**: 기록된 메트릭을 읽어들입니다.
- **MetricExporter**: 메트릭을 다양한 프로토콜에서 활용할 수 있는 출력 형식으로 변환하는 방법을 제공합니다.

여러 가지 컴포넌트가 사용되기 때문에 한 눈에 알아볼 수 있도록 그림으로 정리해보겠습니다. [그림 5-1]은 파이프라인의 여러 구성 요소를 나타냅니다.

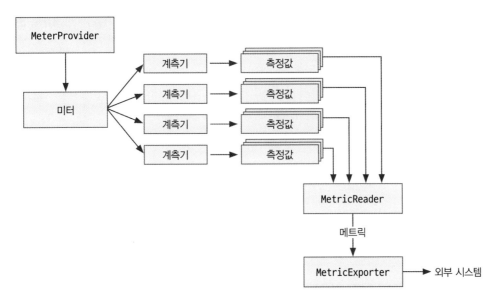

그림 5-1 메트릭 파이프라인

MeterProvider와 리소스를 연결하여 생성된 메트릭의 출처를 식별할 수 있습니다. 따라서 우리는 Chapter 4에서 만든 LocalMachineResourceDetector를 재사용하는 방법을 알아볼 것입니다. 우선 리소스 정보가 없는 MeterProvider를 생성해봅시다.

다음과 같이 metrics.py라는 파일을 만들고 코드를 작성합니다. 이후에 grocery-store 애플리케이션에 MeterProvider를 추가하기 위해 코드를 리팩터링할 것이지만 지금은 시작 단계이니 간단한 코드만 추가해봅시다.

metrics.py

```python
from opentelemetry.metrics import set_meter_provider
from opentelemetry.sdk.metrics import MeterProvider
from opentelemetry.sdk.resources import Resource

def configure_meter_provider():
    provider = MeterProvider(resource=Resource.create())
    set_meter_provider(provider)

if __name__ == "__main__":
    configure_meter_provider()
```

다음 명령으로 코드를 실행하고 문제가 없는지 확인합니다.

```
$ python ./metrics.py
```

오류가 발생하진 않았지만 결과도 출력되지 않았나요? 그렇다면 예제를 제대로 작성한 것이니 걱정하지 않아도 됩니다.

이어서 애플리케이션이 생성된 메트릭에 대해 어떤 작업을 수행할지 알려주기 위해 익스포터를 설정해봅시다. OpenTelemetry SDK는 메트릭을 콘솔로 출력할 수 있도록 ConsoleMetricExporter를 제공합니다. 따라서 처음 메트릭을 다룰 때 디버깅 목적으로 유용하게 쓸 수 있습니다. 또한 주기적으로 메트릭을 추출하기 위해 PeriodicExportingMetricReader를 설정할 수 있습니다. 다음 예제는 ConsoleMetricExporter와 PeriodicExportingMetricReader를 설정하고 MetricProvider에 MetricReader를 추가합니다. 여기서는 메트릭의 기본 추출 단위인 60초 대신 5초 단위로 메트릭을 출력하도록 설정합니다.

metrics.py

```python
from opentelemetry.metrics import set_meter_provider
from opentelemetry.sdk.metrics import MeterProvider
from opentelemetry.sdk.resources import Resource
from opentelemetry.sdk.metrics.export import (
    ConsoleMetricExporter,
    PeriodicExportingMetricReader,
)


def configure_meter_provider():
    exporter = ConsoleMetricExporter()

    reader = PeriodicExportingMetricReader(exporter, export_interval_millis=5000)
    provider = MeterProvider(metric_readers=[reader], resource=Resource.create())
    set_meter_provider(provider)

if __name__ == "__main__":
    configure_meter_provider()
```

코드를 다시 실행해봅시다. 아직 메트릭을 생성하진 않았지만 사용 중인 Open Telemetry 버전 등이 담긴 간단한 결과가 출력됩니다. 출력 내용과 관계없이 오류가 발생하지 않았다면 괜찮은 것입니다.

> TracerProvider처럼 MeterProvider API도 기본으로 no-op 구현을 사용합니다. 따라서 개발자는 메트릭 생성 방법에 관한 세부 사항까지 신경 쓰지 않고도 코드를 계측할 수 있습니다. 하지만 다시 말하면 SDK 패키지가 제공하는 MeterProvider를 이용하여 전역 MeterProvider를 설정하지 않고는 API 호출로 메트릭을 생성할 수 없다는 의미이기도 합니다. 이는 OpenTelemetry를 이용하는 사람들이 가장 흔히 겪는 일입니다.

익스포터와 MetricReader, MeterProvider 설정을 통해 메트릭을 생성할 준비가 거의 끝났습니다. 이제 미터를 생성할 차례입니다.

미터 생성

전역으로 설정된 MeterProvider가 제공하는 전역 메서드로 미터를 얻을 수 있습니다. 앞서 이야기했던 것처럼 미터는 계측기를 생성할 때 사용되며, 계측기는 애플리케이션에서 측정값의 기록이 필요할 때마다 사용됩니다. 미터 생성 시 다음과 같은 매개변수를 지정할 수 있습니다.

- name: 메트릭을 생성할 애플리케이션 또는 라이브러리의 이름
- version: 원격 측정값을 생성하는 애플리케이션이나 라이브러리의 버전을 식별할 때 사용할 수 있는 선택적 매개변수 버전
- schema_url: 생성된 데이터를 설명해주는 선택적 매개변수

> 스키마 URL(schema_url)은 152번째 OpenTelemetry 확장 제안[92]의 일부로 OpenTelemetry에 도입되었습니다. 이 제안의 목적은 OpenTelemetry로 계측되는 애플리케이션이 생성된 데이터가 어떻게 표시되는지 외부 시스템에게 알려주는 방법을 제공하는 것입니다. 여기서 외부 시스템은 원격 측정 데이터를 활용하는 곳을 가리킵니다. 스키마 URL 사용은 선택 사항이지만 미터, 추적기, 로그 생성기와 같은 원격 측정 데이터의 모든 생산자에서 사용할 것을 권합니다.

----

92 https://github.com/open-telemetry/oteps/blob/main/text/0152-telemetry-schemas.md

이 정보는 메트릭을 생성하는 애플리케이션이나 라이브러리를 식별할 때 사용됩니다. 예를 들어 requests 라이브러리를 이용해 웹 요청을 보내는 애플리케이션 A는 하나 이상의 미터를 가질 것입니다.

- 애플리케이션 A가 생성한 첫 번째 미터는 애플리케이션의 이름과 버전 정보를 갖습니다.
- 두 번째 미터는 request 계측 라이브러리가 생성한 opentelemetry-instrumentation-requests 이며 계측 라이브러리의 버전을 갖습니다.
- 마지막 미터는 urllib 계측 라이브러리가 생성한 opentelemetry-instrumentation-urllib이며 requests 라이브러리가 사용합니다.

메트릭의 출처를 식별하기 위해 각 미터는 이름과 버전 식별자를 가져야 합니다. 이후에 살펴보겠지만 이러한 식별 정보는 뷰 영역에서 관심 없는 원격 측정 데이터를 걸러내기 위해 사용할 수 있습니다. 다음 예제는 앞서 설정한 전역 MeterProvider에 접근하기 위해 전역 API 메서드 get_meter_provider를 호출한 뒤 이름(name), 버전(version), 스키마 URL(schema_url)을 매개변수로 지정하여 get_meter 메서드를 호출합니다.

metrics.py

```
from opentelemetry.metrics import get_meter_provider, set_meter_provider
...
if __name__ == "__main__":
    configure_meter_provider()
    meter = get_meter_provider().get_meter(
        name="metric-example",
        version="0.1.2",
        schema_url="https://opentelemetry.io/schemas/1.9.0",
    )
```

OpenTelemetry에서 측정값 기록을 위해 사용되는 계측기는 하나의 미터에만 연결되어야 하며 미터 내에서 고유한 이름을 가져야 합니다.

푸시 기반 메트릭 추출과 풀 기반 메트릭 추출

OpenTelemetry는 메트릭 데이터를 외부 시스템으로 내보내는 방법으로 푸시 기반[push-based] 메트릭 추출과 풀 기반 메트릭 추출을 제공합니다. 푸시 기반 익스포터는 애플리케이션에 대한 측정값을 트리거[93]에 따라 주기적으로 목적지에 전송합니다. 여기서 트리거는 수집된 메트릭의 최대 개수 또는 스케줄일 수 있습니다. 네트워크 데몬이 특정 포트를 열고 메트릭을 수신해 목적지로 전달하는 StatsD[94]를 사용해본 경험이 있다면 푸시 기반 추출 방법이 무척 익숙할 것입니다. Chapter 4에서 추적 시그널에 대해 사용했던 `ConsoleSpanExporter` 역시 푸시 기반 익스포터입니다.

푸시 기반 익스포터와 달리 풀 기반의 익스포터는 외부 시스템이 메트릭을 가져가거나 수집할 수 있도록 엔드포인트를 노출합니다. 대부분의 풀 기반의 익스포터는 웹 기반의 엔드포인트나 로컬 소켓 주소 정보를 통해 정보를 노출하고 있으며 프로메테우스[95]가 이러한 방식을 대중화했습니다. 다음으로 [그림 5-2]를 통해 푸시 방식과 풀 방식에서 데이터 흐름이 어떻게 달라지는지 살펴봅시다.

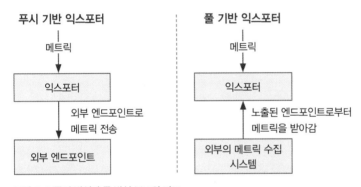

그림 5-2 푸시 방식과 풀 방식 보고의 비교

[그림 5-2]에서 화살표는 익스포터와 외부 시스템 간의 상호 작용을 나타냅니다. 풀 기반 익스포터를 사용하는 경우 애플리케이션이 메트릭 수집을 위해 들어오는 요청을 허용할 수 있도록 시스템 권한을 설정해야 합니다. OpenTelemetry 규격에 정의된 풀 기반 익스포터의 대표적인 예는 프로메테우스 익스포터입니다.

풀 기반 익스포터를 위한 파이프라인 설정은 조금 복잡합니다. 프로메테우스 형식으로 메트릭을 수집하거나 내보낼 수 있는 단일 지점으로 `MetricReader` 인터페이스를 사용합니다. 다음 예

---

93 옮긴이_조건이 만족되었을 때 발생하는 이벤트를 지칭합니다.

94 *https://github.com/statsd/statsd*

95 *https://prometheus.io*

제는 프로메테우스 클라이언트 라이브러리가 제공하는 start_http_server 메서드를 이용해 포트 8000으로 프로메테우스 엔드포인트를 노출시키는 방법입니다. 이후 애플리케이션이 생성한 모든 메트릭의 네임스페이스로 활용할 접두사를 이용해 PrometheusMetricReader를 설정합니다. 마지막으로 애플리케이션이 종료되기 전에 외부로 노출되는 메트릭을 확인해볼 수 있도록 사용자의 입력을 기다립니다.

```python
...
from opentelemetry.exporter.prometheus import PrometheusMetricReader
from prometheus_client import start_http_server

def configure_meter_provider():
    start_http_server(port=8000, addr="localhost")
    reader = PrometheusMetricReader(prefix="MetricExample")
    provider = MeterProvider(metric_readers=[reader],resource=Resource.create())
    set_meter_provider(provider)

if __name__ == "__main__":
    ...
    input("Press any key to exit...")
```

작성한 코드를 실행했다면 브라우저로 http://localhost:8000에 접속하여 프로메테우스 형식의 데이터를 확인할 수 있습니다. 다음과 같이 터미널에서 curl 명령을 사용해 데이터를 볼 수도 있습니다.

```
$ curl http://localhost:8000
# HELP python_gc_objects_collected_total Objects collected during gc
# TYPE python_gc_objects_collected_total counter
python_gc_objects_collected_total{generation="0"} 1071.0
python_gc_objects_collected_total{generation="1"} 128.0
python_gc_objects_collected_total{generation="2"} 0.0
# HELP python_gc_objects_uncollectable_total Uncollectable objects found during GC
# TYPE python_gc_objects_uncollectable_total counter
python_gc_objects_uncollectable_total{generation="0"} 0.0
python_gc_objects_uncollectable_total{generation="1"} 0.0
python_gc_objects_uncollectable_total{generation="2"} 0.0
# HELP python_gc_collections_total Number of times this generation was collected
# TYPE python_gc_collections_total counter
python_gc_collections_total{generation="0"} 59.0
```

```
python_gc_collections_total{generation="1"} 5.0
python_gc_collections_total{generation="2"} 0.0
# HELP python_info Python platform information
# TYPE python_info gauge
python_info{implementation="CPython",major="3",minor="9",patchlevel="6",versi
on="3.9.6"} 1.0
```

프로메테우스 클라이언트 라이브러리를 통해 생성한 데이터는 애플리케이션이 생성한 OpenTelemetry 메트릭이 아닙니다. 이것은 아직까지 OpenTelemetry 메트릭 생성을 위해 어떠한 작업도 하지 않았기 때문에 당연한 결과입니다. 프로메테우스 백엔드를 이용한 OpenTelemetry 구현은 〈Chapter 11 문제점 분석〉에서 자세히 살펴볼 것입니다. 남은 예제들은 코드 단순화를 위해 앞서 설정했던 푸시 기반 `ConsoleMetricExporter`를 사용합니다. 프로메테우스에 익숙하다면 방금 살펴본 풀 기반 설정을 사용해도 무방합니다.

5.3 올바른 메트릭 계측기 선택

이제 애플리케이션에서 메트릭을 생성할 준비가 끝났습니다. 트레이싱에서 분산 추적 생성에 사용되는 스팬을 추적기가 생성한다는 점은 알고 있을 것입니다. 추적기와 달리 미터는 직접 메트릭을 생성하지 않고 계측기를 생성하는 역할만 수행하며, 메트릭은 계측기가 생성합니다. OpenTelemetry는 측정값 기록에 사용할 수 있는 여러 가지 계측기를 제공하는데 이를 [표 5-1]에 정리했습니다.

표 5-1 OpenTelemetry 주요 계측기

계측기	동시성	단조증가 여부
카운터	동기	○
비동기 카운터	비동기	○
업/다운 카운터	동기	×
비동기 업/다운 카운터	비동기	×
히스토그램	동기	×
비동기 게이지	비동기	×

각 계측기는 특정한 목적을 가지고 있습니다. 다음 질문을 통해 어떤 계측기를 사용할지 결정합니다.

- 기록할 측정값의 형식
- 측정값을 동기적으로 수집해야 하는지 여부
- 기록할 값의 단조증가 여부

동기식 계측기를 사용하는 경우 측정 메서드는 측정값이 기록되어야 하는 시점에 호출됩니다. 비동기 계측기를 사용하는 경우에는 계측기 생성 시 설정된 콜백 메서드를 사용합니다. 모든 계측기는 이름(name)과 유형(kind) 속성을 갖고 있으며 필요한 경우 단위(unit)와 설명(description)을 지정할 수 있습니다.

카운터

카운터의 정의는 시스템마다 다를 수 있지만 보통 오랫동안 메트릭 생태계와 구현체가 제공해온 일반적인 계측기를 카운터라고 합니다. 카운터는 OpenTelemetry에서 단조증가하는 계측기로, 음이 아닌 값만 지원합니다. [그림 5-3]은 단조증가하는 카운터가 어떤 패턴을 갖는지 보여줍니다.

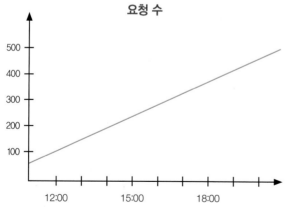

그림 5-3 단조증가하는 카운터의 그래프

카운터는 다음과 같은 값을 나타낼 수 있습니다.

- 수신된 총 요청 수

- 처리된 주문 수

- CPU 시간 활용도

다음 코드는 카운터 객체를 만들고 식료품점에서 판매된 상품의 수를 집계합니다. 카운터 객체의 add 메서드를 이용하여 카운터를 증가시키고 사용자의 로케일[locale] 정보를 속성으로 전달합니다.

metrics.py

```python
def configure_meter_provider():
    exporter = ConsoleMetricExporter()
    reader = PeriodicExportingMetricReader(exporter, export_interval_millis=5000)
    provider = MeterProvider(metric_readers=[reader], resource=Resource.create())
    set_meter_provider(provider)


if __name__ == "__main__":
    ...
    counter = meter.create_counter(
        "items_sold",
        unit="items",
        description="Total items sold"
    )
    counter.add(6, {"locale": "fr-FR", "country": "CA"})
    counter.add(1, {"locale": "es-ES"})
```

코드를 실행하면 카운터가 갖고 있는 모든 속성값이 출력됩니다.

metrics.py 출력

```
{"name": "items_sold", "description": "Total items sold", "unit": "items", "data":
{"data_points": [{"attributes": {"locale": "fr-FR", "country": "CA"}, "start_
time_unix_nano": 1686377318923859000, "time_unix_nano": 1686377318923927000,
"value": 6 }, {"attributes": {"locale": "es-ES"}, "start_time_unix_nano":
1686377318923859000, "time_unix_nano": 1686377318923927000, "value": 1 } ],
"aggregation_temporality": 2, "is_monotonic": true } }
```

속성값들은 카운터의 값에 아무런 영향을 주지 않습니다. 속성은 트랜잭션에 관한 원격 측정값을 설명할 수 있는 추가 정보를 제공할 뿐입니다. 카운터처럼 단조증가하는 계측기는 음의 값을 허용하지 않습니다. 다음 코드는 음의 값을 추가하면 어떤 일이 일어나는지 보여줍니다.

metrics.py

```
if __name__ == "__main__":
    ...
    counter.add(6, {"locale": "fr-FR", "country": "CA"})
    counter.add(-1, {"unicorn": 1})
```

코드를 실행하면 다음과 같은 경고 문구가 출력되며, 개발자는 이 경고 문구를 보고 어떤 조치를 취해야 할지 쉽게 알 수 있습니다.

metrics.py 출력

```
Add amount must be non-negative on Counter items_sold.
```

측정하려는 값에 알맞은 계측기를 선택해야 잘못된 메트릭이 생성되는 것을 피할 수 있습니다. 데이터의 출처가 의심스럽다면 데이터가 계측기에 전달되기 전에 데이터를 검증하는 것이 좋습니다.

비동기 카운터

비동기 카운터도 카운터로 사용될 수 있습니다. 비동기라는 것 외에는 카운터와 차이가 없습니다. 비동기 카운터는 지속적으로 증가하는 데이터를 나타낼 수 있으며, 동기식으로 처리하기에는 비용이 많이 들거나 일정 간격으로 기록할 때 적합합니다. 비동기 카운터로 나타낼 수 있는 대표적인 데이터는 다음과 같습니다.

- 특정 프로세스가 사용한 CPU 시간
- 네트워크로 전송된 총 바이트

다음은 async_counter_callback 콜백 메서드를 이용해 비동기 카운터를 만드는 예제입니다. 이 콜백 메서드는 PeriodExportingMetricReader가 실행될 때마다 호출됩니다. 계측기가 측정 값을 기록할 시간을 확보할 수 있도록 코드 실행이 끝나기 전에 sleep을 호출해 실행이 잠시 멈추도록 합니다.

metrics.py

```
...
import time
from opentelemetry.metrics import Observation

def async_counter_callback(result):
    yield Observation(10)

if __name__ == "__main__":
    ...
    # 비동기 카운터
    meter.create_observable_counter(
        name="major_page_faults",
        callbacks=[async_counter_callback],
        description="page faults requiring I/O",
        unit="fault",
    )
    time.sleep(10)
```

계측기 출력을 주석 처리하지 않으면 동기 및 비동기 카운터가 출력하는 내용을 모두 볼 수 있습니다. 이를 모두 표시하면 지면을 많이 차지하므로 다음 출력에서는 이전 예제의 결과를 생략하고 비동기 카운터의 결과만 표시했습니다.

metrics.py 출력

```
{"resource_metrics": [{"resource": {"attributes": {"telemetry.sdk.language":
"python", "telemetry.sdk.name": "opentelemetry", "telemetry.sdk.version":
"1.18.0", "service.name": "unknown_service"}, "schema_url": ""}, "scope_
metrics": [{"scope": {"name": "metric-example", "version": "0.1.2", "schema_
```

```
url": "https://opentelemetry.io/schemas/1.9.0"}, "metrics": [{"name": "items_
sold", "description": "Total items sold", "unit": "items", "data": {"data_
points": [{"attributes": {"locale": "fr-FR", "country": "CA"}, "start_time_unix_
nano": 1686377707107856000, "time_unix_nano": 1686377712107658000, "value": 6 },
{"attributes": {"locale": "es-ES"}, "start_time_unix_nano": 1686377707107856000,
"time_unix_nano": 1686377712107658000, "value": 1 } ], "aggregation_temporality":
2, "is_monotonic": true } }, {"name": "major_page_faults", "description":
"page faults requiring I/O", "unit": "fault", "data": {"data_points":
[{"attributes": {}, "start_time_unix_nano": 1686377712107438000, "time_unix_
nano": 1686377712107658000, "value": 10 } ], "aggregation_temporality": 2, "is_
monotonic": true } } ], "schema_url": "https://opentelemetry.io/schemas/1.9.0"}
], "schema_url": ""} ] } {"resource_metrics": [{"resource": {"attributes":
{"telemetry.sdk.language": "python", "telemetry.sdk.name": "opentelemetry",
"telemetry.sdk.version": "1.18.0", "service.name": "unknown_service"}, "schema_
url": ""}, "scope_metrics": [{"scope": {"name": "metric-example", "version":
"0.1.2", "schema_url": "https://opentelemetry.io/schemas/1.9.0"}, "metrics":
[{"name": "items_sold", "description": "Total items sold", "unit": "items",
"data": {"data_points": [{"attributes": {"locale": "fr-FR", "country":
"CA"}, "start_time_unix_nano": 1686377707107856000, "time_unix_nano":
1686377717113608000, "value": 6 }, {"attributes": {"locale": "es-ES"}, "start_
time_unix_nano": 1686377707107856000, "time_unix_nano": 1686377717113608000,
"value": 1 } ], "aggregation_temporality": 2, "is_monotonic": true } }, {"name":
"major_page_faults", "description": "page faults requiring I/O", "unit":
"fault", "data": {"data_points": [{"attributes": {}, "start_time_unix_nano":
1686377712107438000, "time_unix_nano": 1686377717113608000, "value": 10 } ],
"aggregation_temporality": 2, "is_monotonic": true } } ], "schema_url": "https://
opentelemetry.io/schemas/1.9.0"} ], "schema_url": ""} ] }
```

이러한 카운터는 계속 증가하는 값에 적합하지만 순간 측정값은 상황에 따라 증가하거나 감소하기도 합니다. OpenTelemetry가 이런 값을 위해 무엇을 제공하는지 살펴봅시다.

업/다운 카운터

이름에서 유추할 수 있듯이 업/다운 카운터는 증가하거나 감소하는 값 모두를 기록할 수 있습니다. 이를 비단조적non-monotonic이라고 합니다. [그림 5-4]는 비단조적 카운터의 그래프를 나타냅니다.

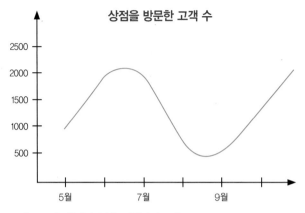

그림 5-4 단조증가하지 않는 카운터의 그래프

업/다운 카운터 계측기를 생성하기 위해 create_up_down_counter 메서드를 사용합니다. 증가와 감소 연산 모두 add 메서드를 통해 이루어지며 매개변수로 양의 값이나 음의 값을 전달하면 됩니다.

metrics.py

```python
if __name__ == "__main__":
    ...
    inventory_counter = meter.create_up_down_counter(
        name="inventory",
        unit="items",
        description="Number of items in inventory",
    )
    inventory_counter.add(20)
    inventory_counter.add(-5)
```

이 예제를 실행하면 다음과 같은 결과를 얻습니다.

metrics.py 출력

```json
{"name": "inventory", "description": "Number of items in inventory", "unit":
"items", "data": {"data_points": [{"attributes": {}, "start_time_unix_nano":
1686377893111993000, "time_unix_nano": 1686377893112408000, "value": 15 } ],
"aggregation_temporality": 2, "is_monotonic": false } }
```

add 메서드를 두 번 호출했지만 실행 결과에는 하나의 메트릭만 출력되었습니다. 이는 두 기록이 보고된 기간 동안 단일 값으로 취합되었기 때문입니다.

비동기 업/다운 카운터

다른 카운터들이 비동기 방식 카운터를 함께 제공한다는 점을 통해 예상했겠지만 업/다운 카운터 역시 비동기 방식 카운터를 제공합니다. 비동기 업/다운 카운터는 일정 주기로 증가하거나 감소하는 측정값을 기록할 수 있습니다. 곧 살펴볼 비동기 게이지와 태생적으로 상당히 비슷합니다. 기록되는 값이 가산적인 성질을 갖고 있다면 반드시 비동기 업/다운 카운터를 사용해야 하는데 이는 측정값이 여러 차원에 걸쳐 추가될 수 있음을 뜻합니다.[96] 비동기 업/다운 카운터로 기록될 수 있는 메트릭은 다음과 같습니다.

- 상점을 방문한 고객 수의 변화
- 조직 내 여러 비즈니스의 순 매출

다음 예제는 비동기 업/다운 카운터를 사용해 상점을 방문한 현재 고객 수를 추적합니다. 동기 방식의 업/다운 카운터와 다르게 비동기 업/다운 카운터가 기록하는 값은 증분이 아닌 값 자체입니다. 앞선 비동기 카운터 예제를 참고하면 `async_updowncounter_callback` 콜백 메서드가 측정값을 보고할 것임을 유추할 수 있습니다.

metrics.py

```
...
def async_updowncounter_callback(result):
    yield Observation(20, {"locale": "en-US"})
    yield Observation(10, {"locale": "fr-CA"})

if __name__ == "__main__":
    ...
    upcounter_counter = meter.create_observable_up_down_counter(
        name="customer_in_store",
```

---

96 옮긴이_값이 일정 범위 내에서 움직이면 게이지를 사용해야 하고, 이전 수치에 더해지거나 감해지는 성질을 갖고 있다면 카운터를 사용해야 합니다.

```
        callbacks=[async_updowncounter_callback],
        unit="persons",
        description="Keeps a count of customers in the store"
    )
```

이전 예제의 결과와 크게 다르지 않습니다.

`metrics.py` 출력

```
{"name": "customer_in_store", "description": "Keeps a count of customers in the
store", "unit": "persons", "data": {"data_points": [{"attributes": {"locale":
"en-US"}, "start_time_unix_nano": 1686378127587589000, "time_unix_nano":
1686378127587688000, "value": 20 }, {"attributes": {"locale": "fr-CA"}, "start_
time_unix_nano": 1686378127587589000, "time_unix_nano": 1686378127587688000,
"value": 10 } ], "aggregation_temporality": 2, "is_monotonic": false } }
```

많은 데이터 타입에 카운터와 업/다운 카운터를 사용할 수 있지만 모든 데이터 타입에 쓸 수 있는 것은 아닙니다. 다른 계측기들은 어떤 값을 측정할 수 있는지 살펴봅시다.

히스토그램

히스토그램 계측기는 대규모 데이터셋에서 값의 빈도 분포를 비교할 때 유용합니다. 히스토그램은 나타내고자 하는 데이터의 집합을 만들고 효과적으로 이상치[outlier]나 예외 값을 찾기 위해 버킷[bucket][97]을 사용합니다. 다음과 같은 데이터에 히스토그램을 사용하면 좋습니다.

- 서비스 요청에 대한 응답 시간 분포
- 사람들의 키

[그림 5-5]는 요청에 대한 응답 시간 분포를 보여주는 간단한 히스토그램입니다. 막대 그래프[bar chart]처럼 보이지만 각각의 막대[bar]가 특정 범위에 포함되는 값을 나타내는 버킷이라는 점에서 차이가 있습니다. 세로축은 각 버킷의 요청 수를 나타냅니다.

---

[97] 옮긴이_ 일정한 범위 내의 값을 모으는 통이라고 생각하면 됩니다.

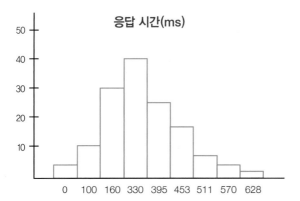

그림 5-5 히스토그램 그래프

히스토그램에서 정보를 포착하려면 특정 버킷에 기록할 것으로 예상되는 모든 값을 포함할 수 있어야 합니다. 0ms와 10ms를 최댓값으로 갖는 두 개의 버킷이 존재하는 히스토그램을 예로 들어봅시다. 10ms보다 더 큰 측정값은 히스토그램에서 제외되는데, 프로메테우스와 OpenTelemetry는 별도의 버킷에 최대 상한선을 초과한 값을 포착하여 이 문제를 해결합니다. 여기서 살펴볼 히스토그램은 모두 기록된 값의 범주를 명시적으로 정하고 있지만 OpenTelemetry는 지수적 히스토그램exponential histogram[98]에 대한 실험적 지원도 제공합니다.

히스토그램은 종종 백분위수 계산에 사용됩니다. 다음 예제는 create_histogram 메서드를 사용해 히스토그램을 생성한 다음 record 메서드로 히스토그램에서 메트릭을 생성합니다.

metrics.py

```
if __name__ == "__main__":
    ...
    histogram = meter.create_histogram(
        "response_times",
        unit="ms",
        description="Response times for all requests",
    )
    histogram.record(96)
    histogram.record(9)
```

98 https://github.com/open-telemetry/opentelemetry-specification/blob/main/specification/metrics/data-model.md#exponentialhistogram

이 예제에서는 서로 다른 버킷에 속하는 두 개의 측정값을 기록합니다. 출력에서 이 값들이 어떻게 표현되는지 살펴봅시다.

metrics.py 출력

```
{"name": "response_times", "description": "Response times for all requests",
 "unit": "ms", "data": {"data_points": [{"attributes": {}, "start_time_unix_
 nano": 1686378525838423000, "time_unix_nano": 1686378525839228000, "count": 2,
 "sum": 105, "bucket_counts": [0, 0, 1, 0, 0, 0, 1, 0, 0, 0, 0, 0, 0, 0, 0, 0 ],
 "explicit_bounds": [0.0, 5.0, 10.0, 25.0, 50.0, 75.0, 100.0, 250.0, 500.0, 750.0,
 1000.0, 2500.0, 5000.0, 7500.0, 10000.0 ], "min": 9, "max": 96 } ], "aggregation_
 temporality": 2 } }
```

카운터 및 업/다운 카운터와 마찬가지로 히스토그램은 동기식 계측기입니다.

비동기 게이지

마지막으로 살펴볼 계측기는 비동기 게이지입니다. 이 계측기는 카운터와 달리 가산적이지 않은 측정값에 사용하기 좋습니다. 보통 측정값을 더하거나 빼는 것이 아무런 의미가 없을 때 사용됩니다. 다음과 같은 데이터를 비동기 게이지로 표현할 수 있습니다.

- 시스템의 평균 메모리 사용량
- 데이터 센터의 온도

다음 예제는 파이썬에 내장된 리소스 모듈을 사용하여 프로세스에 할당된 메모리 영역 resident set size (RSS)[99]의 최댓값을 측정합니다. 이 값은 우리가 생성한 게이지의 콜백 함수 async_gauge_callback 값으로 설정됩니다.

---

99 https://en.wikipedia.org/wiki/Resident_set_size

metrics.py

```
...
import resource

def async_gauge_callback(result):
    rss = resource.getrusage(resource.RUSAGE_SELF).ru_maxrss
    yield Observation(rss, {})

if __name__ == "__main__":
    ...
    meter.create_observable_gauge(
        name="maxrss",
        unit="bytes",
        callbacks=[async_gauge_callback],
        description="Max resident set size",
    )
    time.sleep(10)
```

코드를 실행하면 OpenTelemetry를 사용하는 애플리케이션의 메모리 사용량 정보가 표시됩니다.

metrics.py 출력

```
{"name": "maxrss", "description": "Max resident set size", "unit": "bytes",
 "data": {"data_points": [{"attributes": {}, "start_time_unix_nano": 0, "time_unix_
nano": 1686378769311133000, "value": 26853376 } ] } }
{"name": "maxrss", "description": "Max resident set size", "unit": "bytes",
 "data": {"data_points": [{"attributes": {}, "start_time_unix_nano": 0, "time_unix_
nano": 1686378774291140000, "value": 26918912 } ] } }
```

훌륭합니다! 이제 여러분은 여러 가지 계측기를 이해하고 안정적인 메트릭 스트림을 생성할 수 있습니다. 마지막으로 계측기를 중복 사용했을 때 무슨 일이 일어나는지 살펴봅시다.

중복 메트릭 유형

계측기 중복 등록으로 인한 충돌은 하나 이상의 계측기가 단일 미터 내에서 같은 이름을 사용하는 경우 발생합니다. 많은 원격 측정 백엔드가 계측기 이름으로 메트릭을 식별하기 때문에 동일한 이름을 가진 계측기들이 데이터를 수집하면 데이터의 의미가 잘못 해석될 수 있습니다. 계측기 충돌은 서로 다른 코드 경로가 동일한 메트릭을 보고해야 하는 경우 또는 여러 개발자들이 서로 다른 메트릭을 기록하려다 우연히 같은 이름을 사용하는 경우에 발생합니다. 여러분도 잘 알고 있겠지만 이름을 짓는 것은 정말 어려운 일입니다. OpenTelemtery SDK는 이러한 계측기 충돌을 해결하는 몇 가지 방법을 제시합니다.

- 충돌한 계측기가 완전히 동일한 경우 각 계측기가 기록한 값은 합쳐집니다. 이렇게 만들어진 데이터는 단일 계측기가 만든 것처럼 보입니다.
- 계측기가 동일하지 않고 충돌이 뷰 설정을 통해 해결 가능한 경우 사용자에게 경고 메시지가 전달되지 않습니다. 이어서 살펴보겠지만 뷰는 계측기들을 구분하면서 고유한 메트릭 스트림을 만들 수 있는 메커니즘을 제공합니다.
- 계측기가 동일하지 않고 뷰를 통해 충돌이 해소되지 않는 경우 사용자는 경고 메시지를 받게 되고 데이터는 아무런 수정 없이 생성됩니다.

생성된 각 미터는 네임스페이스처럼 작동하기 때문에 미터가 두 개인 경우 각 미터마다 동일한 계측기를 문제 없이 생성할 수 있습니다. 미터별로 고유한 네임스페이스를 사용할 수 있다는 것은 애플리케이션 개발자가 다른 곳에서 작동하는 라이브러리가 생성한 메트릭으로부터 방해받지 않으면서 각자의 애플리케이션에 필요한 계측기를 생성할 수 있다는 뜻입니다. 이렇게 하면 애플리케이션 외부에 제공한 메트릭을 쉽게 검색할 수 있습니다. 이제 뷰를 이용하여 필요에 맞게 메트릭 스트림을 가공하는 방법을 살펴봅시다.

5.4 뷰를 이용한 메트릭 출력 커스터마이징

일부 애플리케이션은 애플리케이션 개발자가 관심 있는 메트릭보다 더 많은 메트릭을 만들어 냅니다. 지금까지 예제를 살펴보며 느꼈을지 모르겠지만 예제에 무언가를 추가하면 할수록 정말 관심 있는 메트릭을 찾기가 어려워집니다. 앞서 살펴봤던 예제를 떠올려봅시다. 애플리케이션 A는 서로 다른 세 개의 미터로 메트릭을 생성하는 웹 요청 클라이언트 라이브러리입니다. 각 미터가 요청 카운터를 가지고 있다면 중복 데이터가 생성될 가능성이 무척 높아집니다. 작은 규모의 시스템에서는 중복 데이터가 발생하는 것이 별일 아닐지 모르지만 서비스가 수천,

수백만 개의 요청을 처리할 수 있는 수준으로 확장될 경우 불필요한 메트릭의 생성은 비용 증가로 이어집니다. 고맙게도 뷰는 OpenTelemetry 사용자가 원하는 메트릭만 생성할 수 있는 SDK 설정을 제공합니다. 뷰는 메트릭 필터링 방법을 제공할 뿐만 아니라 메트릭을 집계하거나 새로운 차원을 추가할 수 있게 합니다.

필터링

가장 먼저 살펴볼 것은 처리할 메트릭을 커스터마이징하는 기능입니다. 계측기를 선택하기 위해 다음과 같은 기준을 뷰에 적용할 수 있습니다.

- instrument_name: 계측기 이름
- instrument_type: 계측기 유형
- meter_name: 미터의 이름
- meter_version: 미터의 버전
- meter_schema: 미터의 스키마 URL

SDK는 설정된 뷰와 일치하지 않는 모든 계측기 데이터에 대해 기본 뷰를 제공합니다.

다음 예제에서는 먼저 이전 예제에서 생성한 inventory 계측기를 선택합니다. 또한 기본 뷰 비활성화를 위해 와일드카드 뷰를 설정하면서 DropAggregation 옵션을 지정합니다.

metrics.py

```
...
from opentelemetry.sdk.metrics.view import View, DropAggregation

def configure_meter_provider():
    exporter = ConsoleMetricExporter()
    reader = PeriodicExportingMetricReader(exporter, export_interval_millis=5000)
    view_all = View(instrument_name="*", aggregation=DropAggregation())
    view = View(instrument_name="inventory")
    provider = MeterProvider(
        metric_readers=[reader],
        resource=Resource.create(),
        views=[view_all, view],
    )
    ...
```

코드를 실행하면 다음과 같이 단일 계측기로 한정된 메트릭 스트림을 얻습니다.

metrics.py 출력

```
{"name": "inventory", "description": "Number of items in inventory", "unit":
"items", "data": {"data_points": [{"attributes": {}, "start_time_unix_nano":
1686382676323593000, "time_unix_nano": 1686382678732947000, "value": 15 } ],
"aggregation_temporality": 2, "is_monotonic": false } }
```

MeterProvider의 view 매개변수에는 리스트 객체를 할당할 수 있으므로 여러 개의 뷰를 쉽게 추가할 수 있습니다. 이는 사용자에게 상당히 큰 유연성과 제어 기능을 제공합니다. 이때 계측기는 뷰 생성자로 전달된 모든 매개변수의 값과 일치해야 합니다. 앞의 예제를 업데이트해 inventory라는 이름과 Counter 유형의 계측기를 선택하도록 뷰를 생성하면 무슨 일이 일어나는지 확인해봅시다.

metrics.py

```
...
from opentelemetry.metrics import Counter

def configure_meter_provider():
    exporter = ConsoleMetricExporter()
    reader = PeriodicExportingMetricReader(exporter, export_interval_millis=5000)
    view_all = View(instrument_name="*", aggregation=DropAggregation())
    view = View(instrument_name="inventory")
    provider = MeterProvider(
        metric_readers=[reader],
        resource=Resource.create(),
        views=[view_all, view],
    )
...
```

예상했듯이 이 기준에 부합하는 계측기가 없기 때문에 코드를 실행하더라도 계측된 결과가 나오지 않습니다.

계측기를 선택할 때 지정하는 모든 기준은 선택 사항입니다. 하지만 아무런 값도 지정하지 않으면 OpenTelemetry의 규격 위반으로 오류가 발생합니다.

뷰를 이용해 계측기 또는 미터 식별자 기반으로 계측기를 필터링하는 것은 지나치게 많은 메트릭 생성으로 인한 비용과 노이즈를 줄이는 훌륭한 방법입니다.

디멘션

계측기를 선택하는 것과 별개로 뷰가 특정한 기준 정보, 즉 디멘션dimension만 보고하도록 설정할 수 있습니다. 여기서 디멘션은 메트릭과 관련된 속성으로, 측정 기준이라고 볼 수 있습니다. 예를 들어 특정 로케일을 사용하는 고객 수가 [표 5-2]와 같이 기록되었다고 가정해봅시다. 방문자의 국가 정보나 사용 중인 브라우저의 로케일 정보처럼 카운터와 연관된 각 속성은 서비스 방문 중에 기록된 메트릭의 또 다른 측정 기준을 제시합니다.

표 5-2 카운터에 대한 추가 디멘션

고객 수	국가	로케일
1	Canada	en-US
1	France	fr-FR
1	Canada	fr-FR

디멘션은 여러 의미 있는 방식으로 데이터를 집계하는 데 사용됩니다. [표 5-2]의 데이터를 기준으로 생각해보면 다음과 같은 정보를 얻을 수 있습니다.

- 상점에 세 명의 고객이 방문했습니다.
- 캐나다에서 두 명, 프랑스에서 한 명이 방문했습니다.
- 두 개의 브라우저는 프랑스어(fr-FR)를 사용하도록 설정되어 있고 다른 하나는 영어(en-US)를 사용하도록 설정되어 있습니다.

뷰는 메트릭 스트림으로부터 결과를 커스터마이징할 수 있게 해줍니다. attributes_keys 매개변수를 활용하여 특정한 뷰에서 보고 싶은 디멘션을 지정할 수 있습니다. 다음 예제는 Counter 계측기와 일치하도록 뷰를 구성하고 locale을 제외한 모든 디멘션을 무시하는 설정입니다.

metrics.py

```
def configure_meter_provider():
    exporter = ConsoleMetricExporter()
    reader = PeriodicExportingMetricReader(exporter, export_interval_millis=5000)
    view_all = View(instrument_name="*", aggregation=DropAggregation())
    view = View(instrument_type=Counter, attribute_keys=["locale"])
    ...
```

계측기를 설정할 때 작성한 코드를 떠올려보면 items_sold 카운터는 두 개의 메트릭을 기반으로 생성되었습니다. 첫 번째 메트릭은 country와 locale 속성을 가지고, 두 번째 메트릭은 locale 속성만 가집니다. 여기서 뷰 설정은 attribute_keys에 지정되지 않은 모든 속성을 무시하고 메트릭 스트림을 생성할 것입니다.

metrics.py 출력

```
{"attributes": {"locale": "fr-FR"}, "description": "Total items sold", ...
{"attributes": {"locale": "es-ES"}, "description": "Total items sold", ...
```

attribute_keys를 사용하면 지정된 속성을 갖고 있지 않은 모든 메트릭이 단일 메트릭으로 집계됩니다. 이는 속성이 제거되면서 뷰가 [표 5-3]에 나와 있는 것처럼 효율적으로 메트릭을 변형하기 때문에 발생하는 현상입니다.

표 5-3 카운터 연산에서 attribute_keys의 효과

카운터 연산	attribute_keys=["locale"]을 이용해 변형된 연산
add(1,{"locale":"fr-FR"})	add(1,{"locale":"fr-FR"})
add(1,{"country":"CA"})	add(1,{})
add(1,{"locale":"en-US", "country":"CA"})	add(1,{"locale":"en-US"})
add(1,{})	add(1,{})

이러한 작동은 오류가 발생한 요청과 그렇지 않은 요청을 구분하거나 상태 코드로 요청을 그룹화할 때 유용합니다. 메트릭 스트림 속성을 커스터마이징할 뿐만 아니라 뷰의 이름이나 설명도 변경할 수 있습니다.

다음 예제는 생성된 메트릭의 이름을 변경하고 설명을 업데이트합니다. 또한 메트릭 스트림에서 모든 속성을 제거합니다.

metrics.py

```python
def configure_meter_provider():
    exporter = ConsoleMetricExporter()
    reader = PeriodicExportingMetricReader(exporter, export_interval_millis=5000)
    view_all = View(instrument_name="*", aggregation=DropAggregation())
    view = View(
        instrument_type=Counter,
        attribute_keys=[],
        name="sold",
        description="total itemsold",
    )
    ...
```

코드를 실행하면 집계된 단일 메트릭이 출력되는데 이는 우리에게 더 의미 있는 결과입니다.

metrics.py 출력

```
{"attributes": "", "description": "total items sold", "instrumentation_
info": "InstrumentationInfo(metric-example, 0.1.2, https://opentelemetry.io/
schemas/1.9.0)", "name": "sold", "resource": "BoundedAttributes({'telemetry.
sdk.language': 'python', 'telemetry.sdk.name': 'opentelemetry', 'telemetry.sdk.
version': '1.10.0', 'service.name': 'unknown_service'}, maxlen=None)", "unit":
"items", "point": {"start_time_unix_nano": 1646593079208078000, "time_unix_nano":
1646593079208238000, "value": 7, "aggregation_temporality": 2, "is_monotonic":
true}}
```

뷰를 커스터마이징하면 생성된 메트릭 출력에 집중할 수 있습니다. 이제 메트릭을 집계기 aggregator와 결합하는 방법을 살펴봅시다.

집계

마지막으로 살펴볼 뷰 설정은 집계입니다. 집계 옵션은 계측기가 사용하는 기본 집계 방식을 다음 방식 중 하나로 변경할 수 있게 합니다.

- **SumAggregation**: 계측기의 측정값을 추가하고 현재 값을 합계로 설정합니다.
- **LastValueAggregation**: 마지막 측정값과 측정값의 타임스탬프를 뷰의 현재 값으로 설정합니다.
- **ExplicitBucketHistogramAggregation**: 측정값의 경계를 설정하기 위해 히스토그램을 이용합니다. 이 방식의 집계에서 사용할 수 있는 추가 옵션은 히스토그램의 버킷에 대한 경곗값과 최댓값 및 최솟값을 기록할 record_min_max 값입니다.

[표 5-4]는 각 계측기의 기본 집계 방식입니다.

표 5-4 계측기별 기본 집계 방식

계측기	기본 집계 방식
카운터	SumAggregation
비동기 카운터	SumAggregation
업/다운 카운터	SumAggregation
비동기 업/다운 카운터	SumAggregation
히스토그램	ExplicitBucketHistogramAggregation
비동기 게이지	LastValueAggregation

SDK를 통해 데이터를 집계하여 전송할 데이터 포인트의 수를 줄일 수 있습니다. 그러나 이 방법은 쿼리 시 사용할 수 있는 데이터가 세분화되어 있지 않기 때문에 사용자가 할 수 있는 쿼리의 범위를 제한하게 됩니다. 이 점을 염두에 두고 우리가 만든 카운터 계측기 하나에 집계를 설정하여 어떤 식으로 작동하는지 살펴봅시다. 다음 예제는 앞서 설정한 뷰에서 SumAggregation 대신 LastValueAggregation을 이용하도록 업데이트합니다.

metrics.py

```
from opentelemetry.sdk.metrics.view import View, DropAggregation, LastValueAggregation
from opentelemetry.metrics import Counter

def configure_meter_provider():
```

```python
exporter = ConsoleMetricExporter()
reader = PeriodicExportingMetricReader(exporter, export_interval_millis=5000)
view_all = View(instrument_name="*", aggregation=DropAggregation())
view = View(
    instrument_type=Counter,
    attribute_keys=[],
    name="sold",
    description="total itemsold",
    aggregation=LastValueAggregation(),
)
```

출력에서 주목할 점은 카운터에 대한 측정값 7개의 합계를 보여주는 대신 마지막으로 기록된 값 하나만 보여준다는 점입니다.

metrics.py 출력

```
{"scope": {"name": "metric-example", "version": "0.1.2", "schema_url": "https://
opentelemetry.io/schemas/1.9.0"}, "metrics": [{"name": "sold", "description":
"total itemsold", "unit": "items", "data": {"data_points": [] } } ], "schema_url":
"https://opentelemetry.io/schemas/1.9.0"}
```

직접 집계를 구성할 줄 알면 더 좋지만 대부분의 경우 기본 집계만으로도 원하는 목적을 충분히 달성할 수 있습니다.

> 앞서 이야기한 것처럼 합계는 계측기가 보고한 값을 임시로 합산한 값입니다. 이 값은 누적cumulative 값일 수도 있고 증분delta 값일 수도 있습니다. 이는 보고된 메트릭을 항상 동시에 시작된 것으로 해석해 누적 메트릭으로 볼 것인지, 일정 시간 이후의 값을 나타내는 것으로 해석해 이전 값과의 차이까지 포함한 것으로 볼 것인지 여부를 결정합니다. 이 값에 관한 자세한 정보는 OpenTelemetry 규격[100]을 참고하기 바랍니다.

---

100 *https://github.com/open-telemetry/opentelemetry-specification/blob/main/specification/metrics/data-model.md#temporality*

5.5 grocery-store 서비스

지금까지 배운 지식을 실전에 활용하기 위해 Chapter 4에서 만든 예제 애플리케이션으로 돌아가봅시다. 우선 미터를 추출하기 위해 Chapter 4의 configure_tracer 메서드와 유사한 역할을 수행하는 메서드를 추가할 것입니다. 이 메서드의 이름은 configure_meter이며 앞서 살펴본 예제의 설정 코드를 포함합니다. 이전 예제와 한 가지 다른 점은 local_module_resource_detector 모듈에 만들어둔 LocalMachineResourceDetector를 사용하는 리소스가 추가된다는 점입니다. common.py 모듈에 다음 코드를 추가해봅시다.

common.py

```
...
from opentelemetry.metrics import get_meter_provider, set_meter_provider
from opentelemetry.sdk.metrics import MeterProvider
from opentelemetry.sdk.metrics.export import (
    ConsoleMetricExporter,
    PeriodicExportingMetricReader,
)


def configure_meter(name, version):
    exporter = ConsoleMetricExporter()
    reader = PeriodicExportingMetricReader(exporter, export_interval_millis=5000)
    local_resource = LocalMachineResourceDetector().detect()
    resource = local_resource.merge(
        Resource.create(
            {
                ResourceAttributes.SERVICE_NAME: name,
                ResourceAttributes.SERVICE_VERSION: version,
            }
        )
    )
    provider = MeterProvider(metric_readers=[reader],resource=resource)
    set_meter_provider(provider)
    schema_url = "https://opentelemetry.io/schemas/1.9.0"
    return get_meter_provider().get_meter(
        name=name,
        version=version,
        schema_url=schema_url,
    )
```

이제 shopper.py를 업데이트하여 이 메서드를 호출하고 응답 값을 meter라는 전역 변수로 지정합니다.

shopper.py

```
...
from common import configure_tracer, configure_meter

tracer = configure_tracer("shopper", "0.1.2")
meter = configure_meter("shopper", "0.1.2")
...
```

코드가 예상대로 작동하는지 확인하기 위해 개별 터미널에서 다음 명령을 순서대로 입력해 세 가지 애플리케이션을 실행합니다.

```
$ python legacy_inventory.py
$ python grocery_store.py
$ python shopper.py
```

shopper.py를 실행하면 결과가 바로 나옵니다. 실행 후 오류가 출력되지 않는다는 것은 순조로운 시작을 의미하며 애플리케이션에 메트릭을 추가할 시점이 가까워지고 있다는 것입니다.

요청 수

어떤 메트릭이 애플리케이션에 관한 통찰력을 얻는 데 필수적인지 고려할 때 측정 가능한 모든 값을 염두에 두는 것은 심한 낭비입니다. 필수적인 메트릭 선택이 어렵다면 구글에서 출간한 『사이트 신뢰성 엔지니어링』(제이펍, 2018)에 기술된 골든 시그널부터 시작하는 것이 좋습니다.[101] 애플리케이션의 트래픽 측정은 수신되는 요청의 수를 세는 것으로 쉽게 시작할 수 있으며 이를 통해 다음 질문에 답할 수 있습니다.

---

101 *https://sre.google/sre-book/monitoring-distributed-systems/#xref_monitoring_golden-signals*

- 애플리케이션의 트래픽 패턴은 무엇인가?

- 애플리케이션이 예상되는 트래픽을 소화할 수 있는가?

- 애플리케이션이 얼마나 잘 작동하는가?

이후에는 애플리케이션의 자동 확장 여부를 결정하는 데 이 메트릭이 어떻게 도움을 주는지 분석해보겠습니다. 서비스가 처리할 수 있는 총 요청 수 같은 메트릭은 벤치마킹을 하는 동안 뽑을 수 있는 수치입니다.

다음 예제는 configure_meter를 호출한 뒤 create_counter 메서드로 카운터를 생성하여 서버 애플리케이션으로 들어오는 요청을 계속 추적합니다. 여기서 request_counter 값은 요청을 처리하기 전에 증가됩니다.

grocery_store.py

```python
from common import configure_meter, configure_tracer, set_span_attributes_from_
flask

...

tracer = configure_tracer("grocery-store", "0.1.2")
meter = configure_meter("grocery-store", "0.1.2")
request_counter = meter.create_counter(
    name="requests",
    unit="request",
    description="Total number of requests",
)
set_global_textmap(CompositePropagator([tracecontext.TraceContextTextMapPropagat
or(), B3MultiFormat()]))
app = Flask(__name__)

...

@app.before_request
def before_request_func():
    token = context.attach(extract(request.headers))
    request_counter.add(1)
    request.environ["context_token"] = token
```

업데이트된 코드는 자동으로 리로드되어야 합니다. 만약 자동으로 리로드되지 않으면 코드를 재실행하기 바랍니다. 변경된 코드가 실행되면 다음 세 가지 curl 명령을 실행합니다.

```
$ curl localhost:5000
$ curl localhost:5000/products
$ curl localhost:5000/none-existent-url
```

밍링이 실행되면 축약된 출력처럼 보이는 결과가 제공됩니다. 출력된 개별 결과의 value 값이 증가한다는 점에 주목하기 바랍니다.

```
127.0.0.1 - - [10/Jun/2023 19:22:24] "GET / HTTP/1.1" 200 - {"name": "welcome",
... "metrics": [{"name": "requests", "description": "Total number of requests",
"unit": "request", "data": {"data_points": [{"attributes": {}, "start_time_unix_
nano": 1686392614946342000, "time_unix_nano": 1686392618410047000, "value": 1 } ],
"aggregation_temporality": 2, "is_monotonic": true } } ], ... }
...
127.0.0.1 - - [10/Jun/2023 19:24:19] "GET /products HTTP/1.1" 200 - {"name":
"inventory request", ... } {"name": "/products", ... "metrics": [{"name":
"requests", "description": "Total number of requests", "unit": "request", "data":
{"data_points": [{"attributes": {}, "start_time_unix_nano": 1686392659972988000,
"time_unix_nano": 1686392661384776000, "value": 2 } ], "aggregation_temporality":
2, "is_monotonic": true } } ], ... }
...
127.0.0.1 - - [10/Jun/2023 19:26:16] "GET /none-existent-url HTTP/1.1" 404
- {"resource_metrics": [... "metrics": [{"name": "requests", "description":
"Total number of requests", "unit": "request", "data": {"data_points":
[{"attributes": {}, "start_time_unix_nano": 1686392776443548000, "time_unix_nano":
1686392780661640000, "value": 3 } ], "aggregation_temporality": 2, "is_monotonic":
true } } ], ... }
```

총 요청 수를 계산하는 것뿐만 아니라 여러 가지 응답 코드를 추적하는 것도 유용합니다. 이전 예제의 출력을 보면 마지막 응답의 상태 코드가 404 오류를 나타내므로 다른 응답과 다르다고 판단하는 데 도움이 됩니다.

별도의 카운터를 유지하면 서비스 상태를 유추해낼 수 있는 오류율을 계산할 수 있으며 속성을 사용해도 동일한 결과를 얻을 수 있습니다. 다음 예제는 응답 상태 코드를 사용할 수 있는 위치로 카운터를 증가시키는 코드를 이동시킵니다. 이 상태 코드는 메트릭에 관한 속성으로 기록됩니다.

grocery_store.py

```python
@app.before_request
def before_request_func():
    token = context.attach(extract(request.headers))
    request.environ["context_token"] = token

@app.after_request
def after_request_func(response):
    request_counter.add(1, {"code": response.status_code})
    return response
...
```

다음 curl 명령을 사용하여 새로운 코드를 실행합니다.

```
$ curl localhost:5000/none-existent-url
```

출력은 상태 코드 속성을 포함합니다.

grocery_store.py 출력

```
{"resource_metrics": [... "metrics": [{"name": "requests", "description":
"Total number of requests", "unit": "request", "data": {"data_points":
[{"attributes": {}, "start_time_unix_nano": 1686396816936849000, "time_unix_nano":
1686396817335550000, "value": 1 }, {"attributes": {"code": 404 }, "start_time_
unix_nano": 1686396816936849000, "time_unix_nano": 1686396817335550000, "value": 1
} ], "aggregation_temporality": 2, "is_monotonic": true } } ], ... }
```

다른 상태 코드를 얻기 위해 요청을 조금 더 보내봅시다. 상태 코드가 더 모이면 이 정보가 어떻게 오류 비율을 계산하는지 볼 수 있습니다. 이때 메트릭에 지정된 이름이 상당히 중요합니다.

> 계측을 하지 않으면 어떠한 원격 측정 데이터도 생성할 수 없습니다. 하지만 원치 않는 원격 측정 데이터는 SDK가 제공하는 설정과 OpenTelemetry 컬렉터를 이용해 필터링할 수 있습니다. 코드를 계측할 때는 이 내용을 꼭 기억합시다. 〈Chapter 8 OpenTelemetry 컬렉터〉와 〈Chapter 9 컬렉터 배포〉에서 컬렉터가 어떻게 원격 측정 데이터를 필터링하는지 살펴보겠습니다.

우리가 살펴본 데이터는 여러 속성으로 이루어진 의미 있는 데이터를 생성하기 위해 카운터를 사용하는 방법을 보여줬습니다. 이러한 데이터의 가치는 〈Chapter 10 백엔드 시스템 설정〉에서 살펴볼 분석 도구를 통해 더 명확히 알 수 있습니다.

요청 지속 시간

다음으로 만들어볼 메트릭은 요청 지속 시간입니다. 시스템의 요청 지속 시간을 이해하면 다음 질문에 답할 수 있습니다.

- 요청하는 데 걸린 시간은 얼마나 되는가?
- 각 서비스가 요청을 처리하는 데 걸린 시간은 얼마나 되는가?
- 사용자 경험은 어떠한가?

요청 지속 시간은 서비스가 원활하게 제공되는지 파악할 수 있는 재미있는 지표인 동시에 잠재된 문제를 나타내는 하나의 증상입니다. 지속 시간을 확인하기 위한 가장 좋은 방식은 히스토그램입니다. 히스토그램은 많은 요청의 분포를 이해하는 데 필요한 조직적이고 가시적인 수단을 제공하기 때문입니다. 다음 예제는 각 서비스의 연산 작업에 소요되는 시간을 측정하고, 분산 애플리케이션 환경하에서 각 서비스의 업스트림 요청 지속 시간과 네트워크 지연으로 인한 비용을 확인합니다. [그림 5-6]은 각 지점에서 무엇을 측정하는지 나타냅니다.

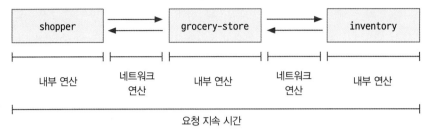

그림 5-6 요청 지속 시간 측정

전체 요청에 대한 여러 가지 측정값을 활용하여 어느 지점에서 시간이 많이 소요되는지 확인할 수 있습니다. 이를 통해 애플리케이션 문제와 네트워크 문제를 쉽게 분리할 수 있습니다. 가령 shopper.py가 grocery_store.py로 보내는 요청을 처리하는 데 100ms가 걸렸는데 grocery_store.py 내에서의 연산이 1ms만에 끝났다면 나머지 99ms는 애플리케이션 코드 외부에서 소요된 시간임을 알 수 있습니다.

> 요청 처리 과정에 네트워크가 연관된 경우 예상치 못한 지연이 발생할 수 있습니다. 애플리케이션을 설계할 때 이러한 클라우드 네이티브 애플리케이션의 일반적 오류를 반드시 고려해야 합니다. 네트워크 엔지니어링에 투자하고 물리적으로 더 가까운 곳에 애플리케이션을 배포하면 지연을 크게 줄일 수 있습니다.

다음 예제에서는 shopper.py에서 grocery_store.py로 보낸 요청 지속 시간을 기록하기 위해 upstream_duration_histo 히스토그램을 설정합니다. 또한 shopper 애플리케이션 내의 전체 연산 지속 시간을 포착하기 위해 total_duration_histo 히스토그램도 생성합니다. 지속 시간은 time 라이브러리가 제공하는 time_ns 메서드를 이용해 계산되며 시간이 나노초(ns) 단위로 제공되기 때문에 밀리초(ms)로 변환해야 합니다.

shopper.py

```
import time

total_duration_histo = meter.create_histogram(
    name="duration",
    description="request duration",
    unit="ms",
```

```
    )

    upstream_duration_histo = meter.create_histogram(
        name="upstream_request_duration",
        description="duration of upstream requests",
        unit="ms",
    )

    ...

    @tracer.start_as_current_span("browse")
    def browse():
        ...
            start = time.time_ns()
            resp = requests.get(url, headers=headers)
            duration = (time.time_ns() - start)/1e6
            upstream_duration_histo.record(duration)
        ...

    @tracer.start_as_current_span("visit store")
    def visit_store():
        start = time.time_ns()
        browse()
        duration = (time.time_ns() - start)/1e6
        total_duration_histo.record(duration)
```

다음 단계로 업스트림으로의 요청과 연산에 소요된 시간을 기록하기 위해 grocery_store.py에
히스토그램을 설정합니다. 지면 관계상 히스토그램을 생성하고 초기화하는 코드는 생략했지만
이전 예제와 동일한 코드를 사용하면 됩니다. 코드에서는 전체 연산 작업의 시작과 끝을 계산하
기 위해 파이썬 웹 프레임워크인 Flask가 제공하는 before_request와 after_request 데코레이
터를 이용합니다. 추가로 products 메서드가 호출하는 업스트림 요청 시간도 계산합니다.

grocery_store.py

```
    import time

    total_duration_histo = meter.create_histogram(
        name="duration",
        description="request duration",
        unit="ms",
    )
```

```
)

upstream_duration_histo = meter.create_histogram(
    name="upstream_request_duration",
    description="duration of upstream requests",
    unit="ms",
)

@app.before_request
def before_request_func():
    token = context.attach(extract(request.headers))
    request_counter.add(1, {})
    request.environ["context_token"] = token
    request.environ["start_time"] = time.time_ns()

@app.after_request
def after_request_func(response):
    request_counter.add(1, {"code": response.status_code})
    duration = (time.time_ns() - request.environ["start_time"])/ 1e6
    total_duration_histo.record(duration)
    return response

...

@app.route("/products")
@tracer.start_as_current_span("/products", kind=SpanKind.SERVER)
def products():
    ...
        inject(headers)
        start = time.time_ns()
        resp = requests.get(url, headers=headers)
        duration = (time.time_ns() - start) / 1e6
        upstream_duration_histo.record(duration)
```

마지막으로 legacy_inventory.py에 지속 시간 계산 로직을 추가합니다. 이 서비스에는 아직 업스트림 요청이 없기 때문에 코드가 더 직관적입니다. 따라서 히스토그램을 하나만 정의하면 됩니다.

legacy_inventory.py

```python
from flask import request
from common import configure_meter, configure_tracer, set_span_attributes_from_flask
import time

tracer = configure_tracer("legacy-inventory", "0.9.1")
meter = configure_meter("legacy-inventory", "0.9.1")
app = Flask(__name__)
set_global_textmap(B3MultiFormat())

total_duration_histo = meter.create_histogram(
    name="duration",
    description="request duration",
    unit="ms",
)

@app.before_request
def before_request_func():
    token = context.attach(extract(request.headers))
    request.environ["start_time"] = time.time_ns()

@app.after_request
def after_request_func(response):
    duration = (time.time_ns() - request.environ["start_time"])/ 1e6
    total_duration_histo.record(duration)
    return response
```

히스토그램을 사용하기 위한 코드 추가까지 마쳤으니 요청 지속 시간을 확인할 차례입니다. 코드를 실행하면 세 가지 애플리케이션의 출력을 결합하여 시스템 전체에서 소요되는 시간을 완벽하게 파악할 수 있습니다. 각 히스토그램에 기록된 합계(sum)를 보면 우리가 하나의 요청만 보내고 기록한 결과이기 때문에 단일 요청 값과 합계가 동일합니다.

legacy_inventory.py 출력

```
{"resource_metrics": [... "metrics": [{"name": "duration", "description": "request
duration", "unit": "ms", "data": {"data_points": [{"attributes": {}, "start_time_
unix_nano": 1686398472391048000, "time_unix_nano": 1686398475031339000, "count":
1, "sum": 0.19, "bucket_counts": [0, 1, 0, 0, 0, 0, 0, 0, 0, 0, 0, 0, 0, 0, 0,
```

```
0 ], "explicit_bounds": [0.0, 5.0, 10.0, 25.0, 50.0, 75.0, 100.0, 250.0, 500.0,
750.0, 1000.0, 2500.0, 5000.0, 7500.0, 10000.0 ], "min": 0.19, "max": 0.19 } ],
"aggregation_temporality": 2 } } ], ... } {"resource_metrics": [... "metrics":
[{"name": "duration", "description": "request duration", "unit": "ms", "data":
{"data_points": [], "aggregation_temporality": 2 } } ], ... } {"resource_
metrics": [... "metrics": [{"name": "duration", "description": "request duration",
"unit": "ms", "data": {"data_points": [{"attributes": {}, "start_time_unix_
nano": 1686398472391048000, "time_unix_nano": 1686398485044776000, "count": 2,
"sum": 0.325, "bucket_counts": [0, 2, 0, 0, 0, 0, 0, 0, 0, 0, 0, 0, 0, 0, 0, 0
], "explicit_bounds": [0.0, 5.0, 10.0, 25.0, 50.0, 75.0, 100.0, 250.0, 500.0,
750.0, 1000.0, 2500.0, 5000.0, 7500.0, 10000.0 ], "min": 0.135, "max": 0.19 } ],
"aggregation_temporality": 2 } } ], ... } {"resource_metrics": [... "metrics":
[{"name": "duration", "description": "request duration", "unit": "ms", "data":
{"data_points": [{"attributes": {}, "start_time_unix_nano": 1686398472391048000,
"time_unix_nano": 1686398490050306000, "count": 3, "sum": 0.463, "bucket_counts":
[0, 3, 0, 0, 0, 0, 0, 0, 0, 0, 0, 0, 0, 0, 0, 0 ], "explicit_bounds": [0.0,
5.0, 10.0, 25.0, 50.0, 75.0, 100.0, 250.0, 500.0, 750.0, 1000.0, 2500.0, 5000.0,
7500.0, 10000.0 ], "min": 0.135, "max": 0.19 } ], "aggregation_temporality": 2 } }
], ... }
```

각 애플리케이션의 upstream_request_duration 합계와 duration 합계의 차이는 개별 애플리케이션 내부 연산을 수행하는 데 걸린 시간을 나타냅니다. 이 데이터를 유심히 살펴보면 약 93%의 시간이 애플리케이션 간 통신에 사용됐음을 알 수 있습니다.

이 결과를 보고 나면 이런 의문이 들지도 모릅니다. 분산 추적이 요청의 지속 시간과 지연 시간을 대신 계산해줄 순 없을까? 맞습니다. 모든 연산이 측정되고 있다면 분산 추적을 통해서도 이런 유형의 정보를 얻을 수 있습니다.

동시 요청

또 다른 중요한 메트릭은 특정 시점에 애플리케이션이 처리할 수 있는 동시 요청의 수입니다. 이 메트릭은 다음 질문에 대한 답을 제공합니다.

- 어떤 애플리케이션이 시스템의 병목 지점인가?
- 애플리케이션이 급격한 요청 증가를 버틸 수 있는가?

일반적으로 이 값은 앞서 추가한 카운터를 통해 초당 요청 수의 비율을 계산하여 얻습니다. 하지만 지금은 분석을 위해 데이터를 백엔드로 보내는 것이 아니라 계측 연습을 하고 있는 중이므로 요청 수를 수동으로 기록해봅시다.

다양한 계측기로 요청 수를 기록할 수 있습니다. 이번 예제에서는 업/다운 카운터를 이용하지만 게이지도 이용할 수 있습니다. 새로운 요청이 시작되면 업/다운 카운터를 증가시키고 각 요청이 끝난 뒤에 다시 감소시키면 됩니다.

grocery_store.py

```python
concurrent_counter = meter.create_up_down_counter(
    name="concurrent_requests",
    unit="request",
    description="Total number of concurrent requests",
)

@app.before_request
def before_request_func():
    ...
    concurrent_counter.add(1)

@app.after_request
def after_request_func(response):
    ...
    concurrent_counter.add(-1)
    return response
```

다수의 사용자가 동시에 연결된 상황을 만들기 위해 shopper.py에서 사용한 도구 대신 다른 도구를 사용하겠습니다. hey 부하 생성기는 수백 개의 요청을 동시에 보낼 수 있게 해주는데 이를 통해 업/다운 카운터의 실제 작동을 확인할 수 있습니다. 다음 명령으로 프로그램을 실행하여 동시 최대 요청 수가 10인 300개의 요청을 생성합니다.

```
$ hey -n 3000 -c 10 http://localhost:5000/products
```

이 명령은 충분한 수의 연결을 동시에 만듭니다. 이제 생성된 메트릭을 확인해봅시다. 동시 요청 수가 증가하면 기록된 값이 증가하고 동시 요청 수가 감소하면 기록된 값이 감소하는지 살펴봅시다.

grocery_store.py 출력

```
{"resource_metrics": [... "metrics": [{"name": "concurrent_requests",
"description": "Total number of concurrent requests", "unit": "request", "data":
{"data_points": [{"attributes": {}, "start_time_unix_nano": 1686401826956250000,
"time_unix_nano": 1686401829068736000, "value": 9 } ], "aggregation_temporality":
2, "is_monotonic": false } }, ... {"name": "concurrent_requests", "description":
"Total number of concurrent requests", "unit": "request", "data": {"data_points":
[{"attributes": {}, "start_time_unix_nano": 1686401826956250000, "time_unix_
nano": 1686401834080980000, "value": 9 } ], "aggregation_temporality": 2, "is_
monotonic": false } }, ... {"name": "concurrent_requests", "description": "Total
number of concurrent requests", "unit": "request", "data": {"data_points":
[{"attributes": {}, "start_time_unix_nano": 1686401852303935000, "time_unix_nano":
1686402277495342000, "value": 0 } ], "aggregation_temporality": 2, "is_monotonic":
false } }, ... }
```

이 도구는 여러분이 만든 애플리케이션의 성능을 테스트할 때 유용합니다. 이후에도 이 도구를 계속 사용하겠지만 〈Chapter 11 문제점 분석〉에서 부하 생성을 도와줄 다른 도구들도 살펴볼 것입니다. 요청의 수를 증가시키거나 동시 최대 요청 수를 늘려가면서 애플리케이션이 오작동하도록 높은 부하를 걸어봅시다.

리소스 사용

이번에 수집할 메트릭은 런타임 성능 메트릭runtime performance metric입니다. 애플리케이션 성능 메트릭을 수집하면 다음 질문에 대한 답을 알 수 있습니다.

- 애플리케이션을 작동시키기 위해 필요한 리소스의 규모는 어느 정도인가?
- 6개월 동안 서비스를 운영하기 위해 필요한 예산은 얼마인가?

이 메트릭은 종종 비즈니스 요구 사항이 변경됐을 때 어떤 리소스가 더 필요할지 결정하는 데 도움을 줍니다. 또한 메모리, CPU, 네트워크 대역폭 사용량과 같은 메트릭은 애플리케이션 운영에 드는 비용을 줄여야 하는 상황에서 어디에 시간을 더 쏟아야 하는지 알려줍니다.

> 다음에 살펴볼 예제는 런타임 애플리케이션 메트릭에 특히 집중합니다. 이 메트릭에는 시스템 수준 메트릭이 포함되지 않습니다. 애플리케이션 메트릭과 시스템 메트릭은 근본적으로 다릅니다. 런타임 애플리케이션 메트릭은 애플리케이션별로 기록되어야 하지만 시스템 수준 메트릭은 전체 시스템에 대해 한 번만 기록됩니다. 같은 시스템에서 다수의 애플리케이션이 작동하고 있을 때 시스템 수준의 메트릭을 보고하는 것은 문제가 될 소지가 있습니다. 시스템 성능 메트릭이 중복 집계될 수 있으므로 메트릭 전송이나 분석 시에 중복된 데이터를 반드시 제거해야 합니다. 또한 시스템 메트릭을 조회하는 것은 리소스를 많이 사용하는 비싼 작업이기 때문에 불필요하게 여러 번 메트릭을 수집하면 시스템에 부담이 됩니다.

수집할 런타임 메트릭을 찾을 때 선택할 수 있는 옵션들이 많습니다. 우선 비동기 게이지를 이용해 측정할 메모리 사용량memory consumption을 기록해봅시다. 파이썬 환경에서 메모리 통계를 측정하기 위해 사용할 수 있는 한 가지 도구는 표준 라이브러리에 탑재되어 있습니다. 표준 라이브러리의 리소스 패키지[102]는 애플리케이션 프로세스의 메모리 사용량 정보를 제공합니다. 그 외에도 psutil[103]과 같은 서드파티 라이브러리를 이용하면 애플리케이션 프로세스의 리소스 활용과 관련된 더 자세한 정보를 얻을 수 있습니다. psutil은 CPU, 디스크, 네트워크 사용량 등의 정보를 수집하는 훌륭한 패키지입니다.

이 메트릭을 수집하기 위한 구현은 시스템의 모든 애플리케이션에서 동일하기 때문에 콜백을 위한 코드는 common.py에 작성합니다. 다음 예제는 record_max_rss_callback 메서드를 만들어 애플리케이션의 최대 RSS[104]를 기록합니다. 또한 비동기 게이지를 생성하는 편리한 메서드인 start_recording_memory_metrics도 정의합니다.

common.py

```
...
import resource
from opentelemetry.metrics import Observation
```

---

102 https://docs.python.org/3/library/resource.html

103 https://psutil.readthedocs.io/

104 프로세스에 할당된 RAM 용량을 뜻합니다.

```python
def record_max_rss_callback(result):
    yield Observation(resource.getrusage(resource.RUSAGE_SELF).ru_maxrss)

def start_recording_memory_metrics(meter):
    meter.create_observable_gauge(
        callbacks=[record_max_rss_callback],
        name="maxrss",
        unit="bytes",
        description="Max resident set size",
    )
```

이어서 시스템의 각 애플리케이션(shopper.py, legacy_inventory.py, grocery_store.py)에 start_recording_memory_metrics 메서드를 호출하는 코드를 추가합니다.

shopper.py

```python
from common import start_recording_memory_metrics

...

if __name__ == "__main__":
    start_recording_memory_metrics(meter)
    visit_store()
```

각 애플리케이션에 코드를 추가하고 리로드하면 각 애플리케이션은 다음과 같은 값을 출력합니다.

출력

{"resource_metrics": [... {"name": "maxrss", "description": "Max resident set size", "unit": "bytes", "data": {"data_points": [{"attributes": {}, "start_time_unix_nano": 0, "time_unix_nano": 1686386812256662000, "value": 27672576 }] } } ... }

이와 마찬가지로 애플리케이션에 관한 메모리 원격 측정도 가능합니다. 애플리케이션에 다른 사용량 메트릭도 추가해보고 앞서 소개했던 psutil과 같은 라이브러리를 이용해 여러분의 서비스에 대한 원격 측정을 확대해보기 바랍니다.

지금까지 grocery-store 애플리케이션에 추가한 메트릭은 완벽하지 않습니다. 코드를 계측하고 계측기에 익숙해지는 것은 애플리케이션 측정 작업을 시작하는 출발점에 불과합니다.

정리하기

Chapter 5에서는 메트릭 시그널에 관한 기본 사항을 배웠습니다. 메트릭 파이프라인의 많은 컴포넌트, 용어, 구성 방법에 익숙해지고 측정값을 기록할 때 사용할 수 있는 다양한 계측기의 입력과 출력을 살펴봤으며 각 계측기를 활용해 메트릭 샘플도 기록했습니다.

또한 뷰를 이용하여 애플리케이션이 생성한 메트릭 스트림을 목적에 맞게 집계, 필터링, 커스터마이징하는 방법을 배웠습니다. 뷰는 측정 라이브러리를 활용하기 시작하면 더 유용해질 것입니다. 그리고 마지막에는 다시 grocery-store 애플리케이션으로 돌아가 애플리케이션을 계측하고 실제 메트릭을 수집했습니다.

메트릭은 상당히 깊이 있는 주제이기 때문에 여기서 배운 것만으로는 충분치 않습니다. 하지만 어떻게 OpenTelemetry를 여러분의 코드에 사용할 것인지를 고민해볼 수 있는 기회가 되었을 거라 생각합니다. Chapter 6에서는 세 가지 시그널의 마지막 순서인 로그를 살펴보겠습니다.

로그: 이벤트 포착

메트릭과 추적은 클라우드 네이티브 애플리케이션의 작동과 복잡성을 이해하는 데 큰 도움이 됩니다. 하지만 단순히 추가적인 정보를 로그로 남기는 것이 애플리케이션 디버깅 시 더 유용한 경우도 있습니다. 로그는 추적이나 메트릭보다 유연하고 자유롭게 정보를 기록할 수 있게 해줍니다. 그런데 이런 유연성은 훌륭한 것인 동시에 끔찍한 것이기도 합니다. 유연성은 모든 요구 사항에 맞춰 자연어로 로그를 남길 수 있게 해주기 때문에 일반적으로 로그를 보는 사람이 내용을 더 쉽게 해석할 수 있습니다. 하지만 유연성을 남용하면 로그가 엉망이 되어 검색하기 어려울 뿐만 아니라 의미 있는 방식으로 정보를 집계하기 어려워집니다.

Chapter 6에서는 OpenTelemetry가 로그에 관한 숙제를 풀어나가는 방법을 살펴보고 애플리케이션이 만든 원격 측정 데이터를 어떤 방식으로 개선할 수 있는지 알아봅니다. 구체적으로 다음과 같은 내용을 다룹니다.

- OpenTelemetry를 이용한 로그 추출
- OpenTelemetry API를 통한 로그 생성과 표준 로깅 라이브러리
- grocery-store 애플리케이션에 대한 실전 시그널 로깅

또한 파이썬을 이용한 표준 로깅과 Flask 프레임워크 환경에서의 로깅에 관해 배우고 계측 라이브러리를 사용할 것입니다. 본격적인 내용을 살펴보기 전에 필요한 것들이 준비되었는지 점검해봅시다.

6.1 환경 설정

〈Chapter 4 분산 추적〉을 학습했다면 지금 살펴볼 내용들이 익숙할 것입니다. 여러분의 작업 환경에 설치된 파이썬이 적어도 3.6 버전 이상인지 확인하기 위해 다음 명령을 실행합니다.

```
$ python --version
$ python3 --version
```

OpenTelemetry API와 SDK 패키지는 다음과 같이 `pip` 명령을 사용해 설치할 수 있습니다. 책에서 사용한 `opentelemetry-api`와 `opentelemetry-sdk` 패키지의 버전은 1.18.0입니다. 실습이 원활하지 않은 경우 책에서 사용한 버전과 동일한 버전의 패키지를 설치하기 바랍니다.

```
$ pip install opentelemetry-api==1.18.0 \
        opentelemetry-sdk==1.18.0 \
        opentelemetry-propagator-b3==1.10.0
```

> Chapter 6의 OpenTelemetry 예제들은 OpenTelemetry 시그널 로깅의 시험 버전 릴리스에 영향을 받습니다. 다시 말하자면 여러분이 이 책을 읽고 있는 시점에 업데이트된 패키지가 다른 패키지로 옮겨졌을 수도 있습니다. 릴리스마다 제공되는 릴리스 노트[105]를 통해 패키지의 위치가 바뀌지 않았는지 확인할 수 있습니다.

추가로 OpenTelemetry 파이썬 커뮤니티가 만들고 배포하는 계측 패키지도 사용합니다. 이 계측 패키지는 `grocery-store` 애플리케이션의 한 축을 담당하는 Flask 애플리케이션에 로깅 기능을 추가할 때 도움이 됩니다. 다음의 `pip` 명령을 사용해 계측 패키지를 설치합니다.

```
$ pip install opentelemetry-instrumentation-wsgi==0.39.b0
```

---

105 *https://github.com/open-telemetry/opentelemetry-python/releases*

예제 코드는 GitHub 저장소에서 다운로드할 수 있습니다. 다음과 같이 git 명령으로 저장소를 로컬 작업 환경에 복제합니다.

```
$ git clone https://github.com/PacktPublishing/Cloud-Native-Observability
```

코드의 완성된 버전은 chapter06 폴더에 위치해 있습니다. 코드를 직접 작성할 것이라면 chapter04 폴더의 파일을 복사해 사용하면 됩니다.

마지막으로 grocery-store 애플리케이션이 사용하는 라이브러리를 설치합니다. 역시 pip 명령을 사용해 설치할 수 있습니다.

```
$ pip install flask==2.3.2 requests 2.31.0
```

이제 여러분은 로깅을 시작할 준비가 되었습니다!

6.2 OpenTelemetry 로깅 설정

〈Chapter 4 분산 추적〉과 〈Chapter 5 메트릭〉에서 다루었던 두 가지 시그널과 달리 Open Telemetry 로그 시그널은 로깅 인터페이스 표준화에는 크게 관심이 없습니다. Open Telemetry 초기에 이미 많은 언어들이 가지고 있는 로깅 API를 활용하기로 결정했기 때문입니다. OpenTelemetry는 로그를 만들 수 있는 API를 제공하지만 로그 시그널은 각 언어의 로깅 기능을 활용하고자 합니다. OpenTelemetry는 만들어진 로그를 보강하고 다른 시그널과 로그의 관계를 만드는 메커니즘을 제공하는 데 집중했습니다. [그림 6-1]은 로깅 파이프라인을 구성하는 컴포넌트를 나타냅니다.

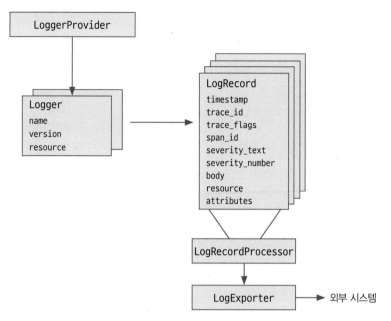

그림 6-1 로깅 파이프라인

이 컴포넌트들이 결합하여 LogRecord를 생성하고 외부 시스템으로 로그를 내보냅니다. 로깅 파이프라인은 다음과 같은 요소로 구성됩니다.

- **LoggerProvider**: 하나 이상의 Logger를 생성하는 메커니즘을 제공합니다.
- **Logger**: LogRecord 데이터를 생성합니다.
- **LogRecordProcessor**: LogRecord를 처리해 만든 데이터를 백엔드 시스템으로 전송하기 위해 Logger로 넘깁니다.

우선 다른 OpenTelemetry 시그널과 마찬가지로 프로바이더를 설정해야 합니다. 다음은 SDK를 이용해 LoggerProvider를 생성한 뒤 리소스 인자로 리소스를 전달하고 set_logger_provider 메서드를 이용해 전역 Logger로 설정하는 코드입니다.

logs.py

```
from opentelemetry.sdk._logs import LoggerProvider
from opentelemetry._logs import set_logger_provider
```

```python
from opentelemetry.sdk.resources import Resource

def configure_logger_provider():
    provider = LoggerProvider(resource=Resource.create())
    set_logger_provider(provider)
```

Logger만 단독으로 설정해서는 원격 측정 데이터를 생성할 수 없습니다. Logger와 함께 LogRecordProcessor와 LogExporter가 준비되어야 합니다. 그리고 LogRecord의 배치 처리를 담당할 BatchLogRecordProcessor와 로깅 정보를 콘솔로 출력해줄 ConsoleLogExporter도 추가합니다.

logs.py

```python
from opentelemetry.sdk._logs.export import ConsoleLogExporter, BatchLogRecordProcessor
from opentelemetry.sdk._logs import LoggerProvider
from opentelemetry._logs import set_logger_provider
from opentelemetry.sdk.resources import Resource

def configure_logger_provider():
    provider = LoggerProvider(resource=Resource.create())
    set_logger_provider(provider)
    exporter = ConsoleLogExporter()
    provider.add_log_record_processor(BatchLogRecordProcessor(exporter))
```

6.3 로그 생성

앞서 살펴본 시그널의 패턴에 따라 로그 생성기 인스턴스를 생성해 로깅을 시작할 준비를 해야겠죠? 자, 꼭 그럴 필요는 없습니다. 왜 그런지 살펴봅시다.

Logger

메트릭과 추적에서 사용한 메서드로 OpenTelemetry API가 로그를 생성하게 하는 Logger를 얻을 수 있습니다. 다음 예제는 get_logger 메서드를 이용해 Logger를 얻는 방법을 보여줍니다.

logs.py

```python
from opentelemetry._logs import (
    set_logger_provider,
    get_logger_provider,
)
from opentelemetry.sdk._logs import LoggerProvider

...

if __name__ == "__main__":
    configure_logger_provider()
    logger = get_logger_provider().get_logger(
        "shopper",
        "0.1.2",
    )
```

Logger를 생성했으면 이어서 LogRecord를 생성합니다. LogRecord는 다음과 같은 정보를 포함합니다.

- **timestamp**: 나노초(ns)로 표기된 LogRecord에 관한 시간 정보
- **trace_id**: 16진수로 인코딩된 LogRecord에 관한 추적 식별자(관련된 식별자가 더 있을 수 있으며, 스팬 식별자와 추적 플래그는 잠시 후에 다룸)
- **span_id**: 16진수로 인코딩된 LogRecord에 관한 스팬 식별자
- **trace_flags**: LogRecord가 생성된 시점의 활성 추적에 관한 추적 플래그
- **severity_text**: 심각도를 나타내는 문자열
- **severity_number**: 심각도를 나타내는 값
- **body**: 기록된 로그 메시지의 내용
- **resource**: LogRecord 생산자와 관련된 리소스
- **attributes**: 키-값 형태로 표시되는 LogRecord와 관련된 추가 정보

각 필드는 생성자^{constructor}의 인자로 전달되며 모두 선택 사항입니다. 다음 예제는 최소한의 정보를 이용해 LogRecord를 생성하고, 방출할 로그 엔트리 생성을 요청합니다.

logs.py

```python
import time
from opentelemetry.sdk._logs import (
    get_logger_provider,
    set_logger_provider,
)

from opentelemetry.sdk._logs import LoggerProvider, LogRecord
...
if __name__ == "__main__":
    configure_logger_provider()
    logger = get_logger_provider().get_logger(
        "shopper",
        "0.1.2",
    )
    logger.emit(
        LogRecord(
            timestamp=time.time_ns(),
            body="first log line",
        )
    )
```

여기까지 완료되었다면 여러분은 로그를 볼 수 있습니다. 출력은 다음과 같습니다.

logs.py 출력

```
{"body": "first log line", "name": null, "severity_number": "None", "severity_
text": null, "attributes": null, "timestamp": 1630814115049294000, "trace_id": "",
"span_id": "", "trace_flags": null, "resource": ""}
```

출력에는 무슨 일이 발생한 것인지 알 수 있을 만큼 충분한 정보가 담겨 있지 않습니다. 로그 엔트리와 관련된 가장 중요한 정보는 심각도입니다. OpenTelemetry 규격은 [표 6-1]과 같이 6개의 심각도 그룹으로 구분되는 24가지 로그 수준을 정의하고 있습니다.

표 6-1 OpenTelemetry의 로그 심각도 범위

심각도 범위	범위 이름	의미
1–4	TRACE	디버깅 이벤트 세부 정보(보통 기본 설정에서는 비활성화되어 있음)
5–8	DEBUG	디버깅 이벤트 정보
9–12	INFO	정보성 이벤트(이벤트 발생 여부만 전달함)
13–16	WARN	경고 이벤트(오류는 아니지만 정보성 이벤트보다 중요함)
17–20	ERROR	오류 이벤트(무언가 잘못되었을 때 발생함)
21–24	FATAL	애플리케이션 또는 시스템 중지와 같은 치명적인 오류 이벤트

심각도를 결정하면 해당 수준보다 더 심각한 로그 수준이 모두 보고됩니다. 우리가 생성하는 LogRecord의 심각도가 적절한지 확인해봅시다.

logs.py

```python
from opentelemetry._logs.severity import SeverityNumber

if __name__ == "__main__":
    ...
    logger.emit(
        LogRecord(
            timestamp=time.time_ns(),
            body="first log line",
            severity_number=SeverityNumber.INFO,
        )
    )
```

로그가 생성되면 적어도 로그를 읽는 사람 입장에서 볼 때 로그가 얼마나 중요한지 알 수 있어야 합니다. 코드를 실행하고 출력으로 나오는 심각도를 확인해봅시다.

logs.py 출력

```
{"body": "first log line", "name": null, "severity_number": "<SeverityNumber.INFO:
9>", "severity_text": null, "attributes": null, "timestamp": 1630814944956950000,
"trace_id": "", "span_id": "", "trace_flags": null, "resource": ""}
```

초반에 이야기했던 것처럼 OpenTelemetry 로그 시그널의 주요 목적은 여러 언어별 로깅 API와의 상호 운용성을 보장하는 것입니다. 최소한의 정보를 얻기 위해 우리가 수행한 작업의 양을 고려해보면 분명 더 나은 방법이 있을 것이라고 생각할 수 있는데 실제로 그런 방법이 존재합니다!

표준 로깅 라이브러리

앞서 살펴본 방법 대신 파이썬이 제공하는 표준 로깅 라이브러리를 이용하여 OpenTelemetry 와 상호 작용하면 어떨까요? 파이썬 2.3 버전부터는 로깅 라이브러리를 표준 라이브러리에 포함했으며 Django나 Flask 같은 인기 있는 프레임워크에서도 사용되고 있습니다.

> 파이썬이 제공하는 표준 로깅 라이브러리는 굉장히 강력하고 유연합니다. 파이썬 표준 로깅 라이브러리에 익숙하지 않다면 시간을 내어 꼭 사용해보기 바랍니다. 가장 좋은 지침서는 *python.org*에서 제공하는 공식 문서[106]입니다.

파이썬에 구현된 OpenTelemetry 시그널은 LoggingHandler라는 추가 컴포넌트를 제공합니다. [그림 6-2]는 로깅 파이프라인에서 LoggingHandler가 어디에 위치하는지 보여줍니다.

LoggingHandler는 표준 로깅 라이브러리의 logging.Handler 클래스를 확장하고, 설정된 Logger 를 이용해 로그 레코드를 생성합니다.

가장 먼저 로깅 모듈을 불러옵니다. 그런 다음 getLogger 메서드를 사용하여 표준 Logger 객체 를 생성합니다. 이 객체는 애플리케이션에서 로그를 기록할 일이 생길 때마다 사용됩니다. 마지막으로 LoggingHandler를 logger에 추가하고 경고 메시지를 로그에 기록합니다.

---

106 *https://docs.python.org/3/library/logging.html*

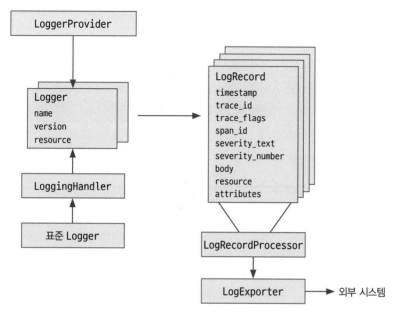

그림 6-2 Logger를 사용한 LoggingHandler의 로그 생성 흐름

logs.py

```python
import logging
from opentelemetry.sdk._logs import (
    get_logger_provider,
    set_logger_provider,
)
from opentelemetry.sdk._logs import LoggerProvider, LogRecord, LoggingHandler

if __name__ == "__main__":
    ...
    logger = logging.getLogger(__file__)
    handler = LoggingHandler()
    logger.addHandler(handler)
    logger.warning("second log line")
```

이전 예제와 비교했을 때 정보의 생성 과정이 어떻게 다른지 살펴봅시다. 대부분의 필드는 편의를 위해 자동으로 채워집니다.

- 타임스탬프(timestamp)는 현재 시간으로 설정됩니다.

- 심각도 값(severity_number)과 심각도 범위(severity_text)는 로그를 기록하기 위해 사용된 메서드에 따라 설정됩니다. 여기서는 warning 메서드를 사용했으므로 심각도는 WARNING으로 설정됩니다.

- 추적 정보(trace_id)와 스팬 정보(span_id)는 현재 컨텍스트로부터 정보를 획득해 설정합니다. 예제에는 추적을 시작하기 위한 코드가 없기 때문에 아마도 이 필드에는 유효하지 않은 값이 설정되었을 것입니다.

- 리소스 데이터는 LoggerProvider를 통해 설정됩니다. 이는 데이터 생성 관점에서 볼 때 상당히 개선된 방식입니다.

logs.py 출력

```
{"body": "second log line", "severity_number": "<SeverityNumber.
WARN: 13>", "severity_text": "WARNING", "attributes": {}, "timestamp":
"2023-06-10T13:44:03.980914Z", "trace_id": "0x00000000000000000000000000
000000", "span_id": "0x0000000000000000", "trace_flags": 0, "resource":
"BoundedAttributes({'telemetry.sdk.language': 'python', 'telemetry.sdk.name':
'opentelemetry', 'telemetry.sdk.version': '1.18.0', 'service.name': 'unknown_
service'}, maxlen=None)"}
```

복잡한 절차를 거치지 않았으며 로그를 생성하는 데도 표준 라이브러리를 사용했지만 이전보다 데이터가 훨씬 풍부합니다. 하지만 여전히 속성(attributes) 필드에는 유용한 정보가 없으므로 수정해봅시다. LoggingHandler는 표준 LogRecord에 정의된 추가 속성을 살펴본 뒤 속성 사전을 만듭니다. 다음 예제에서는 로깅 시 extra 인자를 전달합니다.

logs.py

```
if __name__ == "__main__":
    ...
    logger.warning("second log line", extra={"key1": "val1"})
```

이전에 살펴봤던 다른 속성 사전과 마찬가지로 예제의 속성 사전도 로그를 남기고 있는 특정 이벤트와 관련된 정보를 반드시 갖고 있어야 합니다. 다음 출력에서 추가된 속성값을 확인할 수 있습니다.

logs.py 출력

```
{"body": "second log line", "severity_number": "<SeverityNumber.WARN: 13>",
"severity_text": "WARNING", "attributes": {"key1": "val1"}, "timestamp":
"2023-06-10T13:45:47.018169Z", "trace_id": "0x00000000000000000000000000
0000000", "span_id": "0x0000000000000000", "trace_flags": 0, "resource":
"BoundedAttributes({'telemetry.sdk.language': 'python', 'telemetry.sdk.name':
'opentelemetry', 'telemetry.sdk.version': '1.18.0', 'service.name': 'unknown_
service'}, maxlen=None)"}
```

표준 Logger를 이용한 마지막 예제를 작성한 다음 앞서 살펴본 코드가 info 메서드를 이용해 로그를 기록하도록 업데이트합니다. 이렇게 하면 Logger를 직접 사용한 예제와 동일한 심각도를 갖게 됩니다.

logs.py

```
import logging
if __name__ == "__main__":
    ...
    logger.info("second log line")
```

코드를 실행해봅시다. 만약 "second log line"을 바디의 값으로 갖는 로그가 보이지 않더라도 걱정할 필요는 없습니다. 이것은 표준 로깅 라이브러리의 기능 때문에 생긴 현상입니다. 파이썬 로깅 모듈은 루트 로거root logger를 만들어 더 세부적인 로거가 설정되지 않은 경우에 사용합니다. 기본적으로 루트 로거는 WARNING 또는 그 이상의 심각도에서 메시지를 로깅하도록 구성됩니다. getLogger를 통해 생성된 모든 로거는 부모 로거의 심각도를 상속받기 때문에 info 수준의 로그 메시지는 표시되지 않습니다. 이 예제는 로거가 제공하는 setLevel 메서드를 호출하여 수정할 수 있습니다.

logs.py

```
if __name__ == "__main__":
    ...
    logger = logging.getLogger(__file__)
    logger.setLevel(logging.DEBUG)
```

```
handler = LoggingHandler()
logger.addHandler(handler)
logger.info("second log line")
```

변경한 코드를 실행하면 다음과 같은 결과를 얻을 수 있습니다.

logs.py 출력

```
{"body": "second log line", "severity_number": "<SeverityNumber.
INFO: 9>", "severity_text": "INFO", "attributes": {}, "timestamp":
"2023-06-10T13:47:31.762358Z", "trace_id": "0x00000000000000000000000000
000000", "span_id": "0x0000000000000000", "trace_flags": 0, "resource":
"BoundedAttributes({'telemetry.sdk.language': 'python', 'telemetry.sdk.name':
'opentelemetry', 'telemetry.sdk.version': '1.18.0', 'service.name': 'unknown_
service'}, maxlen=None)"}
```

루트 로거의 로그 수준을 설정하는 또 다른 방법은 로깅 모듈의 basicConfig 메서드를 사용하는 것입니다. 이를 통해 심각도나 포매팅formatting과 같은 설정을 할 수 있습니다.[107] 만들어진 로깅 라이브러리를 사용하는 것의 다른 장점은 이미 존재하는 애플리케이션의 설정을 약간 변경하는 것만으로 OpenTelemetry 로깅을 활용할 수 있다는 점입니다. 이야기가 나왔으니 grocery-store 애플리케이션으로 돌아가봅시다.

6.4 실전 시그널 로깅

시그널 로깅의 이론적 측면에 어느 정도 익숙해졌다면 실전에 적용해봅시다. grocery-store 애플리케이션에 OpenTelemetry 로깅을 적용하기에 앞서 설정 코드를 common.py 모듈로 옮깁니다.

---

107 *https://docs.python.org/3/library/logging.html#logging.basicConfig*

common.py

```python
import logging
from opentelemetry.sdk._logs.export import ConsoleLogExporter, BatchLogRecordProcessor
from opentelemetry._logs import (
    set_logger_provider,
    get_logger_provider,
)
from opentelemetry.sdk._logs import LoggerProvider, LogRecord, LoggingHandler

def configure_logger(name, version):
    provider = LoggerProvider(resource=Resource.create())
    set_logger_provider(provider)
    exporter = ConsoleLogExporter()
    provider.add_log_record_processor(BatchLogRecordProcessor(exporter))
    logger = logging.getLogger(name)
    logger.setLevel(logging.DEBUG)
    handler = LoggingHandler()
    logger.addHandler(handler)
    return logger
```

코드를 옮겼다면 앞서 추적기와 미터를 얻은 것과 같은 방식으로 로거를 획득할 수 있습니다. 다음 코드는 configure_logger 메서드로 로거를 초기화하도록 shopper 애플리케이션을 업데이트합니다. 그런 다음 add_item_to_cart 메서드가 print 구문 대신 logger.info를 사용하도록 업데이트합니다.

shopper.py

```python
from common import configure_tracer, configure_meter, configure_logger

tracer = configure_tracer("shopper", "0.1.2")
meter = configure_meter("shopper", "0.1.2")
logger = configure_logger("shopper", "0.1.2")

@tracer.start_as_current_span("add item to cart")
def add_item_to_cart(item, quantity):
    span = trace.get_current_span()
    span.set_attributes(
        {
            "item": item,
            "quantity": quantity,
```

```
        }
    )
    logger.info("add {} to cart".format(item))
```

새로운 터미널 창을 하나 더 열고 다음 명령을 입력해 grocery-store, legacy-inventory, shopper 애플리케이션을 실행해봅시다.

```
$ python legacy_inventory.py
$ python grocery_store.py
$ python shopper.py
```

명령 실행 시 출력되는 결과에 주목합시다. 로거 설정에 문제가 없다면 다음과 비슷한 결과를 보게 됩니다.

출력

```
{"body": "add orange to cart", "severity_number": "<SeverityNumber.
INFO: 9>", "severity_text": "INFO", "attributes": {}, "timestamp":
"2023-06-10T13:50:39.828552Z", "trace_id": "0xa449a5072f739f0250b7f868e1
7f2020", "span_id": "0xa097d82f669d0222", "trace_flags": 1, "resource":
"BoundedAttributes({'telemetry.sdk.language': 'python', 'telemetry.sdk.name':
'opentelemetry', 'telemetry.sdk.version': '1.18.0', 'service.name': 'unknown_
service'}, maxlen=None)"}
```

이 예제는 로거를 처음 접할 때 개념을 이해하기에 좋습니다. 이제 이 로그 정보를 추적 정보와 어떻게 관련지을 수 있는지 살펴봅시다.

분산 추적과 로그

앞서 살펴본 것처럼 LogRecord 클래스는 스팬과 추적 식별자뿐만 아니라 추적 플래그를 위한 필드를 갖습니다. 이러한 필드들은 사용자가 특정 추적과 스팬을 로그와 관련지을 수 있게 해 주며, 이를 통해 애플리케이션이 운영 환경에서 무슨 일을 하고 있는지 더 잘 이해할 수 있습니다. 원격 측정 데이터 간의 관계를 찾아내는 작업은 서로 다른 출처에서 수집된 데이터를 짜맞추기 위한 메커니즘으로, 타임스탬프를 이용해 끊임없이 이벤트를 검색하는 작업을 수반합니다. 다만 이런 방식은 다음과 같은 이유로 인해 사용하는 데 어려움이 있습니다.

- 동일한 시스템에서 많은 연산이 동시에 수행되기 때문에 어떤 연산이 이벤트를 발생시켰는지 알아내기 어렵습니다.
- 분산 시스템 환경에서는 더 많은 연산이 수행되며 동시에 연산이 수행되기 때문에 이벤트 식별이 더 어려워집니다.
- 시스템마다 시간 정보기 디를 수 있습니다. 즉, 시스템별로 타임스탬프 값이 다른 경우가 많습니다.

이러한 문제에 대응하기 위해 개발된 메커니즘은 각 이벤트에 대해 고유한 이벤트 식별자를 만들고 이 식별자를 기록된 모든 로그에 추가합니다. 이 메커니즘을 채택할 때 고려할 점은 반드시 전체 시스템에 걸쳐 이 정보가 전파되어야 한다는 점입니다. 이것은 OpenTelemetry의 추적 식별자가 하는 일과 정확히 일치합니다. [그림 6-3]과 같이 추적 식별자와 스팬 식별자는 로그가 기록되도록 하는 특정 연산을 정확히 찾아낼 수 있습니다.

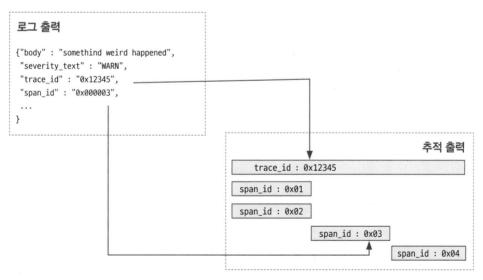

그림 6-3 로그와 추적의 관계

이전 예제의 출력으로 돌아가봅시다. 출력은 로그와 함께 연산의 이름과 식별자를 포함하는 추적을 보여줍니다. 출력 결과에서 로그가 기록되도록 하는 연산을 찾을 수 있는지 살펴봅시다.

로그 출력

{"body": "add orange to cart", "severity_number": "<SeverityNumber.
INFO: 9>", "severity_text": "INFO", "attributes": {}, "timestamp":
"2023-06-10T13:50:39.828552Z", "trace_id": "0xa449a5072f739f0250b7f868e1
7f2020", "span_id": "0xa097d82f669d0222", "trace_flags": 1, "resource":
"BoundedAttributes({'telemetry.sdk.language': 'python', 'telemetry.sdk.name':
'opentelemetry', 'telemetry.sdk.version': '1.18.0', 'service.name': 'unknown_
service'}, maxlen=None)"}

추적 출력

{
    "name": "web request",
    "context": {
        "trace_id": "0xa449a5072f739f0250b7f868e17f2020",
        "span_id": "0xd4ce5d4e711e0337",
        "trace_state": "[]"
    },
    ...
}
{
    "name": "add item to cart",
    "context": {
        "trace_id": "0xa449a5072f739f0250b7f868e17f2020",
        "span_id": "0xa097d82f669d0222",
        "trace_state": "[]"
    },
    ...
}
{
    "name": "browse",
    "context": {
        "trace_id": "0xa449a5072f739f0250b7f868e17f2020",
        "span_id": "0x77cd54f5d0a86af5",
        "trace_state": "[]"
    },
    ...
}
{
    "name": "visit store",

```
    "context": {
        "trace_id": "0xa449a5072f739f0250b7f868e17f2020",
        "span_id": "0xb49ef469396c1e68",
        "trace_state": "[]"
    },
    ...
}
```

상품을 장바구니에 넣는 작업이 로그가 기록되도록 한 것이라고 추측했나요? 그렇다면 제대로 추측한 것입니다. 이 예제는 여러분에게 꽤 익숙하고 단순한 코드지만 익숙하지 않은 시스템에서 이러한 정보가 얼마나 유용할지 상상해보세요. 로그 레코드와 관련된 분산 추적이 제공하는 정보를 사용하면 문제를 더 빠르게 해결할 수 있습니다.

시스템의 다른 애플리케이션에서는 OpenTelemetry 로깅을 어떤 방법으로 이용하는지 살펴봅시다.

Flask를 이용한 OpenTelemetry 로깅

〈Chapter 5 메트릭〉에서 살펴본 것처럼 Flask를 비롯한 많은 파이썬 프레임워크는 파이썬이 제공하는 표준 로깅 라이브러리를 사용합니다. 따라서 Flask 환경과 유사하게 grocery-store 애플리케이션에 대한 OpenTelemetry 구성을 설정할 수 있습니다.

다음 예제는 로깅 파이프라인을 설정하기 위해 configure_logger를 불러옵니다. 이후 로깅 모듈이 제공하는 dictConfig 메서드를 이용해 LoggingHandler를 루트 로거에 추가한 다음 심각도를 DEBUG로 설정하여 모든 로그가 출력되도록 합니다. 운영 환경 설정에서는 이 항목을 하드 코딩하지 않고 설정 가능한 옵션으로 제공합니다. 이렇게 하면 디버그 수준을 조절하여 비용을 절약할 수 있습니다.

grocery_store.py

```
from logging.config import dictConfig
from common import (
    configure_meter,
```

```
    configure_tracer,
    configure_logger,
    set_span_attributes_from_flask,
    start_recording_memory_metrics,
)
tracer = configure_tracer("grocery-store", "0.1.2")
meter = configure_meter("grocery-store", "0.1.2")
logger = configure_logger("grocery-store", "0.1.2")

dictConfig(
    {
        "version": 1,
        "handlers": {
            "otlp": {
                "class": "opentelemetry.sdk._logs.LoggingHandler",
            }
        },
        "root": {"level": "DEBUG", "handlers": ["otlp"]},
    }
)
app = Flask(__name__)
```

shopper.py를 실행하거나 curl 명령으로 grocery-store 애플리케이션에 요청이 전달되는지 확인하고 서버의 출력 내용을 살펴봅시다. 출력의 첫 번째 행은 OpenTelemetry를 이용하도록 변경하기 전의 출력이고 두 번째 행은 변경한 후의 출력입니다.

grocery_store.py 출력

```
127.0.0.1 - - [10/Jun/2023 23:35:28] "GET /products HTTP/1.1" 200 -
{"body": "127.0.0.1 - - [10/Jun/2023 23:35:28] \"GET /products HTTP/1.1\" 200
-", "severity_number": "<SeverityNumber.INFO: 9>", "severity_text": "INFO",
"attributes": {}, "timestamp": "2023-06-10T14:35:28.449807Z", "trace_id": "0x0000
00000000000000000000000000000", "span_id": "0x0000000000000000", "trace_flags": 0,
"resource": "BoundedAttributes({'telemetry.sdk.language': 'python', 'telemetry.
sdk.name': 'opentelemetry', 'telemetry.sdk.version': '1.18.0', 'service.name':
'unknown_service'}, maxlen=None)"}
```

변경한 후의 출력 본문에는 변경 전 출력 메시지가 포함되어 있으며 추가 정보들도 있습니다. 자세히 살펴보면 여전히 span_id, trace_id, trace_flags 정보가 누락되어 있습니다. 요청이 처리되는 도중 요청의 컨텍스트가 소실된 것 같으니 수정해야 합니다. 여기서 한 가지 혼란스러운 점은 이미 `before_request`와 `teardown_request`를 처리하기 위해 사전에 정의된 혹이 있다는 점인데 이론상 이를 통해 추적 정보를 알 수 있어야 합니다. 그러나 우리가 보고 있는 로그 레코드는 Flask 애플리케이션이 아닌 Flask의 내장 웹 서버(wsgi)가 생성한 것이며, Flask가 요청이 처리됐음을 인식하면 로그 레코드가 생성됩니다. 직접 미들웨어를 생성하여 이 문제를 해결할 수도 있지만 다행히도 그렇게까지 할 필요는 없습니다.

WSGI 미들웨어를 이용한 로깅

OpenTelemetry 커뮤니티는 Flask 내장 서버와 같이 웹 서버 게이트웨이 인터페이스^{Web Server Gateway Interface}(WSGI)[107]와 호환되는 구현을 사용하는 애플리케이션 계측 지원 패키지를 제공합니다. `opentelemetry-instrumentation-wsgi` 패키지는 요청 처리 중에 추적 정보를 생성할 수 있는 적절한 메커니즘과 연결되는 미들웨어를 제공합니다. 다음 코드는 미들웨어를 불러온 다음 Flask 애플리케이션이 활용할 수 있도록 업데이트합니다.

grocery_store.py

```python
from opentelemetry.instrumentation.wsgi import OpenTelemetryMiddleware
...
app = Flask(__name__)
app.wsgi_app = OpenTelemetryMiddleware(app.wsgi_app)
```

이제 애플리케이션에 대한 새로운 요청은 `span_id`, `trace_id`, `trace_flags` 컴포넌트 정보를 볼 수 있게 해줍니다.

grocery_store.py 출력

```
{"body": "127.0.0.1 - - [10/Jun/2023 23:45:47] \"GET /products HTTP/1.1\" 200
-", "severity_number": "<SeverityNumber.INFO: 9>", "severity_text": "INFO",
"attributes": {}, "timestamp": "2023-06-10T14:45:47.533869Z", "trace_id": "0x448e
```

---

107 옮긴이_파이썬 프레임워크로, 웹 애플리케이션이 웹 서버와 통신하기 위한 인터페이스입니다.

1f90acdc35a17cc2701ac2048810", "span_id": "0x4dddca118c4eea7f", "trace_flags": 1, "resource": "BoundedAttributes({'telemetry.sdk.language': 'python', 'telemetry. sdk.name': 'opentelemetry', 'telemetry.sdk.version': '1.18.0', 'service.name': 'unknown_service'}, maxlen=None)"}

미들웨어의 작동 방식과 계측 라이브러리를 활용한 코드 단순화 방법은 〈Chapter 8 Open Telemetry 컬렉터〉에서 자세히 다룹니다. 여기서는 미들웨어가 기록 중인 로그를 통해 추적 정보를 보여준다는 것을 아는 것만으로 충분합니다.

리소스 상관관계

OpenTelemetry 로깅이 원격 측정 데이터를 증강할 때 사용하는 또 다른 데이터는 리소스 속성입니다. 앞서 살펴봤듯이 리소스는 원격 측정의 출처를 알려줍니다. 이를 통해 동일한 리소스에 대해 여러 시그널에서 발생하는 이벤트들의 상관관계를 분석할 수 있습니다.

우리는 〈Chapter 4 분산 추적〉에서 로컬 컴퓨터에 관한 정보를 포함하여 OpenTelemtery 리소스를 생성하는 LocalMachineResourceDetector 클래스를 정의했습니다. 빈 리소스를 생성하는 대신 생성된 리소스를 사용하도록 LoggerProvider를 초기화하는 configure_logger 메서드를 업데이트해봅시다.

common.py

```
def configure_logger(name, version):
    local_resource = LocalMachineResourceDetector().detect()
    resource = local_resource.merge(
        Resource.create(
            {
                ResourceAttributes.SERVICE_NAME: name,
                ResourceAttributes.SERVICE_VERSION: version,
            }
        )
    )
    provider = LoggerProvider(resource=resource)
    set_logger_provider(provider)
    ...
```

코드를 업데이트했으면 shopper.py를 다시 실행하여 로그 레코드에 각 로그에 대한 의미 있는 정보가 포함되어 있는지 살펴봅시다.

```
{"body": "add orange to cart", "severity_number": "<SeverityNumber.
INFO: 9>", "severity_text": "INFO", "attributes": {}, "timestamp":
"2023-06-10T14:47:35.706015Z", "trace_id": "0x5a5e5b4507a7bdaf2ccf6022e5
ab12df", "span_id": "0xa25d4f4c0f3d880e", "trace_flags": 1, "resource":
BoundedAttributes({'telemetry.sdk.language': 'python', 'telemetry.sdk.name':
'opentelemetry', 'telemetry.sdk.version': '1.18.0', 'net.host.name': 'nopd', 'net.
host.ip': '103.5.34.39', 'service.name': 'shopper', 'service.version': '0.1.2'},
maxlen=None)"}
```

출력에는 서비스의 이름과 버전뿐만 아니라 이를 생성한 컴퓨터에 관한 중요한 정보도 있습니다. 분산 시스템 환경에서 이러한 정보는 특정 시스템, 컴퓨팅 노드, 환경, 리전의 문제점을 식별하기 위해 동일한 리소스가 생성한 메트릭과 함께 사용됩니다.

정리하기

Chapter 6에서는 OpenTelemetry가 어떤 시그널의 생성을 돕는지 살펴봤습니다. 수동으로 코드를 계측해보며 원격 측정 방법을 이해하는 것은 관찰 가능성을 개선하기 위한 필수 요소입니다. 원격 측정을 사용하지 않고 시스템이 하는 일을 이해하기란 정말 어렵습니다.

여기서는 OpenTelemetry 환경에서 로깅을 구현하는 목적과 기존 로깅 구현과의 공존 방법을 배웠습니다. 또한 로깅 파이프라인을 설정한 후 OpenTelemetry API를 이용해 로그를 생성하는 방법과 표준 로깅 API를 이용해 로그를 생성하는 방법도 비교했습니다. 그런 다음 grocery-store 애플리케이션으로 돌아가 추적 및 메트릭과 관련지을 수 있는 로그를 살펴봤습니다. 이를 통해 OpenTelemtery 로깅을 활용하여 기존 애플리케이션의 디버깅 로그 구문을 개선하는 방법을 이해했습니다. 마지막으로 계측 라이브러리들이 어떻게 운영 환경에서의 원격 측정을 더 쉽게 만드는지 가볍게 살펴봤습니다. 여기서 다룬 내용을 토대로 Chapter 7에서는 계측 라이브러리를 활용해 grocery-store 애플리케이션의 로깅을 자세히 살펴봅시다.

계측 라이브러리

OpenTelemetry API의 입력과 출력을 이해하면 코드를 수동으로 계측할 때 큰 도움이 됩니다. 그런데 수동 코드 계측에 필요한 작업량을 줄이면서 코드가 수행하는 일에 관한 가시성을 확보할 수 있다면 어떨까요? 〈Chapter 3 자동 계측〉에서 살펴본 것처럼 OpenTelemetry의 목적은 최소 비용으로 개발자가 자신이 만든 애플리케이션을 계측할 수 있게 하는 것입니다. 계측 라이브러리를 자동 계측과 함께 사용하면 개발자는 API를 따로 배우지 않고도 OpenTelemetry 커뮤니티의 노력과 전문성을 활용하여 OpenTelemetry를 시작할 수 있습니다.

Chapter 7에서는 자동 계측의 컴포넌트들이 어떻게 설정되고 계측 라이브러리와 상호 작용하는지 알아봅니다. 또한 계측 라이브러리의 구현을 자세히 살펴봅니다. 이를 통해 마술처럼 보이는 자동 생성된 원격 측정 뒤에 숨겨진 메커니즘을 알 수 있습니다. 구체적으로 다음과 같은 내용을 다룹니다.

- 자동 계측 설정과 자동 계측의 컴포넌트
- requests 라이브러리 계측기
- 자동 설정
- grocery-store 애플리케이션 다시 보기
- Flask 라이브러리 계측기
- 계측 라이브러리 찾기

이러한 내용을 바탕으로 작성한 grocery-store 애플리케이션의 코드를 다시 살펴보면서 코드를 간결하게 바꾸고 생성된 원격 측정 데이터를 관리 및 개선할 것입니다. 그리고 이 과정에서 OpenTelemetry 프로젝트가 지원하는 서드파티 라이브러리의 상세한 내용도 살펴보겠습니다. 이제 작업 환경을 만들어봅시다!

7.1 환경 설정

지금부터 살펴볼 예제 코드의 완성된 버전은 chapter7 폴더에 있습니다. 책의 내용을 따라가면서 코드를 수정하고 싶다면 chapter6 폴더의 코드를 이용하기 바랍니다. 다음 git 명령으로 코드를 다운로드합니다.

```
$ git clone https://github.com/PacktPublishing/Cloud-Native-Observability
$ cd Cloud-Native-Observability/chapter07
```

이제 시스템에 설치된 파이썬 버전이 3.6 이상인지 확인합니다. 다음 명령으로 파이썬 버전을 확인할 수 있습니다.

```
$ python --version
Python 3.8.9
$ python3 --version
Python 3.8.9
```

Chapter 6와 마찬가지로 opentelemetry-api, opentelemetry-sdk, opentelemetry-propagator -b3 패키지를 사용하며, 추가로 opentelemetry-instrumentation, opentelemetry-distro 패키지도 사용합니다. pip 명령을 사용해 필요한 패키지를 설치합니다.

```
$ pip install opentelemetry-api==1.18.0 \
              opentelemetry-sdk==1.18.0 \
```

```
        opentelemetry-instrumentation==0.39.b0 \
        opentelemetry-propagator-b3==1.10.0 \
        opentelemetry-distro==0.39b0
```

그런 다음 애플리케이션에서 사용할 Flask와 requests 라이브러리를 설치합니다. 마지막으로 각 라이브러리가 호출되었을 때 자동 계측을 도와줄 계측 라이브러리를 설치합니다. OpenTelemetry 환경에서 계측 라이브러리가 사용하는 네이밍 컨벤션은 계측 대상이 되는 라이브러리의 이름 앞에 opentelemetry-instrumentation-을 붙이는 것입니다. pip를 이용해 이 패키지들도 함께 설치합니다.

```
$ pip install flask==2.3.2 \
        opentelemetry-instrumentation-flask==0.39.b0 \
        requests==2.31.0 \
        opentelemetry-instrumentation-requests==0.39.b0
```

pip freeze 명령을 사용하면 설치된 패키지를 모두 볼 수 있습니다. 여러분들이 패키지를 설치한 시점에 따라 버전이 다를 수 있으니 실습에 문제가 되는 경우 다음 버전 정보를 참고하기 바랍니다.

```
$ pip freeze | grep opentelemetry
opentelemetry-api==1.18.0
opentelemetry-distro==0.39b0
opentelemetry-instrumentation==0.39b0
opentelemetry-instrumentation-flask==0.39b0
opentelemetry-instrumentation-requests==0.39b0
opentelemetry-instrumentation-wsgi==0.39b0
opentelemetry-propagator-b3==1.10.0
opentelemetry-sdk==1.18.0
opentelemetry-semantic-conventions==0.39b0
opentelemetry-util-http==0.39b0
```

여기서는 opentelemetry-instrumentation 패키지가 제공하는 스크립트인 opentelemetryinstrument와 opentelemetry-bootstrap을 활용합니다. 다음 명령을 사용해 정상적으로 스크립트가 설치되어 사용 가능한지 확인합니다.

```
$ opentelemetry-instrument --help
usage: opentelemetry-instrument [-h]...
$ opentelemetry-bootstrap --help
usage: opentelemetry-bootstrap [-h]...
```

이제 필요한 패키지와 스크립트가 모두 준비되었으니 자동 계측이 실제로 어떻게 작동하는지 살펴봅시다.

7.2 자동 계측 설정

자동 계측의 목표는 가능한 한 빨리 계측을 시작하는 것입니다. 최소한의 코드로 얼마나 빠르게 원격 측정을 시작할 수 있는지 살펴봅시다. 다음 코드는 *https://www.cloudnativeobservability.com* 주소로 웹 요청을 보내고 응답으로 돌아온 HTTP 상태 코드를 출력합니다.

http_request.py

```
import requests

url = "https://www.cloudnativeobservability.com"
resp = requests.get(url)
print(resp.status_code)
```

인터넷 연결에 문제가 없고 요청 대상 URL이 가리키는 서버가 정상적으로 작동하고 있다는 전제하에 코드를 실행하면 200 응답이 출력됩니다.

```
$ python http_request.py
200
```

프로그램이 문제 없이 작동하고 있으니 이제 이 프로그램을 계측해봅시다. 다음 명령은 우리가 만든 애플리케이션을 계측 대상으로 만들기 위해 opentelemetry-instrument 스크립트를 사용합니다. 사용한 명령과 옵션은 잠시 후에 자세히 살펴보겠습니다. 지금은 일단 명령을 실행해봅시다.

```
$ opentelemetry-instrument --traces_exporter console \
                           --metrics_exporter console \
                           --logs_exporter console \
                           python http_request.py
```

모든 것이 예상대로 진행되었다면 다음과 같이 원격 측정 데이터가 포함된 출력을 볼 수 있습니다.

출력

```
200
{
    "name": "HTTP GET",
    "context": {
        "trace_id": "0x953ca1322b930819077a921a838df0cd",
        "span_id": "0x5b3b72c9c836178a",
        "trace_state": "[]"
    },
    "kind": "SpanKind.CLIENT",
    "parent_id": null,
    "start_time": "2023-06-10T17:38:21.331540Z",
    "end_time": "2023-06-10T17:38:22.033434Z",
    "status": {
        "status_code": "UNSET"
    },
    "attributes": {
        "http.method": "GET",
        "http.url": "https://www.cloudnativeobservability.com",
        "http.status_code": 200
    },
    "events": [],
```

```
    "links": [],
    "resource": {
        "telemetry.sdk.language": "python",
        "telemetry.sdk.name": "opentelemetry",
        "telemetry.sdk.version": "1.9.0",
        "telemetry.auto.version": "0.28b0",
        "service.name": "unknown_service"
    }
}
```

굉장히 흥미로운 출력입니다. 계측을 위한 코드를 전혀 작성하지 않았지만 계측 결과가 나왔습니다. 무슨 일이 일어난 것일까요? opentelemetry-instrument 명령이 어떻게 웹 요청에 대한 코드를 계측했는지 알아봅시다.

1 opentelemetry-distro 패키지의 OpenTelemetryDistro 클래스가 정의한 설정 옵션을 불러옵니다.

2 OpenTelemetryConfigurator를 이용해 자동으로 추적, 메트릭, 로그에 대한 원격 측정 파이프라인을 설정합니다. 어떻게 이 설정이 준비되는지는 잠시 후에 명확히 알게 될 것입니다.

3 opentelemetry_instrumentor가 실행 중인 파이썬 환경의 엔트리 포인트를 통해 등록된 계측기 클래스를 순회하면서 사용 가능한 계측 라이브러리를 찾습니다. 순회 과정을 통해 opentelemetry-instrumentation-requests에 정의된 RequestsInstrumentor 클래스를 찾아 로드합니다.

4 계측 라이브러리가 로드되면 GET 요청이 requests 계측 라이브러리에 의해 처리됩니다. 이 라이브러리는 GET 메서드를 호출하기 전에 스팬을 생성합니다.

계측 절차를 그림으로 나타내면 [그림 7-1]과 같습니다.

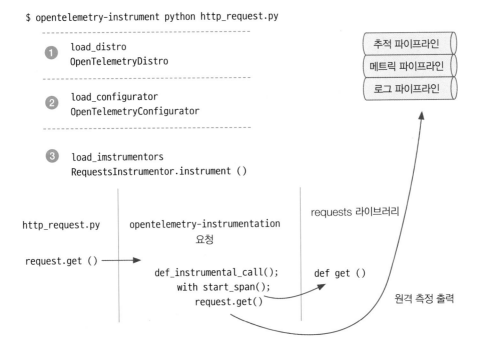

추적 파이프라인
메트릭 파이프라인
로그 파이프라인

http_request.py

request.get ()

opentelemetry-instrumentation
요청

def_instrumental_call();
    with start_span();
        request.get()

requests 라이브러리

def get ()

원격 측정 출력

그림 7-1 opentelemetry-instrument의 자동 계측 절차

원격 측정 파이프라인의 구성은 애플리케이션 코드가 실행되기 전 여러 시점에 엔트리 포인트를 통해 로드되는 몇 가지 메커니즘을 포함합니다. 우리는 〈Chapter 3 자동 계측〉에서 파이썬 패키지가 전역으로 클래스나 메서드를 등록할 수 있는 메커니즘으로 엔트리 포인트[108]를 도입했습니다. 다소 이해하기 어려울 수 있지만 엔트리 포인트와 인터페이스, 그리고 옵션을 선택적으로 조합하여 필요한 구성 프로세스를 만들 수 있습니다.

OpenTelemetry 배포판

구성 프로세스의 첫 번째 단계는 opentelemetry_distro 엔트리 포인트에 등록된 클래스를 로드하는 것입니다. 이 엔트리 포인트는 BaseDistro 인터페이스를 준수하는 클래스를 위해 예약되어 있으며 가능한 한 빨리 구현체가 구성 옵션을 정할 수 있게 합니다. 참고로 distro는

---

108 https://packaging.python.org/specifications/entry-points/

OpenTelemetry가 공식적으로 정의한 개념인 distribution의 줄임말입니다. 기본적으로 distro는 사용자가 자신의 요구 사항에 맞게 OpenTelemetry를 커스터마이징하는 방법으로, OpenTelemetry 배포 및 사용의 복잡도를 줄여줍니다. 예를 들어 OpenTelemetry 파이썬의 기본 설정에는 모든 시그널에 대해 OpenTelemetry 프로토콜 익스포터를 설정하는 것이 포함됩니다. 이는 앞서 언급했던 OpenTelemetryDistro 클래스를 통해 수행됩니다. 다음 코드는 OpenTelemetryDistro 클래스가 어떻게 환경 변수를 설정하여 기본 익스포터를 구성하는지 보여줍니다.

OpenTelemetryDistro 클래스

```python
class OpenTelemetryDistro(BaseDistro):
    """
    OpenTelemetry가 제공하는 Distro는 기본 설정을 제공하고 있어 즉시 사용 가능합니다.
    """
    def _configure(self, **kwargs):
        os.environ.setdefault(OTEL_TRACES_EXPORTER, "otlp_proto_grpc")
        os.environ.setdefault(OTEL_METRICS_EXPORTER, "otlp_proto_grpc")
        os.environ.setdefault(OTEL_LOGS_EXPORTER, "otlp_proto_grpc")
```

사용자는 계측하고자 하는 애플리케이션 환경에 맞게 자동 계측을 할 수 있도록 특정 매개변수들을 미리 정의해둔 배포판을 만들 수 있습니다. 프로토콜, 목적지, 전송 옵션 등이 대표적인 매개변수입니다. BaseDistro 인터페이스를 준수하여 구현된 대표적인 오픈 소스는 저장소[109]에서 확인할 수 있습니다. 옵션이 설정되면 여러분이 구현한 BaseDistro 인터페이스에 대한 엔트리 포인트를 만들고, 이를 패키지로 만든 다음 애플리케이션에 의존성 패키지로 추가합니다. 이렇게 하면 분산 시스템 전체에 일관된 설정을 더 쉽게 배포할 수 있습니다.

OpenTelemetry 설정기

OpenTelemetry 파이썬에서 설정기^{configurator}로 알려져 있는 또 다른 OpenTelemetry 설정 도구를 알아봅시다. 설정기는 distro가 설정에 지정한 모든 컴포넌트를 불러오기 위해 사용

---

109 https://github.com/PacktPublishing/Cloud-Native-Observability/tree/main/chapter7#opentelemetry-distro-implementations

됩니다. 다른 관점에서 보면 distro를 자동차가 어디로 갈지 결정하는 부조종사, 설정기를 운전자로 생각할 수도 있습니다. 즉, 설정기는 OpenTelemetry 설정에 사용되는 확장 가능하고 선언적인 인터페이스입니다. 예상했겠지만 설정기는 엔트리 포인트를 이용한 자동 계측을 통해 로드됩니다. opentelemetry_configurator 엔트리 포인트는 _BaseConfigurator 인터페이스를 준수하는 클래스를 위해 예약되어 있으며, 이 인터페이스를 이용해 원격 측정을 위한 로그, 메트릭, 추적 파이프라인을 준비합니다.

> _BaseConfigurator 클래스 이름에는 앞에 언더스코어(_)가 붙어 있습니다. 이것은 해당 클래스가 아직 파이썬 OpenTelemetry API를 통해 공식 제공되는 것이 아니므로 주의해서 사용해야 한다는 뜻입니다.

OpenTelemetryConfigurator 클래스는 이전 예제에서 로드된 _BaseConfigurator 인터페이스를 구현하고 있으며 opentelemetry-sdk 표준 패키지를 이용해 각 시그널에 대한 원격 측정 파이프라인을 설정합니다. 대부분의 경우 사용자에게 필요한 설정기는 바로 이 설정기입니다. 하지만 다른 SDK를 사용하고자 한다면 해당 SDK를 대신 이용할 수 있도록 별도로 설정기를 구현할 수 있습니다. 여기에는 자동 계측에 사용되는 두 가지 주요 엔트리 포인트가 포함됩니다. 따라서 추가로 사용할 수 있는 엔트리 포인트에 관해 계속 논의할 것입니다. [표 7-1]은 OpenTelemetry 파이썬이 사용하는 엔트리 포인트 및 관련 인터페이스 목록으로, 각 엔트리 포인트가 어떤 목적으로 사용되는지 간략히 기술한 것입니다.

표 7-1 OpenTelemetry 파이썬에서 사용되는 엔트리 포인트

엔트리 포인트 식별자	인터페이스	목적
opentelemetry_distro	BaseDistro	설정기에 대한 설정을 제공합니다. OpenTelemetryDistro는 익스포터가 환경 변수를 통해 OpenTelemetry 프로토콜(OTLP)을 사용하게 합니다.
opentelemetry_instrumentor	Instrumentor	자동 계측이 기본으로 로드한 모든 계측 라이브러리를 등록합니다.
opentelemetry_configurator	Configurator	사용할 수 있는 설정을 적용합니다. OpenTelemetry SDK는 환경 변수로부터 설정을 로드하는 구현을 제공합니다.

opentelemetry_tracer_provider	TracerProvider	사용자가 TraceProvider의 커스텀 구현을 로드할 수 있게 합니다.
opentelemetry_meter_provider	MeterProvider	사용자가 MeterProvider의 커스텀 구현을 로드할 수 있게 합니다.
opentelemetry_logger_provider	LoggerProvider	사용자가 LoggerProvider의 커스텀 구현을 로드할 수 있게 합니다.
opentelemetry_traces_exporter	SpanExporter	자동 계측이 사용할 수 있는 스팬 익스포터를 등록합니다.
opentelemetry_metrics_exporter	MetricExporter	자동 계측이 사용할 수 있는 메트릭 익스포터를 등록합니다.
opentelemetry_logs_exporter	LogExporter	자동 계측이 사용할 수 있는 로그 익스포터를 등록합니다.
opentelemetry_id_generator	IdGenerator	자동 계측이 사용할 수 있는 ID 생성기를 등록합니다.

OpenTelemetryDistro 클래스와 마찬가지로 OpenTelemetryConfigurator 클래스와 부모 클래스도 환경 변수를 이용해 사용자를 위한 OpenTelemetry를 설정할 수 있습니다.

환경 변수

OpenTelemetry는 환경 변수를 통해 여러 프로그래밍 언어가 제공하는 많은 컴포넌트를 설정할 수 있게 합니다. 사용 가능한 변수는 OpenTelemetry 규격에 정의되어 있으며 각 언어 구현이 이러한 변수를 이해하도록 보장합니다. 따라서 사용자가 어떤 언어를 사용하더라도 동일한 설정 옵션을 재사용할 수 있습니다. OpenTelemetry 규격 저장소[110]에서 사용 가능한 모든 옵션을 확인할 수 있으니 전체 목록을 꼭 살펴보기 바랍니다. 일부 변수는 grocery-store 애플리케이션을 리팩터링하는 과정에서 더 자세히 살펴볼 것입니다. 자동 계측이 사용하는 상당수의 환경 변수는 OpenTelemetry 규격이지만 모두 그런 것은 아닙니다. 각 언어별 구현 세부 사항에 따라 다른 언어와 상관없는 추가 변수가 필요할 수 있기 때문입니다. 언어별 환경 변수는 다음과 같은 형식을 따릅니다.

---

110 *https://github.com/open-telemetry/opentelemetry-specification/blob/main/specification/configuration/sdk-environment-variables.md*

```
OTEL_{LANGUAGE}_{FEATURE}
```

파이썬에 특화된 옵션은 앞에 `OTEL_PYTHON_` 문자열이 붙습니다. 따라서 이러한 문자열이 붙은 옵션은 파이썬 환경에서 발견됩니다. 그리고 사용자는 네이밍 컨벤션을 통해 변수의 목적을 예상할 수 있습니다.

커맨드라인 옵션

애플리케이션 코드를 편집하지 않고 OpenTelemetry를 설정할 수 있는 마지막 도구는 `opentelemetry-instrument` 스크립트 사용 시 설정할 수 있는 커맨드라인 인자입니다. 앞선 예제에서 사용했던 커맨드라인 명령을 다시 살펴봅시다.

```
$ opentelemetry-instrument --traces_exporter console \
                           --metrics_exporter console \
                           --logs_exporter console \
                           python http_request.py
```

이 명령은 커맨드라인 인자를 사용하여 추적 익스포터, 메트릭 익스포터, 로그 익스포터의 기본 설정값 대신 콘솔 익스포터를 사용하도록 지정합니다. 커맨드라인에서 사용 가능한 모든 옵션은 `opentelemetry-instrument` 명령에 `--help` 플래그를 추가하여 실행하면 확인할 수 있습니다. 이 옵션들은 환경 변수를 통해 사용할 수 있는 옵션과 동일하며 편의를 위해 조금 더 쉬운 이름을 사용합니다. 커맨드라인 인자의 이름은 접두사로 사용되는 `OTEL_`이나 `OTEL_PYTHON_` 등을 빼고 환경 변수 이름을 소문자로 변경한 형태입니다. [표 7-2]는 몇 가지 환경 변수와 커맨드라인 인자를 나타낸 것입니다.

표 7-2 환경 변수에 상응하는 커맨드라인 인자

환경 변수	커맨드라인 인자
`OTEL_TRACES_EXPORTER`	`--traces_exporter`
`OTEL_PYTHON_METER_PROVIDER`	`--meter_provider`
`OTEL_PYTHON_ID_GENERATOR`	`--id_generator`

지금까지 자동 계측이 어떻게 OpenTelemetry가 원격 측정 데이터를 생성하도록 설정하는지 살펴봤습니다. 그런데 계측된 요청을 어떻게 측정하는 것일까요? 이제부터 requests 라이브러리 계측이 어떻게 작동하는지 알아보겠습니다.

7.3 requests 라이브러리 계측기

계측기 인터페이스는 자동 계측 지원을 위해 필요한 최소 요구 사항을 만족하는 계측 라이브러리를 제공합니다. 따라서 구현체는 _instrument와 _uninstrument를 제공하기만 하면 됩니다. 라이브러리 계측 세부 구현은 계측을 위해 제공하는 메커니즘이 이벤트인지 콜백인지에 따라 다릅니다. 예를 들어 requests 라이브러리 계측에 사용되는 opentelemetry-instrumentation-requests는 requests 라이브러리의 Session.request와 Session.send 메서드에 대한 몽키 패치[111]에 의존적입니다. 이 계측 라이브러리는 다음과 같이 작동합니다.

1 계측해야 하는 라이브러리 호출에 대한 래퍼 메서드를 제공하고, 래퍼를 통해 들어오는 호출을 가로챕니다.
2 라이브러리가 호출되면 OpenTelemetry API의 start_as_current_span 메서드를 호출해 새로운 스팬을 만들고 스팬의 이름이 시맨틱 표기법을 따르는지 확인합니다.
3 컨텍스트 API의 attach 메서드를 통해 요청 헤더에 컨텍스트 정보를 주입하여 추적 정보가 요청의 목적지까지 전파되도록 합니다.
4 목적지에서 온 응답을 읽고 스팬의 set_status 메서드를 이용해 상태 코드를 지정합니다.

> 계측 라이브러리는 잠재적으로 높은 비용이 발생할 수 있는 연산을 피하기 위해 추가 속성이 추가되기 전에 스팬이 기록되고 있는지 확인해야 합니다. 이 작업은 애플리케이션 계측이 진행 중이지 않을 때 애플리케이션에 미치는 영향을 최소화하기 위해 수행됩니다.

---

111 https://en.wikipedia.org/wiki/Monkey_patch

구현에 관한 자세한 내용은 opentelemetry-python-contrib 저장소[112]에서 확인할 수 있습니다. 코드를 살펴보다 보면 계측 라이브러리 생태계에 기여할 수 있는 아이디어를 얻을지도 모릅니다.

추가 설정 옵션

requests 계측 라이브러리는 다음과 같은 추가 설정 옵션을 제공합니다.

- **span_callback**: 스팬에 추가 정보를 주입하는 콜백 메커니즘을 지정할 수 있습니다. 예를 들어 이 매개변수는 사용자가 응답에서 얻은 추가 정보를 스팬에 주입할 수 있게 합니다.
- **name_callback**: requests 계측 라이브러리가 생성한 스팬의 기본 이름은 HTTP {method} 형식으로 표현됩니다. 이 매개변수는 사용자가 필요에 따라 스팬의 이름을 최적화할 수 있게 합니다.
- **excluded_urls**: 서버나 서비스 헬스 체크를 위해 사용되는 URL과 같이 HTTP 목적지 중에는 원격 측정이 필요 없는 것들이 있습니다. 이러한 URL을 콤마로 구분하여 excluded_urls 매개변수로 설정하면 해당 URL은 원격 측정에서 제외됩니다. 이 매개변수를 OTEL_PYTHON_REQUESTS_EXCLUDED_URLS 환경 변수를 이용해 설정할 수도 있고 자동 계측과 함께 사용할 수도 있습니다.

모든 추가 설정 옵션이 자동 계측을 지원하는 것은 아니며, 자동 계측을 사용하지 않고 계측 라이브러리를 사용할 수도 있습니다. 지금부터는 이 방법을 살펴보겠습니다.

계측기의 수동 호출

다음 예제는 앞서 살펴본 예제를 업데이트한 코드로, 추적기를 설정한 뒤 계측 라이브러리를 이용해 requests.get 호출을 측정합니다.

http_request.py

```
import requests

from opentelemetry import trace
from opentelemetry.sdk.trace import TracerProvider
```

---

112 *https://github.com/open-telemetry/opentelemetry-python-contrib/blob/main/instrumentation/ opentelemetry-instrumentation-requests/src/opentelemetry/instrumentation/requests/__init__.py*

```python
from opentelemetry.sdk.trace.export import (
    BatchSpanProcessor,
    ConsoleSpanExporter,
)
from opentelemetry.instrumentation.requests import RequestsInstrumentor

def configure_tracer():
    exporter = ConsoleSpanExporter()
    span_processor = BatchSpanProcessor(exporter)
    provider = TracerProvider()
    provider.add_span_processor(span_processor)
    trace.set_tracer_provider(provider)

configure_tracer()
RequestsInstrumentor().instrument()

url = "https://www.cloudnativeobservability.com"
resp = requests.get(url)
print(resp.status_code)
```

이전 예제보다 확실히 코드의 양이 늘었습니다. 자동 계측에 의존하지 않고 추적 파이프라인을 수동으로 설정하기 때문입니다. opentelemetry-instrument를 호출하지 않고 코드를 실행하기 위해 다음의 명령을 사용합니다.

```
$ python http_request.py
```

코드를 실행하면 이전에 봤던 것과 매우 유사한 원격 측정 결과가 생성되어야 합니다. 다음 출력은 코드 실행 결과의 일부입니다.

http_request.py 출력

```
200
{
    "name": "HTTP GET",
    "context": {
        "trace_id": "0xc2ee1f399911a10d361231a46c6fec1b",
...
```

앞서 살펴본 추가 옵션 설정을 이용하면 생성되는 원격 측정 데이터를 추가로 최적화할 수 있습니다. 다음 예제에서는 스팬의 이름을 최적화하고 생성된 데이터에 다른 속성을 추가합니다. 이 코드는 다음과 같은 절차를 통해 결과를 커스터마이징합니다.

1 rename_span 메서드를 추가해 이름에서 HTTP 접두사를 바꿉니다.

2 add_response_attributes 메서드를 추가해 응답 객체에서 얻은 헤더 정보를 스팬의 속성으로 추가합니다.

3 새로운 기능을 활용하기 위해 호출이 측정되도록 업데이트합니다.

http_request.py

```python
def rename_span(span, request):
    span.update_name(f"Web Request {request.method}")

def add_response_attributes(span, request, response):
    span.set_attribute("http.response.headers", str(response.headers))

configure_tracer()
RequestsInstrumentor().instrument(
    request_hook=rename_span,
    response_hook=add_response_attributes,
)
```

이전 결과와 비교해보면 변경된 코드는 조금 다른 내용을 포함합니다.

http_request.py 출력

```
200
{
    "name": "Web Request GET",
    "attributes": {
        "http.method": "GET",
        "http.url": "https://www.cloudnativeobservability.com",
        "http.status_code": 200,
        "http.response.headers": "{'Connection': 'keep-alive','Content-Length':
'1864', 'Server': 'GitHub.com'
...
```

지금까지 자동 계측을 사용하지 않고 requests 계측 라이브러리를 활용하는 방법을 살펴봤습니다. 자동 계측에서 사용할 수 없었던 유연한 계측 기능은 분명 훌륭하지만 파이프라인을 설정하는 작업이 다소 지루하게 느껴집니다. 다행히도 자동 계측과 계측기 수동 설정을 모두 사용해 최적의 결과를 얻을 수 있는 방법이 존재합니다. 예제에서 설정 관련 코드를 모두 삭제한 후 다음과 같이 코드를 변경해봅시다.

http_request.py

```
import requests

from opentelemetry.instrumentation.requests import RequestsInstrumentor

def rename_span(span, request):
    span.update_name(f"Web Request {request.method}")

def add_response_attributes(span, request, response):
    span.set_attribute("http.response.headers", str(response.headers))

configure_tracer()
RequestsInstrumentor().instrument(
    request_hook=rename_span,
    response_hook=add_response_attributes,
)

resp = requests.get("https://www.cloudnativeobservability.com")
print(resp.status_code)
```

코드를 변경했다면 다음 명령으로 새로운 코드를 실행합니다.

```
$ opentelemetry-instrument --traces_exporter console \
                           --metrics_exporter console \
                           --logs_exporter console \
                           python http_request.py
```

출력을 살펴보면 무언가가 계획대로 되지 않았음을 알 수 있습니다. 출력의 첫 부분에는 다음과 같은 경고 문구가 표시됩니다.

```
Attempting to instrument while already instrumented
```

생성된 원격 측정 데이터를 살펴보면 스팬 이름이 원래의 값으로 바뀌었고 응답 헤더 속성이 빠진 것을 알 수 있습니다. opentelemetry-instrument 스크립트가 애플리케이션 코드를 호출하기 전에 설치된 계측기를 순회한다는 것을 떠올려봅시다. 이것은 애플리케이션 코드가 실행되는 시점에 requests 계측기가 requests 라이브러리를 이미 측정했음을 의미합니다.

이중 계측

많은 계측 라이브러리는 이중 계측을 방지하기 위한 보호 장치를 갖고 있습니다. 대부분의 경우 이중 계측은 개별 원격 측정 데이터가 두 번씩 생성되었다는 것을 의미합니다. 이것은 잠재적인 성능 저하와 같은 비용 관점의 문제부터 원격 측정 데이터의 분석을 어렵게 만드는 것까지 다양한 문제를 일으키는 원인이 됩니다. 이러한 문제를 완화하기 위해 라이브러리가 먼저 계측되지 않도록 할 수 있습니다. 작성한 코드에 다음 메서드를 추가합시다.

http_request.py

```
import requests

from opentelemetry.instrumentation.requests import RequestsInstrumentor
...
RequestsInstrumentor().uninstrument()
RequestsInstrumentor().instrument(
    request_hook=rename_span,
    response_hook=add_response_attributes,
)
```

코드를 다시 실행하면 경고 메시지가 나타나지 않으며 원격 측정 데이터에 우리가 최적화한 내용이 포함되어 있음을 확인할 수 있습니다. 코드도 훨씬 간단해졌습니다. 아주 훌륭합니다! 이제 지금까지 살펴본 것들을 grocery-store 애플리케이션에 어떻게 적용할 수 있는지 살펴봅시다.

7.4 자동 설정

우리는 앞서 새로운 계측을 추가하고 코드를 측정하는 동안 어떤 정보를 더 생성할 수 있는지 살펴봤습니다. 지금부터는 더 적은 양의 코드로 동일한 수준의 원격 측정 데이터를 제공하도록 해볼 것입니다. 가장 먼저 제거할 코드는 common.py 모듈에 작성한 설정 코드입니다. 이전에 살펴본 내용을 떠올려보면 configure_tracer, configure_meter, configure_logger 메서드의 목적은 다음과 같습니다.

- 원격 측정 데이터의 출력 설정
- 원격 측정 데이터를 출력할 목적지와 메커니즘 설정
- 서비스를 식별하기 위한 리소스 정보 추가

앞서 살펴본 것처럼 opentelemetry-instrument 스크립트는 동일한 역할을 수행하는 환경 변수 또는 커맨드라인 인자를 이용해 설정 코드를 제거합니다. 각 시그널에 대한 설정 코드를 검토하고 환경 변수를 이용해 코드를 대체할 때 사용할 수 있는 플래그를 살펴봅시다. 모든 시그널에서 공통된 설정인 리소스 정보부터 시작해봅시다.

리소스 속성 설정

리소스는 원격 측정 데이터의 출처에 관한 정보를 제공합니다. common.py 코드를 살펴보면 시그널을 설정할 때 사용되는 각 메서드가 리소스를 설정할 때도 호출된다는 것을 알 수 있습니다. 코드는 다음과 같습니다.

common.py

```
local_resource = LocalMachineResourceDetector().detect()
resource = local_resource.merge(
    Resource.create(
        {
            ResourceAttributes.SERVICE_NAME: name,
            ResourceAttributes.SERVICE_VERSION: version,
        }
    )
)
```

이 코드는 리소스 감지기를 이용해 리소스의 호스트명과 IP 주소를 자동으로 채웁니다. 현재 파이썬 환경에서 자동 계측의 한계는 리소스 감지기 설정을 지원하지 않는다는 점입니다. 하지만 리소스 감지기의 기능이 제한적이기 때문에 이를 다른 것으로 대체할 수 있는 방법이 제공됩니다. 이 내용은 잠시 후에 살펴보겠습니다. 또한 이 코드는 리소스의 이름과 버전 정보도 추가합니다. 리소스 속성은 [표 7-3]에 표시한 옵션을 사용해 자동 계측되도록 설정할 수 있습니다.

표 7-3 리소스 설정

환경 변수	커맨드라인 인자
OTEL_RESOURCE_ATTRIBUTES	--resource_attributes

[표 7-3]의 커맨드라인 인자는 참고용으로 알아두고 나머지 예제에서는 애플리케이션 실행 시 환경 변수를 사용하겠습니다. 두 방법 중 어느 것을 사용하든 매개변수의 형식은 동일합니다. 다만 OpenTelemetry는 공식적으로는 환경 변수만 지원하고 있으며 이는 여러 구현에 대해 동일하게 적용됩니다.

다음 명령은 앞서 살펴본 코드와 동일한 결과를 만들어내도록 환경 변수만을 사용하여 리소스를 설정하는 방법입니다. 예제는 hostname 시스템 유틸리티를 이용해 현재 호스트명을 추출하고 ipconfig를 이용해 IP 주소를 추출합니다. 각 도구를 호출하는 방법은 여러분이 사용하는 시스템에 따라 다를 수 있습니다.

```
$ OTEL_RESOURCE_ATTRIBUTES="service.name=chap7-Requests-app,
                    service.version=0.1.2,
                    net.host.name='hostname',
                    net.host.ip='ipconfig getifaddr en0'" \
opentelemetry-instrument --traces_exporter console \
                    --metrics_exporter console \
                    --logs_exporter console \
                    python http_request.py
```

출력에는 다음과 같은 내용이 포함됩니다.

출력

```
    "resource": {
        "telemetry.sdk.language": "python",
        "telemetry.sdk.name": "opentelemetry",
        "telemetry.sdk.version": "1.18.0",
        "service.name": "chap7-Requests-app",
        "service.version": "0.1.2",
        "net.host.name": "cloud",
        "net.host.ip": "10.0.0.141",
        "telemetry.auto.version": "0.39b0"
    }
```

이제 우리는 리소스 속성을 이용해 시그널을 설정할 수 있습니다.

추적 설정

다음 코드는 추적 파이프라인 설정을 위해 configure_tracer 메서드를 사용합니다. 우리는 이미 리소스를 설정했기 때문에 리소스 설정 코드가 없다는 점에 주목합시다.

common.py

```
def configure_tracer(name, version):
    exporter = ConsoleSpanExporter()
    span_processor = BatchSpanProcessor(exporter)
    provider = TracerProvider()
    provider.add_span_processor(span_processor)
    trace.set_tracer_provider(provider)
    return trace.get_tracer(name, version)
```

추적이 원격 측정 데이터를 출력하도록 설정하는 데 필요한 주요 컴포넌트는 다음과 같습니다.

- TracerProvider

- SpanProcessor

- SpanExporter

TracerProvider와 SpanExporter는 모두 환경 변수를 이용해 설정할 수 있지만 SpanProcessor 는 불가능합니다.[113] 자동 계측 시 기본으로 BatchSpanProcessor를 이용하는 파이썬용 Open Telemetry SDK는 opentelemetry-distro 패키지와 함께 사용됩니다. BatchSpanProcessor 설정 과 관련된 여러 옵션들도 환경 변수를 이용해 설정할 수 있습니다.

> 대부분의 경우 **BatchSpanProcessor** 사용하는 데 문제가 없지만 애플리케이션에서 별도의 **SpanProcessor** 구현을 사용해야 한다면 커스텀 OpenTelemetry 배포판 패키지를 통해 지정할 수 있습니다. 커스텀 스팬 프로세서는 출력 전에 데이터를 필터링하거나 강화할 수 있습니다

아직 다루지 않은 또 다른 컴포넌트는 샘플러[sampler]로, 〈Chapter 12 샘플링〉에서 다룹니다. 지금은 샘플러 역시 환경 변수를 통해 설정할 수 있다는 점만 기억하면 충분합니다.

[표 7–4]는 추적 파이프라인 설정에서 사용할 수 있는 옵션입니다. 참고로 BSP는 BatchSpan Processor의 약자입니다.

표 7-4 추적 설정

환경 변수	커맨드라인 인자
OTEL_PYTHON_TRACER_PROVIDER	--tracer_provider
OTEL_TRACES_EXPORTER	--traces_exporter
OTEL_TRACES_SAMPLER	--traces_sampler
OTEL_TRACES_SAMPLER_ARG	--traces_sampler_arg
OTEL_BSP_EXPORT_TIMEOUT	--bsp_export_timeout
OTEL_BSP_MAX_EXPORT_BATCH_SIZE	--bsp_max_export_batch_size
OTEL_BSP_MAX_QUEUE_SIZE	--bsp_max_queue_size
OTEL_BSP_SCHEDULE_DELAY	--bsp_schedule_delay

---

113 옮긴이_opentelemetry-instrument의 커맨드라인 인자와 환경 변수는 환경 변수 접두어인 OTEL_ 혹은 OTEL_PYTHON_을 제 외하여 유추할 수 있습니다. 다만, 빠르게 새로운 버전이 배포되고 있어 변화가 많습니다. 여러분의 환경에 설치된 패키지 버전 과 시점에 따라 환경 변수나 커맨드라인 인자로 사용할 수 있는 옵션이 달라질 수 있다는 점에 유의하기 바랍니다.

옵션을 계속 추가하다 보면 애플리케이션 실행을 위한 명령어가 너무 길어져 통제하기 어려워집니다. 이러한 문제를 겪지 않기 위해 export 명령으로 각 옵션을 변수로 선언하는 것이 좋습니다. 다음은 앞서 사용한 OTEL_RESOURCE_ATTRIBUTES 옵션을 변수로 선언하는 명령입니다.

```
$ export OTEL_RESOURCE_ATTRIBUTES="service.name=chap7-Requestsapp, service.
version=0.1.2, net.host.name='hostname', net.host. ip='ipconfig getifaddr en0'"
```

앞선 예제에서 이미 커맨드라인 인자를 통해 익스포터를 선언했습니다. 커맨드라인 인자 대신 환경 변수로 익스포터를 선언하려면 다음과 같은 명령을 사용합니다. 명령에서 console과 sdk는 각각 ConsoleSpanExporter와 OpenTelemetry SDK의 TraceProvider 클래스에 대한 엔트리 포인트입니다.

```
$ OTEL_TRACES_EXPORTER=console \
  OTEL_PYTHON_TRACER_PROVIDER=sdk \
  opentelemetry-instrument --metrics_exporter console \
                           --logs_exporter console \
                           python http_request.py
```

이 명령은 설정 방식을 바꾼 것 외에는 달라진 점이 없습니다. 따라서 출력에서 큰 차이가 보이지 않습니다. 이제 설정이 준비되었으니 메트릭으로 이동해봅시다.

메트릭 설정

다음 configure_meter 메서드 코드에서 볼 수 있는 것처럼 메트릭 설정은 추적 설정과 비슷합니다.

common.py

```
def configure_meter(name, version):
    exporter = ConsoleMetricExporter()
    provider = MeterProvider()
```

```
    set_meter_provider(provider)
    return get_meter_provider().get_meter(
        name=name,
        version=version,
    )
```

메트릭의 규격은 안정화 단계에 진입했습니다. 따라서 자동 계측 및 설정 관련 지원 역시 곧 안정화 단계에 접어들 것으로 예상됩니다. 일단 지금은 사용 가능하고 변경될 가능성이 적은 다음 옵션에만 집중합니다.

- MeterProvider

- MetricExporter

메트릭 파이프라인을 설정할 때 사용할 수 있는 옵션은 [표 7-5]와 같습니다.

표 7-5 메트릭 설정

환경 변수	커맨드라인 인자
OTEL_PYTHON_METER_PROVIDER	--meter_provider
OTEL_METRICS_EXPORTER	--metrics_exporter

다음은 환경 변수를 통해 MeterProvider와 MetricsExporter를 설정하는 명령입니다.

```
$ OTEL_TRACES_EXPORTER=console \
  OTEL_METRICS_EXPORTER=console \
  OTEL_PYTHON_METER_PROVIDER=sdk \
  opentelemetry-instrument --logs_exporter console \
                    python http_request.py
```

이 명령은 시그널을 추적하도록 설정되지 않았기 때문에 그대로 실행하면 오류가 발생합니다. 명시적으로 설정되지 않은 모든 시그널은 기본으로 OpenTelemetry 프로토콜(OTLP) 익스포터를 사용하는데 우리의 시험 환경에는 아직 이 익스포터가 설치되지 않았습니다. 게다가 애플리케이션도 아무런 메트릭을 생성하고 있지 않기 때문에 원격 측정 데이터에서 아무런 변화를 발견할 수 없습니다.

로그 설정

configure_logger 메서드는 다음과 같은 OpenTelemetry 컴포넌트를 설정합니다.

- LoggerProvider
- LogRecordProcessor
- LogExporter

common.py

```
def configure_logger(name, version):
    provider = LoggerProvider()
    set_logger_provider(provider)
    exporter = ConsoleLogExporter()
    provider.add_log_record_processor(BatchLogRecordProcessor(exporter))
    logger = logging.getLogger(name)
    logger.setLevel(logging.DEBUG)
    handler = LoggingHandler()
    logger.addHandler(handler)
    return logger
```

메트릭과 마찬가지로 로그 시그널에 대한 설정과 자동 계측은 여전히 개발 단계입니다. 사용할 수 있는 환경 변수와 커맨드라인 인자는 [표 7-6]과 같습니다.

표 7-6 로깅 설정

환경 변수	커맨드라인 인자
OTEL_LOGS_EXPORTER	--logs_exporter

추적 설정의 스팬 프로세서와 마찬가지로 현재 자동 계측을 통해 로그 프로세서를 설정하는 메커니즘은 존재하지 않습니다. 물론 이는 향후 변경될 수 있습니다.

[표 7-6]에 기재된 옵션을 이용해 다음과 같이 자동 계측을 위한 마지막 시그널을 설정합니다.

```
$ OTEL_TRACES_EXPORTER=console \
  OTEL_METRICS_EXPORTER=console \
  OTEL_LOGS_EXPORTER=console \
  opentelemetry-instrument python http_request.py
```

지금까지 설정한 시그널과 리소스를 바탕으로 grocery-store 애플리케이션을 다시 살펴볼 준비가 거의 다 됐습니다. 이제 마지막으로 전파를 설정해봅시다.

전파 설정

컨텍스트 전파는 분산 시스템에 대해 컨텍스트 정보를 공유할 수 있게 합니다. 〈Chapter 4 분산 추적〉에서 살펴봤던 것처럼 컨텍스트 전파는 여러 가지 메커니즘을 통해 이루어집니다. 애플리케이션이 다양한 전파 형식으로 전파될 수 있도록 OpenTelemetry는 환경 변수를 이용해 전파기를 설정할 수 있게 합니다.

표 7-7 전파기 설정

환경 변수	커맨드라인 인자
OTEL_PROPAGATORS	--propagators

다음 절에서 애플리케이션은 B3와 TraceContext 전파기를 설정해야 합니다. OpenTelemetry는 콤마로 구분된 리스트를 이용하여 여러 개의 전파기를 설정할 수 있게 합니다. 앞서 이야기했던 것처럼 많은 설정 옵션이 존재하기 때문에 환경 변수만으로 설정하는 것은 관리상의 어려움을 야기할 수 있습니다. OpenTelemetry가 설정 파일을 지원할 수 있도록 노력하고 있지만 언제쯤 사용할 수 있을지는 아직 미지수입니다.

앞서 계측했던 코드를 떠올려봅시다. 그리고 그 코드에 설정 및 계측 라이브러리를 활용해봅시다.

7.5 grocery-store 애플리케이션 다시 보기

지금까지 살펴본 자동 계측에 관한 새로운 지식을 바탕으로 grocery-store 애플리케이션을 새롭게 정리할 시간이 되었습니다. 이번 절에서는 원격 측정 데이터 생성을 지속하기 위해 단순화된 코드를 다룰 것입니다. 코드를 통해 추적기 프로바이더, 미터 프로바이더, 로그 출력 프로바이더를 설정할 것이므로 커스텀 데코레이터는 모두 제거했습니다. 이제 남은 것은 순수한 애플리케이션 코드뿐입니다.

legacy-inventory 애플리케이션

legacy-inventory 애플리케이션은 단일 엔드포인트를 갖는 단순한 Flask 애플리케이션이므로 작업을 시작하기 좋습니다. 앞서 opentelemetry-instrumentation-flask 패키지를 통해 설치한 Flask 계측기는 우리가 추가했던 수동 계측 코드를 대체할 것입니다. 다음 코드는 Flask 애플리케이션을 초기화하고 /inventory 엔드포인트를 제공합니다.

legacy_inventory.py

```python
#!/usr/bin/env python3
from flask import Flask, jsonify

app = Flask(__name__)

@app.route("/inventory")
def inventory():
    products = [
        {"name": "oranges", "quantity": "10"},
        {"name": "apples", "quantity": "20"},
    ]
    return jsonify(products)

if __name__ == "__main__":
    app.run(port=5001)
```

〈Chapter 6 로그〉에서 배운 내용을 떠올려보면 이 서비스는 B3 형식의 전파기를 사용하도록 설정되었습니다. 이러한 설정은 자동 계측을 통해 서비스 시작 시 설정 옵션에 반영할 수 있습니다.

다음 명령을 사용해 legacy-inventory 애플리케이션을 시작합니다.

```
$ OTEL_RESOURCE_ATTRIBUTES="service.name=legacy-inventory,
                            service.version=0.9.1,
                            net.host.name='hostname',
                            net.host.ip='ipconfig getifaddr en0'" \
  OTEL_TRACES_EXPORTER=console \
  OTEL_PYTHON_TRACER_PROVIDER=sdk \
  OTEL_METRICS_EXPORTER=console \
  OTEL_PYTHON_METER_PROVIDER=sdk \
  OTEL_LOGS_EXPORTER=console \
  OTEL_PYTHON_LOGGER_PROVIDER=sdk \
  OTEL_PROPAGATORS=b3 \
  opentelemetry-instrument python legacy_inventory.py
```

서비스가 잘 실행되었다면 다음 작업으로 넘어갑시다.

grocery-store 애플리케이션

다음으로 다시 살펴볼 서비스는 grocery-store 애플리케이션입니다. 이 서비스는 파이썬 Flask 기반의 애플리케이션이며 동일한 계측 라이브러리를 활용합니다. 또한 requests 계측 기를 이용해 legacy-inventory로 보내는 요청에 대한 원격 측정 데이터를 추가합니다. 코드는 다음과 같습니다.

grocery_store.py

```
#!/usr/bin/env python3
from logging.config import dictConfig
import requests
from flask import Flask
from opentelemetry.instrumentation.wsgi import OpenTelemetryMiddleware
from opentelemetry.sdk._logs import LoggerProvider
from opentelemetry._logs import set_logger_provider

logger_provider = LoggerProvider()
```

```
set_logger_provider(logger_provider)

dictConfig(
    {
        "version": 1,
        "handlers": {
            "otlp": {
                "class": "opentelemetry.sdk._logs.LoggingHandler",
            }
        },
        "root": {"level": "DEBUG", "handlers": ["otlp"]},
    }
)
app = Flask(__name__)
app.wsgi_app = OpenTelemetryMiddleware(app.wsgi_app)

@app.route("/")
def welcome():
    return "Welcome to the grocery store!"

@app.route("/products")
def products():
    url = "http://localhost:5001/inventory"
    resp = requests.get(url)
    return resp.text

if __name__ == "__main__":
    app.run(port=5000)
```

몇 가지 매개변수를 제외하면 grocery-store 애플리케이션은 legacy-inventory 애플리케이션
과 상당히 비슷합니다.

- service.name과 service.version은 다른 애플리케이션을 반영하도록 업데이트됩니다.
- 전파기는 B3와 TraceContext 형식을 이용하도록 설정되어 shopper부터 legacy-inventory까지
  컨텍스트가 전파되도록 합니다.

새로운 터미널 창을 열고 legacy-inventory 애플리케이션을 실행한 후 다음 명령을 사용해
grocery-store 애플리케이션을 시작합니다.

```
$ OTEL_RESOURCE_ATTRIBUTES="service.name=grocery-store,
                           service.version=0.1.2,
                           net.host.name='hostname',
                           net.host.ip='ipconfig getifaddr en0'" \
  OTEL_TRACES_EXPORTER=console \
  OTEL_PYTHON_TRACER_PROVIDER=sdk \
  OTEL_METRICS_EXPORTER=console \
  OTEL_PYTHON_METER_PROVIDER=sdk \
  OTEL_LOGS_EXPORTER=console \
  OTEL_PYTHON_LOGGER_PROVIDER=sdk \
  OTEL_PROPAGATORS=b3,tracecontext \
  opentelemetry-instrument python grocery_store.py
```

grocery-store 애플리케이션도 작동하기 시작했습니다. 이제 shopper 서비스를 이용해 몇 가지 요청을 생성하기만 하면 됩니다.

shopper 애플리케이션

이제 shopper 애플리케이션이 시스템으로 요청을 보내기 시작합니다. RequestsInstrumentor는 grocery-store 애플리케이션으로 보내는 웹 요청들을 측정합니다. 물론 백엔드의 요청은 shopper 애플리케이션 안에서 벌어지는 모든 일을 알려주지는 못합니다.

〈Chapter 3 자동 계측〉에서 논의한 것처럼 자동 계측은 할 만한 가치가 있는 일입니다. 가끔은 대부분의 애플리케이션 기능 계측을 커버할 수 있을 만큼 충분합니다. CRUD[114]라 불리는 생성create, 조회read, 변경update, 삭제delete 작업에 집중하고 있는 애플리케이션은 수동 계측의 작동을 보장할 만큼 충분한 비즈니스 로직을 갖지 못한 경우도 있습니다. 계측 라이브러리에 크게 의존하고 있는 애플리케이션 운영자는 자동 계측으로 충분한 가시성을 얻을 수 있을 것입니다.

그렇지만 대부분의 경우 코드 작동에 관한 더 자세한 정보를 추가하려고 하기 때문에 자동 계측과 수동 계측을 함께 사용할 필요가 있습니다. 이것은 우리 시스템의 마지막 애플리케이션에

---

114 *https://en.wikipedia.org/wiki/CRUD*

필요한 요구 사항이기도 합니다. 다음 코드는 shopper 애플리케이션의 간소화 버전입니다. 여전히 수동 계측 코드가 있긴 하지만 자동 계측이 설정을 관리하기 때문에 설정과 관련된 내용은 보이지 않습니다. 추가로 request 모듈을 통한 GET 메서드 요청을 자동 계측이 담당하고 있으므로 더는 수동 계측을 하지 않아도 됩니다.

shopper.py

```python
#!/usr/bin/env python3
import logging
import requests
from opentelemetry import trace
from opentelemetry.sdk._logs import LoggerProvider, LoggingHandler
from opentelemetry._logs import set_logger_provider

logger_provider = LoggerProvider()
set_logger_provider(logger_provider)

tracer = trace.get_tracer("shopper", "0.1.2")
logger = logging.getLogger("shopper")
logger.setLevel(logging.DEBUG)
logger.addHandler(LoggingHandler())

@tracer.start_as_current_span("add item to cart")
def add_item_to_cart(item, quantity):
    span = trace.get_current_span()
    span.set_attributes(
        {
            "item": item,
            "quantity": quantity,
        }
    )
    logger.info("add {} to cart".format(item))

@tracer.start_as_current_span("browse")
def browse():
    resp = requests.get("http://localhost:5000/products")
    add_item_to_cart("orange", 5)

@tracer.start_as_current_span("visit store")
def visit_store():
```

```
    browse()

if __name__ == "__main__":
    visit_store()
```

드디어 원격 측정 데이터를 생성할 시간입니다! 세 번째 터미널 창을 열고 다음 명령을 사용해 shopper 애플리케이션을 실행합니다.

```
$ OTEL_RESOURCE_ATTRIBUTES="service.name=shopper,
                           service.version=0.1.3,
                           net.host.name='hostname',
                           net.host.ip='ipconfig getifaddr en0'" \
  OTEL_TRACES_EXPORTER=console \
  OTEL_PYTHON_TRACER_PROVIDER=sdk \
  OTEL_METRICS_EXPORTER=console \
  OTEL_PYTHON_METER_PROVIDER=sdk \
  OTEL_LOGS_EXPORTER=console \
  OTEL_PYTHON_LOGGER_PROVIDER=sdk \
  opentelemetry-instrument python shopper.py
```

이 명령은 서로 다른 터미널 창에서 실행 중인 세 개의 애플리케이션이 원격 측정 데이터 생성을 시작하도록 합니다.

> 메트릭과 로그 시그널은 여전히 개발 단계에 있기 때문에 여기서 사용하는 계측 라이브러리는 추적 시그널만 지원합니다. 그러므로 일단은 출력되는 추적 데이터에만 집중할 것입니다. 가까운 미래에는 라이브러리가 메트릭과 로그 시그널에 대해서도 원격 측정 지원을 시작할지도 모릅니다.

터미널에 출력되는 추적 데이터는 앞서 grocery-store 애플리케이션을 분석하면서 봤던 데이터와 비슷하기 때문에 전체 데이터를 자세히 살펴보지는 않을 것입니다. 분산되어 생성된 추적 데이터를 통해 알 수 있는 사실은 다음과 같습니다.

- `service.name`과 `service.version` 리소스 속성은 각 애플리케이션에 대해 생성된 스팬 정보를 반영합니다.
- 추적 ID는 애플리케이션 경계를 넘어 다른 애플리케이션으로 문제 없이 전파되었습니다. 확실히 하기 위해 세 개의 터미널에 출력된 `trace_id` 필드 값을 확인합시다.
- requests 및 Flask 계측 라이브러리는 자동으로 속성을 만듭니다.

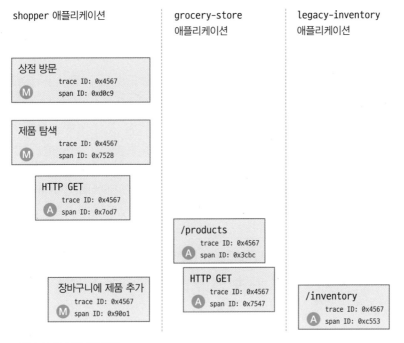

그림 7-2 추적 정보의 생성

[그림 7-2]는 시스템에 생성된 스팬을 시각화합니다. 자동으로 생성된 스팬은 Ⓐ, 직접 생성한 스팬은 Ⓜ으로 표기됩니다.

이 예제는 OpenTelemetry의 가장 흥미로운 특징을 잘 보여줍니다. 우리는 계측 코드를 전혀 작성하지 않고 두 개의 애플리케이션이 원격 측정 데이터를 생성하도록 했습니다. 애플리케이션 개발자는 애플리케이션에 발생할 수 있는 문제를 분석하는 데 도움을 줄 서비스에 관한 정보를 얻기 OpenTelemetry를 배울 필요가 없습니다. 이보다 쉽게 시작할 수 있는 것이 또 있을지 모르겠습니다. 이제 Flask 계측이 어떻게 작동하는지 살펴봅시다.

7.6 Flask 라이브러리 계측기

requests 라이브러리와 마찬가지로 Flask 계측 라이브러리는 BaseInstrumentor 인터페이스 구현을 담고 있습니다. 이 코드는 OpenTelemetry 파이썬 저장소[115]에서 확인할 수 있습니다. 이 구현은 Flask 라이브러리가 갖는 몇 가지 서로 다른 측면의 특징을 활용하여 계측합니다. 구현은 기존 Flask 애플리케이션을 감싸고 before_request 메서드를 이용해 콜백을 등록합니다. 그런 다음 기존 애플리케이션이 응답하는 시점에 계측 코드를 실행하기 위한 미들웨어를 제공합니다. 이 방식으로 라이브러리를 통해 원하는 요청의 시작과 끝 지점을 포착하여 계측할 수 있습니다.

추가 설정 옵션

FlaskInstrumentor는 다음과 같은 추가 옵션을 제공합니다.

- excluded_urls: 콤마로 구분된 정규 표현식 리스트를 이용해 원격 측정 데이터를 생성하지 않을 URL을 지정합니다. 자동 계측을 이용하는 경우 OTEL_PYTHON_FLASK_EXCLUDED_URLS 환경 변수를 통해 설정할 수 있습니다.
- request_hook: Flask 애플리케이션이 요청을 받을 때마다 실행할 메서드를 지정합니다.
- response_hook: request_hook 인자와 비슷하며 사용자가 호출자에게 응답을 하기 전에 수행할 메서드를 설정할 수 있습니다.

> 자동 계측 시 Flask 계측 라이브러리를 사용하면 디버그 모드에서 문제가 생길 수 있다는 점을 염두에 두어야 합니다. 기본적으로 디버그 모드는 리로더reloader를 사용하는데 리로더로 인해 자동 계측이 실패할 수 있습니다. 리로더를 끄는 방법은 OpenTelemetry 파이썬 공식 문서[116]를 참고하기 바랍니다.

requests와 Flask 계측 라이브러리는 파이썬 개발자가 사용할 수 있는 여러 가지 계측 라이브러리 중 하나일 뿐입니다.

---

115 https://github.com/open-telemetry/opentelemetry-python-contrib/blob/main/instrumentation/opentelemetry-instrumentation-flask/src/opentelemetry/instrumentation/flask/__init__.py
116 https://opentelemetry.io/docs/instrumentation/python/automatic/example/

7.7 계측 라이브러리 찾기

계측 라이브러리의 과제는 여러 언어 환경에서 사용할 수 있는 라이브러리를 지속적으로 확인하는 것입니다. 현재 파이썬 환경에서 사용할 수 있는 라이브러리는 opentelemetry-collector-contrib 저장소[117]에서 확인할 수 있지만 항상 모든 라이브러리 정보가 있는 것은 아닙니다.

OpenTelemetry 레지스트리

OpenTelemetry 공식 웹 사이트에서는 다양한 언어에서 사용 가능한 패키지를 검색할 수 있는 레지스트리[118]를 제공합니다. 이 레지스트리에 관한 정보는 GitHub 저장소에 있으며 풀 리퀘스트pull request를 보내 업데이트를 요청할 수 있습니다.

opentelemetry-bootstrap

OpenTelemetry 파이썬 커뮤니티는 계측을 더 쉽게 시작할 수 있도록 opentelemetry-instrumentation 패키지를 통해 설치되는 opentelemetry-bootstrap 도구를 유지 보수하고 있습니다. 이 도구는 실행 환경에 설치된 모든 패키지를 살펴보고 해당 환경의 계측 라이브러리를 알려줍니다. 물론 이 도구를 이용해 계측 라이브러리를 설치할 수도 있습니다. 다음은 계측에 사용할 수 있는 패키지 목록을 확인하기 위해 opentelemetry-bootstrap 명령을 어떻게 사용하는지 보여줍니다.

```
$ opentelemetry-bootstrap
opentelemetry-instrumentation-aws-lambda==0.39b0
opentelemetry-instrumentation-dbapi==0.39b0
opentelemetry-instrumentation-logging==0.39b0
opentelemetry-instrumentation-sqlite3==0.39b0
opentelemetry-instrumentation-urllib==0.39b0
```

---

117 *https://github.com/open-telemetry/opentelemetry-python-contrib*
118 *https://opentelemetry.io/registry/*

```
opentelemetry-instrumentation-wsgi==0.39b0
opentelemetry-instrumentation-flask==0.39b0
opentelemetry-instrumentation-jinja2==0.39b0
opentelemetry-instrumentation-requests==0.39b0
opentelemetry-instrumentation-urllib3==0.39b
```

목록을 살펴보면 설치해야 할 패키지가 몇 가지 보입니다. opentelemetry-bootstrap은 사용자 편의를 위해 모든 패키지를 한 번에 설치할 수 있는 -a 옵션을 제공합니다.

정리하기

서드파티 라이브러리를 위한 계측 라이브러리는 사용자가 최소한의 노력으로 OpenTelemetry를 사용할 수 있는 훌륭한 방법입니다. 사용자는 서드파티 라이브러리들이 OpenTelemetry를 직접 지원할 때까지 기다리지 않아도 된다는 부수적인 장점도 누릴 수 있습니다. 또한 서드파티 라이브러리 개발자들도 아직 개발 중인 OpenTelemetry API와 관련된 라이브러리 사용자의 지원 요청에 대한 부담을 덜 수 있습니다.

Chapter 7에서는 어떻게 자동 계측이 계측 라이브러리를 활용하여 OpenTelemetry 도입에 대한 사용자 경험을 단순화하는지 파악했습니다. 원격 측정 파이프라인 설정 시 필요한 코드 작성을 단순화하기 위해 모든 컴포넌트를 분석해 최소한의 계측 코드 작성으로 원격 측정 데이터를 생성했습니다.

그리고 grocery-store 애플리케이션을 다시 살펴보면서 수동 계측과 자동 계측을 통한 원격 측정 데이터를 비교했습니다. 이 과정을 통해 계측이 어떻게 구현되는지, 설정 옵션을 어떻게 지정하는지 면밀히 알 수 있었습니다.

계측 라이브러리는 사용자가 OpenTelemetry를 사용할 수 있게 해주지만 개발 환경 내에 추가로 라이브러리를 설치해야 할 수 있으며 여러 가지 이유로 추가적인 의존성이 발생할 수도 있습니다.

계측 라이브러리는 아직 개발 단계이므로 사용자 입장에서는 사용할지 말지 주저할 수밖에 없습니다. OpenTelemetry 채택률이 증가하고 여러 시그널에 대한 API 접근성이 안정화되면서드파티 라이브러리 관리자들은 추가적인 라이브러리 설치 없이도 OpenTelemetry로 계측을 수행할 수 있도록 지원할 것입니다. 이러한 움직임은 자바의 스프링 프레임워크와 .NET 코어 라이브러리를 비롯한 프레임워크 환경에서 이미 시작되었습니다.

이제 우리는 OpenTelemetry 시그널, 계측 라이브러리, 자동 계측에 관한 지식을 바탕으로 생성된 원격 측정 데이터를 어떻게 활용할지에 집중할 것입니다. PART 3에서는 정보의 수집과 전송, OpenTelemetry 데이터 분석을 살펴봅니다. 모든 데이터는 어디론가 전송되어야 하기 때문에 OpenTelemetry 컬렉터는 아주 훌륭한 목적지입니다. Chapter 8에서는 OpenTelemetry 컬렉터를 자세히 살펴보겠습니다.

PART 3

원격 측정 데이터 활용

PART 3에서는 다양한 백엔드 시스템과 연계해 사용할 수 있는 OpenTelemetry 컬렉터를 배포하여 원격 측정 데이터를 시각화하고 클라우드 네이티브 애플리케이션에서 발생하는 문제를 식별하는 방법을 살펴봅니다.

Chapter 8

OpenTelemetry 컬렉터

지금까지 OpenTelemetry를 사용해 추적, 메트릭, 로그를 생성하는 방법을 배웠습니다. 이번에는 이러한 원격 측정 데이터를 활용하는 방법을 살펴봅시다. 원격 측정 데이터를 최대로 활용하려면 데이터를 저장하고 시각화할 수 있어야 합니다. 콘솔에서 원격 측정 데이터를 살펴보는 것만으로는 충분한 정보를 얻을 수 없기 때문입니다.

〈Chapter 10 백엔드 시스템 설정〉에서 논의하겠지만 원격 측정 데이터를 저장하는 데 다양한 시스템이 활용될 수 있습니다. 원격 측정 데이터를 백엔드 시스템으로 보내기 위해서는 메트릭, 추적, 로그에 대한 원격 측정 데이터 파이프라인이 각 시그널에 대해 준비된 익스포터를 사용하도록 설정되어야 합니다. 예를 들어 추적을 집킨으로, 메트릭을 프로메테우스로, 로그를 일래스틱서치elasticsearch로 보내고 싶다면 반드시 각 경우에 대해 애플리케이션 코드가 적절히 설정되어야 합니다. 그러나 이러한 설정을 다양한 언어로 작성된 많은 서비스에 적용하면 코드 관리가 더욱 복잡해집니다. 일단 지금은 더이상 비즈니스 요구 사항에 맞지 않아 사용할 수 없게 된 백엔드 시스템을 다른 시스템으로 변경해야 한다고 가정해봅시다. 작은 규모의 시스템에서는 이 작업에 그다지 많은 노력이 필요하지 않은 것처럼 보일 수 있습니다. 하지만 수년에 걸쳐 많은 엔지니어의 손을 거친 애플리케이션으로 구성된 분산 시스템 환경에서는 코드를 업데이트, 시험, 배포하는 데 필요한 노력이 상당히 클 수 있으며 위험한 작업이 될 수도 있습니다.

익스포터를 한 번 설정한 다음 원격 추출 데이터의 목적지만 설정 변경을 통해 바꿀 수 있다면 어떨까요? 이런 작업을 해주는 것이 바로 지금부터 살펴볼 OpenTelemetry 컬렉터입니다.

Chapter 8에서 다룰 내용은 다음과 같습니다.

- OpenTelemetry 컬렉터의 목적

- OpenTelemetry 컬렉터 컴포넌트의 이해

- OTLP를 이용한 원격 측정 데이터 전송

- OpenTelemetry 컬렉터의 활용

우선 컬렉터를 사용하기 위해 필요한 도구들이 준비되어 있는지 확인해봅시다.

8.1 환경 설정

여기서는 OpenTelemetry 컬렉터를 단독 실행 가능한 바이너리로 사용하며 GitHub[119]를 통해 릴리스 버전을 다운로드할 수 있습니다. 물론 소스 코드를 이용해 컬렉터를 빌드할 수도 있지만 여기서는 다루지 않습니다. 다음 명령은 인텔 CPU를 사용하는 macOS용 바이너리 파일을 다운로드합니다. 릴리스 페이지[120]에서 다양한 환경을 위한 바이너리 파일을 제공하고 있으니 각자의 환경에 맞는 파일을 사용하기 바랍니다. 다운로드가 완료되면 압축을 풀어 otelcol 파일을 추출하고 바이너리가 실행되는지 확인합시다.

```
$ wget -O otelcol.tar.gz https://github.com/open-telemetry/opentelemetry-
collector-releases/releases/download/v0.78.0/otelcol-contrib_0.78.0_darwin_amd64.
tar.gz
$ tar -xzf otelcol.tar.gz
$ mv otelcol-contrib otelcol
$ chmod +x ./otelcol
$ ./otelcol --version
otelcol-contrib version 0.78.0
```

바이너리가 제대로 실행된다면 다음 명령을 사용해 컬렉터를 실행할 수 있는지 확인합니다. 명령을 실행하면 프로세스가 바로 종료될 것입니다.

---

119 https://github.com/open-telemetry/opentelemetry-collector-releases/releases/tag/v0.78.0
120 https://github.com/open-telemetry/opentelemetry-collector-releases/releases/

```
$ ./otelcol
Error: at least one config flag must be provided
2023/06/04 19:55:53 collector server run finished with error: at least one config
flag must be provided
```

OpenTelemetry 컬렉터 프로젝트는 윈도우, 리눅스, macOS 등 다양한 운영체제에서 사용 가능한 바이너리를 제공합니다. 여러분이 사용 중인 환경에 맞는 바이너리를 다운로드하기 바랍니다.

컬렉터 설정은 YAML 포맷[121]으로 작성되어야 합니다. 하지만 여기서는 처음 작성할 때 빠지기 쉬운 YAML의 함정을 피하기 위해 완성된 설정 예제들을 제공합니다. 컬렉터는 Go로 작성되어 있기 때문에 예제 코드들도 Go를 이용해 작성했습니다. 각각의 코드를 충분히 설명하기 위해 노력했지만 간혹 언어의 세부적인 특징으로 인해 막막하게 느껴질 수 있습니다. 그럴 때는 코드가 이야기하는 개념에 집중하도록 합시다.

먼저 파이썬 애플리케이션이 데이터를 OpenTelemetry 컬렉터로 보낼 수 있도록 하기 위해 다음 명령으로 OTLP 익스포터를 설치합니다.

```
$ pip install opentelemetry-exporter-otlp==1.18.0 \
              opentelemetry-propagator-b3==1.10.0 \
              opentelemetry-instrumentation-wsgi==0.39.b0 \
              flask==2.3.2 \
              requests==2.31.0
```

opentelemetry-exporter-otlp 패키지에는 익스포터 코드가 포함되어 있지 않습니다. 이 패키지는 의존성을 활용해 OTLP가 지원하는 여러 가지 인코딩 및 전송 옵션에 대해 다양한 패키지를 가져옵니다.

완성된 예제 코드와 설정은 이 책의 GitHub 저장소[122] chapter08 폴더에 있습니다. 다음 명령을 사용하여 저장소의 내용을 다운로드할 수 있습니다.

---

121 *https://en.wikipedia.org/wiki/YAML*

122 *https://github.com/PacktPublishing/Cloud-Native-Observability*

```
$ git clone https://github.com/PacktPublishing/Cloud-Native-Observability
$ cd Cloud-Native-Observability/chapter08
```

지금부터 살펴볼 예제 코드는 앞서 만든 코드를 기반으로 합니다. 책의 내용을 따라가면서 코드를 수정하고 싶다면 chapter06 폴더에 있는 코드를 복사해서 사용하기 바랍니다.

이제 컬렉터를 왜 사용하는지와 여러분이 컬렉터를 왜 신경 써야 하는지 자세히 살펴보겠습니다.

8.2 OpenTelemetry 컬렉터의 목적

기본적으로 OpenTelemetry 컬렉터는 다양한 포맷으로 된 원격 측정 데이터를 수신하고 처리한 뒤 하나 이상의 목적지로 내보내는 역할을 수행합니다. 즉, 원격 측정 데이터의 출처, 애플리케이션 또는 노드, 분석을 위한 데이터가 실제로 저장되는 백엔드 시스템 사이에서 브로커 역할을 수행합니다. [그림 8-1]은 다양한 컴포넌트가 존재하는 환경에서 컬렉터가 어디에 위치하는지를 보여줍니다.

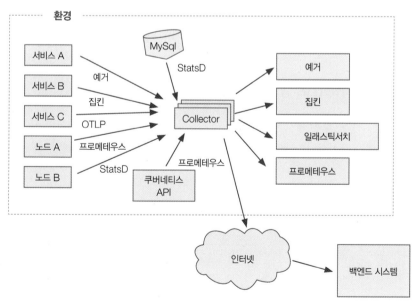

그림 8-1 컬렉터를 이용하는 로그 수집 환경의 아키텍처 다이어그램

OpenTelemetry 컬렉터와 같은 컴포넌트를 배포하는 것은 공짜가 아닙니다. 추가 리소스를 사용해 실행, 운영, 모니터링해야 하기 때문입니다. 그럼에도 컬렉터의 배포는 다음과 같은 이유로 도움이 됩니다.

- 원격 측정 데이터의 출처와 목적지를 분리할 수 있습니다. 즉, 개발자는 애플리케이션 코드에 원격 측정 데이터를 보낼 단일 목적지를 설정하고, 컬렉터 운영자는 코드 변경 없이 필요에 따라 데이터를 어디로 보낼지 결정할 수 있습니다.
- 여러 가지 데이터 포맷에 대해 단일 목적지를 설정할 수 있습니다. 컬렉터는 OTLP 예거, 집킨, 프로메테우스, StatsD 등 다양한 형식으로 추적, 메트릭, 로그를 수신하도록 설정할 수 있습니다
- 백엔드 시스템으로 데이터를 보낼 때 발생하는 지연을 줄일 수 있습니다. 예를 들어 백엔드 시스템에서 응답 불능과 같은 문제가 생겼을 때 일어날 수 있는 예측 불가능한 부작용을 줄여줍니다. 또한 컬렉터 배포를 수평적으로 확장하여 필요에 따라 용량을 늘릴 수 있습니다.
- 컴플라이언스와 보안 요구 사항을 준수하도록 원격 측정 데이터를 수정할 수 있습니다. 컬렉터는 설정에 정의된 조건을 기반으로 하는 처리기를 이용해 데이터를 필터링할 수 있습니다. 이렇게 하면 데이터 유출을 비롯하여 원격 측정 데이터에 포함되면 안 되는 정보가 백엔드 시스템에 저장되는 사고를 막을 수 있습니다.

컬렉터의 배포 시나리오에 관한 내용은 〈Chapter 9 컬렉터 배포〉에서 논의하겠습니다. 지금은 컬렉터의 기능을 제공하는 아키텍처와 컴포넌트에 집중합시다.

8.3 OpenTelemetry 컬렉터 컴포넌트의 이해

컬렉터를 사용하면 [그림 8-2]와 같이 여러 가지 수신기, 처리기, 익스포터를 활용하여 시그널마다 개별 파이프라인을 구성할 수 있습니다. 따라서 컬렉터를 어떻게, 어디에 사용할지 유연하게 결정할 수 있습니다.

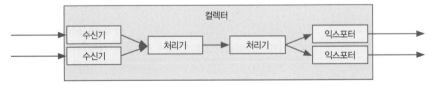

그림 8-2 컬렉터 내부의 데이터 흐름

컬렉터의 초기 구현은 OpenCensus 생태계에서 비슷한 목적으로 사용되었던 OpenCensus 서비스[123]를 기반으로 작성되었습니다. 컬렉터는 내장되지 않은 여러 개방형 프로토콜에 대한 입출력을 지원합니다. 각 컴포넌트에 관한 세부 내용은 곧 살펴보겠습니다. 컬렉터에서 사용되는 각 컴포넌트는 다음과 같이 상당히 단순해 보이는 Component 인터페이스를 구현합니다.

```
type Component interface {
    Start(ctx context.Context, host Host) error
    Shutdown(ctx context.Context) error
}
```

이 인터페이스를 사용하면 컬렉터에 컴포넌트를 쉽게 추가할 수 있으므로 높은 확장성이 보장됩니다. 지금부터는 각 컴포넌트를 더 자세히 살펴보겠습니다.

수신기

파이프라인의 첫 번째 컴포넌트는 수신기^{receiver}로, 다양한 형식의 데이터를 수신하고 수신기의 내부 데이터 포맷으로 변환합니다. 일반적으로 수신기는 지원하는 프로토콜에 대해 컬렉터의 포트를 노출하는 리스너^{listener}를 등록합니다. 예를 들어 예거 수신기는 다음과 같은 프로토콜을 지원합니다.

- 6832번 포트를 이용하는 스리프트$^{thrift[124]}$ 바이너리
- 6831번 포트를 이용하는 스리프트 컴팩트
- 14268번 포트를 이용하는 스리프트 HTTP
- 14250번 포트를 이용하는 gRPC

 나중에 살펴보겠지만 기본 포트 값은 설정을 통해 재정의할 수 있습니다

123 https://opencensus.io/service
124 옮긴이_스리프트는 페이스북에서 개발되고 오픈 소스 아파치 프로젝트로 등록된 원격 프로시저 호출(RPC) 프레임워크입니다. 서로 다른 서비스 간의 통신을 위한 서비스를 정의하고 생성할 때 사용됩니다. 자세한 내용은 아파치 재단의 스리프트 공식 웹 사이트를 확인하기 바랍니다. https://thrift.apache.org/

특정 수신기가 여러 프로토콜을 동시에 수신하도록 설정할 수 있습니다. 따라서 앞서 나열한 프로토콜들이 서로 다른 포트로 데이터를 수신하도록 할 수 있습니다. [표 8-1]은 각 시그널에 대해 지원되는 수신기 형식입니다.

표 8-1 각 시그널에 대해 사용할 수 있는 수신기 형식

	추적	메트릭	로그
호스트 메트릭		○	
예거	○		
카프카	○	○	○
OpenCensus	○	○	
OpenTelemetry(OTLP)	○	○	○
프로메테우스		○	
집킨	○		

[표 8-1]의 수신기는 특정 형식의 데이터를 지원한다는 점에 주목합시다. 그러나 호스트 메트릭 수신기는 예외입니다(이 수신기에 관한 내용은 나중에 논의할 것입니다). 수신기는 여러 파이프라인에 걸쳐 사용될 수 있습니다. 게다가 동일한 파이프라인에 대해 여러 수신기를 설정하는 것도 가능합니다.

다음 설정은 OTLP gRPC 수신기와 예거 스리프트 바이너리 수신기를 활성화합니다. 이후 각각 traces/otlp, traces/jaeger, traces/both라는 이름을 갖는 세 개의 서로 다른 파이프라인을 설정합니다. 그리고 이름에 포함된 수신기를 사용합니다.

```
receivers:
    otlp:
        protocols:
            grpc:
    jaeger:
        protocols:
            thrift_binary:
service:
    pipelines:
        traces/otlp:
            receivers: [otlp]
        traces/jaeger:
```

```
                receivers: [jaeger]
        traces/both:
                receivers: [otlp, jaeger]
```

수신기마다 별도의 파이프라인을 생성하는 것이 유리한 한 가지 시나리오는 특정 파이프라인
을 이용하는 경우에만 수신된 데이터에 대해 추가 작업을 해야 하는 경우입니다. 컴포넌트 인
터페이스와 마찬가지로 다음 코드처럼 수신기에 대한 인터페이스가 최소한으로 유지됩니다.
TracesReceiver, MetricsReceiver, LogsReceiver는 모두 Receiver 인터페이스를 내장하고
Receiver 인터페이스는 앞서 살펴봤던 것처럼 Component 인터페이스를 내장하고 있습니다.

```
type Receiver interface {
    Component
}
type TracesReceiver interface {
    Receiver
}
```

인터페이스가 단순하면 새로운 수신기가 필요할 때 쉽게 구현할 수 있습니다. 앞서 이야기했던
것처럼 수신기가 수행하는 주요 작업은 다양한 형식으로 수신되는 데이터의 형식을 변환하는
것입니다. 그런데 호스트 메트릭 수신기도 그럴까요?

호스트 메트릭 수신기

호스트 메트릭 수신기host metrics receiver를 설정해 컬렉터를 실행하고 있는 호스트의 CPU, 디스
크, 메모리, 시스템 수준의 상세 정보를 나타내는 메트릭을 수집할 수 있습니다. 다음 예제는
호스트 메트릭 수신기가 호스트에서 10초 단위로 로드, 메모리, 네트워크 정보를 수집하도록
설정하는 방법을 보여줍니다.

```
receivers:
    hostmetrics:
        collection_interval: 10s
        scrapers:
            load:
            memory:
            network:
service:
    pipelines:
```

```
metrics:
    receivers: [hostmetrics]
```

수신기는 특정 장비 또는 메트릭을 포함하거나 제외하는 설정도 제공하기 때문에 이러한 역할을 하는 프로세스를 실행하지 않고도 호스트의 성능을 모니터링할 수 있습니다. 원격 측정 데이터가 수신기를 통해 모이기 시작하면 처리기를 이용해 정보 가공 작업을 진행할 수 있습니다.

처리기

수신된 데이터를 익스포터로 보내기 전에 불필요한 데이터 필터링 또는 추가 속성 주입과 같은 추가 작업을 수행하면 큰 도움이 되는데, 이런 작업을 수행하는 것이 바로 처리기입니다. 수신기나 익스포터와 달리 처리기의 능력은 천차만별입니다. 또한 처리할 데이터가 하나의 처리기에서 다음 처리기로 순차적으로 전달되기 때문에 설정에 지정된 컴포넌트의 사용 순서는 처리기에게 매우 중요합니다. 컴포넌트 인터페이스를 내장하는 것과 별개로 처리기 인터페이스는 다음 코드와 같이 처리 중인 시그널에 대한 Consumer 인터페이스를 내장하고 있습니다. Consumer 인터페이스는 ConsumeMetrics와 같은 시그널을 이용하기 위해 존재합니다. 또한 MutatesData 기능을 이용해 처리 중인 데이터를 수정할지에 관한 정보를 제공하기도 합니다.

```
type Capabilities struct {
    MutatesData bool
}
type baseConsumer interface {
    Capabilities() Capabilities
}
type Metrics interface {
    baseConsumer
    ConsumeMetrics(ctx context.Context, md pdata.Metrics) error
}
type MetricsProcessor interface {
    Processor
    consumer.Metrics
}
```

다음 예제는 attributes/add-key라는 속성 처리기를 설정하여 example-key를 키로, first를 값으로 가지는 속성을 추가합니다. 두 번째 속성 처리기 attributes/update-key는 example-key 속성의 값을 second로 업데이트합니다. 그런 다음 추적 파이프라인을 설정하여 속성을 추가하고 값을 업데이트합니다.

```
processors:
    attributes/add-key:
        actions:
          - key: example-key
            action: insert
            value: first
    attributes/update-key:
        actions:
          - key: example-key
            action: update
            value: second
service:
    pipelines:
        traces:
            processors: [attributes/add-key, attributes/update-key]
```

이 설정에서 우리가 기대하는 출력은 모든 스팬의 example-key 속성이 second 값을 갖는 것입니다. 처리기는 순서에 민감하기 때문에 이 설정의 처리기 순서를 바꾸면 example-key 속성의 값은 first가 됩니다. 예제에서 보여준 방식으로는 여러 개의 속성 처리기를 사용할 수 없기 때문에 좋은 예는 아니지만 처리의 순서가 중요하다는 점은 잘 알게 해줍니다. 이제 좀 더 실전에 가까운 예를 살펴보겠습니다. 다음 설정은 old-key 키를 가진 old-key 속성을 삭제하기 전에 해당 속성의 값을 new-key 키를 가진 new-key 속성의 값으로 복사합니다.

```
processors:
    attributes/copy-and-delete:
        actions:
          - key: new-key
            action: upsert
            from_attribute: old-key
          - key: old-key
            action: delete
service:
    pipelines:
        traces:
            processors: [attributes/copy-and-delete]
```

이 설정은 값을 마이그레이션하거나 여러 시스템으로부터 수신되는 데이터를 병합할 때 사용되며, 같은 데이터를 나타내는 데 서로 다른 이름을 사용합니다.

앞서 언급했던 것처럼 처리기는 여러 가지 기능을 수행합니다. [표 8-2]는 현재 제공되는 처리기와 각 처리기가 다룰 수 있는 시그널을 매핑한 테이블입니다.

표 8-2 각 시그널이 사용할 수 있는 처리기

	추적	메트릭	로그
속성	○		○
배치	○	○	○
필터		○	
메모리 제한	○	○	○
확률 기반 샘플링	○		
리소스	○	○	○
스팬	○		

OpenTelemetry SDK를 사용해봤다면 익숙한 처리기 이름이 보일 것입니다. 이제 각 처리기를 자세히 살펴보겠습니다.

속성 처리기

앞서 살펴본 것처럼 속성 처리기는 원격 측정 데이터의 속성을 수정하기 위해 사용됩니다. 속성 처리기는 다음과 같은 작업을 지원합니다.

- delete: 지정된 키에 해당하는 속성을 삭제합니다.
- extract: 정규표현식을 활용해 지정된 속성에서 값을 추출하여 새로운 속성을 만들고 값을 업데이트합니다.
- hash: 속성에서 값을 추출해 SHA-1 해시를 계산하고 계산된 값을 속성의 값으로 업데이트합니다.
- insert: 지정된 키를 가진 속성이 존재하지 않으면 속성을 추가합니다. 속성이 이미 존재하는 경우에는 작동하지 않습니다.
- update: 이미 존재하는 속성의 값을 업데이트합니다. 속성이 존재하지 않는 경우에는 작동하지 않습니다.
- upsert: insert와 update 작동을 동시에 수행합니다. 속성이 존재하지 않는 경우 지정된 값을 갖는 속성을 추가하고 속성이 존재하면 속성의 값을 업데이트합니다.

속성 처리기는 곧 살펴볼 스팬 처리기와 마찬가지로 match_type을 기반으로 스팬을 포함하거나 배제할 수 있게 합니다. match_type을 strict로 설정해 키가 정확히 일치하는 대상만 찾도록 하거나 regexp로 설정해 정규 표현식을 활용하여 대상을 찾도록 할 수 있습니다. 여기서 매칭 대상은 services, span_names, attributes 중 하나 이상을 사용해 지정합니다. 다음 예제는 super-secret과 secret이라는 이름의 서비스에 대한 스팬 포함하는 설정을 보여줍니다.

```
processors:
    attributes/include-secret:
        include:
            match_type: strict
            services: ["super-secret", "secret"]
        actions:
          - key: secret-attr
            action: delete
```

속성 처리기는 **개인 식별 정보** personally identifiable information (PII) 또는 다른 민감한 데이터를 수집해야 할 때 매우 유용합니다. 민감한 정보가 원격 측정 데이터로 유입되는 일은 디버그 로그에 프라이빗 변수가 포착되거나 메타데이터상에 사용자 정보, 비밀번호, 개인 키 등이 기록되어 발생합니다. 데이터 유출은 종종 예상치 못한 방식으로 발생하며 그 빈도는 우리가 생각하는 것보다 훨씬 많습니다.

> 포함할 대상과 배제할 대상을 동시에 설정할 수 있습니다. 이때 포함할 대상을 먼저 체크한 후 배제할 대상을 체크합니다.

필터 처리기

필터 처리기는 설정된 조건을 기반으로 원격 측정 데이터를 포함하거나 배제할 수 있게 합니다. 속성 처리기, 스팬 처리기와 마찬가지로 필터 처리기 역시 strict 또는 regexp 매칭을 이용해 이름을 찾도록 설정할 수 있습니다. 그리고 이름뿐만 아니라 속성과 매칭되는 표현식을 사용할 수도 있습니다. 필터에 대한 추가 범위를 지정하려면 resource_attributes를 사용하면 됩니다. 사용자 커뮤니티에서는 메트릭 이외의 시그널에 대한 필터링도 지원해줄 것을 요청하고 있습니다.

확률 기반 샘플링 처리기

샘플링에 관해서는 〈Chapter 12 샘플링〉에서 자세히 살펴볼 것이지만 컬렉터도 추적에 대한 샘플링 처리기를 제공합니다. 바로 확률 기반 샘플링 처리기probabilistic sampling processor입니다. 이 처리기는 컬렉터가 내보내는 추적의 수를 줄이기 위해 샘플링 비율(추적을 얼마나 유지할 것인지)을 지정하는 데 사용됩니다. hash_seed 매개변수는 컬렉터가 추적 ID를 해시hash할 때 사용되며 해시된 값을 이용해 처리할 추적을 결정합니다.

```
processors:
    probabilistic_sampler:
        sampling_percentage: 20
        hash_seed: 12345
```

다수의 컬렉터가 연결되는 상황에서는 hash_seed 설정 매개변수의 중요성이 커집니다. 예를 들어 컬렉터 A가 데이터를 백엔드 시스템으로 보내기 전에 컬렉터 B로 보내도록 설정되었다고 가정해봅시다. 컬렉터 A와 컬렉터 B 모두 이전 코드 예제의 처리기 설정을 쓰도록 구성되어 있다면 100개의 추적은 두 개의 컬렉터로 전달되고, 그 중 20개의 추적이 각각 백엔드 시스템까지 전달됩니다. 반대로 두 컬렉터가 서로 다른 hash_seed를 사용하도록 설정되어 있다면 컬렉터 A는 20개의 추적을 컬렉터 B로 보내고, 컬렉터 B는 그 중 20개의 추적만 샘플링하여 백엔드 시스템으로 보냅니다. 두 가지 모두 정상적인 시나리오이며, 두 시나리오의 차이점을 이해하는 것은 매우 중요합니다.

> 샘플링 우선순위 속성이 제공된 경우 확률 기반 샘플링 처리기는 추적 ID 해싱 수행 전에 샘플링 우선순위를 정합니다. 이 속성은 시맨틱 표기법에 정의되어 있으며 원래는 OpenTracing에 정의되어 있었습니다. 더 자세한 내용은 〈Chapter 12 샘플링〉에서 살펴볼 것이기 때문에 지금은 이런 것이 있다는 것 정도만 알고 있어도 충분합니다.

리소스 처리기

리소스 처리기는 속성 처리기와 마찬가지로 사용자가 속성을 수정할 수 있게 합니다. 다만 리소스 처리기는 개별 스팬, 메트릭, 로그에 대해 속성을 업데이트하는 대신 원격 측정 데이터와 연관된 리소스의 속성을 업데이트합니다. 리소스 처리기 설정 시 사용 가능한 옵션은 속성 처리기의 옵션과 같습니다. 옵션에 관한 내용은 다음 예제에서 확인할 수 있습니다. 예제는

deployment.environment 속성을 추가하거나 업데이트하고 insert, delete를 이용해 runtime 속성의 이름을 container.runtime으로 변경합니다.

```
processors:
    resource:
        attributes:
            - key: deployment.environment
              value: staging
              action: upsert
            - key: container.runtime
              from_attribute: runtime
              action: insert
            - key: runtime
              action: delete
```

스팬 처리기

이름을 기반으로 스팬의 이름이나 속성을 변경하는 것은 유용한 작업입니다. 바로 이 작업을 스팬 처리기가 담당합니다. 스팬 처리기는 스팬에서 속성을 추출하여 해당 속성을 기반으로 스팬의 이름을 업데이트할 수 있습니다. 또는 스팬의 이름을 가져와서 스팬과 연결된 각각의 속성과 관련지을 수 있습니다.

다음 예제는 messaging.system과 messaging.operation 속성을 기반으로 스팬의 이름을 어떻게 변경할 수 있는지 보여줍니다. 속성들은 콜론(:)으로 구분됩니다. 또한 스팬 처리기의 두 번째 설정은 스팬의 이름에서 어떻게 storeId와 orderId 속성을 추출하는지 보여줍니다.

```
processors:
    span/rename:
        name:
            from_attributes: ["messaging.system", "messaging.operation"]
            separator: ":"
    span/create-attributes:
        name:
            to_attributes:
                rules:
                    - ^\/stores\/(?P<storeId>.*)\/.*$
                    - ^.*\/orders/(?P<orderId>.*)\/.*$
```

앞서 이야기한 것처럼 스팬 처리기는 스팬 필터링을 도와줄 설정을 포함하거나 배제할 수 있습니다. 모든 처리기가 원격 측정 데이터를 수정하는 데 사용되는 것은 아니며 일부 처리기는 컬렉터 자체의 작동을 수정하는 데 사용되기도 합니다.

배치 처리기

배치 처리기는 데이터 전송 효율을 높일 수 있도록 일괄 처리 작업을 도와줍니다. 배치 처리기는 일괄 처리할 데이터의 크기 또는 지정된 스케줄에 따라 작동하도록 설정됩니다. 다음 코드는 배치 처리기가 10초 단위로 데이터를 전송하거나 10,000개의 레코드가 쌓였을 때 데이터를 전송하는 구성이며 최대 11,000개까지 처리할 수 있도록 지정합니다.

```
processors:
    batch:
        timeout: 10s # 기본값: 200ms
        send_batch_size: 10000 # 기본값: 8192
        send_batch_max_size: 11000 # 기본값: 0 – 제한 없음
```

모든 파이프라인에 대해 배치 처리기를 설정하여 컬렉터의 동시 처리 성능을 최적화하는 것이 좋습니다.

메모리 제한 처리기

메모리 제한 처리기memory limiter processor는 컬렉터가 메모리 부족 현상을 겪지 않도록 메모리 사용량을 조절할 수 있게 합니다. 메모리 제한은 전체 가용 메모리 양을 바탕으로 고정된 메비바이트mebibyte(Mib) 값이나 비율(퍼센티지)로 설정 가능합니다. 두 값이 모두 설정된 경우 고정된 값이 우선순위를 갖습니다. 메모리 제한 처리기는 스파이크 메모리 사용량 값을 이용해 소프트 리밋soft limit과 하드 리밋hard limit[125]을 구분하여 설정할 수 있습니다. 한편 메모리 제한 처리기와 함께 **밸러스트 확장**ballast extension[126]을 사용하는 것이 좋습니다. 밸러스트 확장을 사용하면 컬렉터가 힙heap 메모리를 안정적으로 운영할 수 있도록 메모리를 미리 할당할 수 있습니다.

----

[125] 옮긴이_하드 리밋은 리소스가 수용할 수 있는 요청량 등의 한계치이로, 리소스를 수평적 또는 수직적으로 확장하지 않으면 극복할 수 없습니다. 반대로 소프트 리밋은 의도적으로 지정한 한계치이며, 일반적으로 하드 리밋 범위 내에서 조정이 가능합니다.

[126] 옮긴이_Go 언어는 가비지 컬렉션(garbage collection)으로 인한 부담을 줄이는 방법으로, 선박이 평형수를 이용해 균형을 잡는 것처럼 여분의 메모리를 준비해두고 메모리 할당량을 조절하며 밸러스트 확장을 제공합니다. 밸러스트를 이용해 가비지 컬렉션을 최적화한 트위치의 사례를 참고하기 바랍니다. *https://blog.twitch.tv/en/2019/04/10/go-memory-ballast-how-i-learnt-to-stop-worrying-and-love-the-heap/*

밸러스트 권장 메모리 설정은 컬렉터가 사용할 수 있는 전체 메모리 용량의 1/3 또는 1/2 수준이 적절합니다. 다음 코드는 메모리 제한 처리기가 최대 250Mib까지만 사용하도록 limit_mib 값을 설정하고 spike_limit_mib를 이용해 소프트 리밋과 하드 리밋의 차이를 기술합니다.

```
processors:
    memory_limiter:
        check_interval: 5s
        limit_mib: 250
        spike_limit_mib: 50
extensions:
    memory_ballast:
        size_mib: 125
```

배치 처리기와 함께 컬렉터의 성능을 최적화하고 싶을 때 메모리 제한 처리기를 사용하면 좋습니다.

> 처리기 사용량이 소프트 리밋을 초과하면 오류가 발생하고 데이터가 소실되기 시작합니다. 만약 하드 리밋까지 초과하게 되면 메모리 확보를 위해 가비지 컬렉션garbage collection이 강제로 시작될 것입니다.

메모리 제한 처리기는 파이프라인에서 가장 먼저 설정되어야 합니다. 그래야 메모리 임계치를 초과했을 때 발생하는 오류를 수신기로 전파할 수 있게 됩니다. 이를 통해 수신기는 클라이언트에게 적절한 오류 코드를 응답할 수 있고 클라이언트는 데이터 전송 속도를 조절할 수 있습니다. 지금까지 원격 측정 데이터를 요구 사항에 맞게 처리하는 방법을 살펴봤으니 컬렉터를 이용해 모든 데이터를 내보내는 방법을 알아봅시다.

익스포터

파이프라인의 마지막 컴포넌트는 익스포터입니다. 컬렉터 파이프라인에서 익스포터의 역할은 〈Chapter 7 계측 라이브러리〉에서 살펴봤던 SDK에서의 역할과 상당히 비슷합니다. 익스포터는 내부 컬렉터 형식으로 데이터를 취득하여 출력 형식으로 가공한 다음 하나 이상의 목적지로 전송합니다. 익스포터의 인터페이스도 시그널별로 분리된 consumer라는 점에서 처리기 인터페이스와 유사합니다. 다음 코드는 앞서 살펴본 Exporter 인터페이스를 내장하고 있는 LogsExporter 인터페이스를 보여줍니다.

```
type LogsExporter interface {
    Exporter
    consumer.Logs
}
```

필요에 따라 같은 타입의 여러 익스포터가 서로 다른 목적지로 데이터를 보내도록 설정할 수 있습니다. 또한 여러 개의 익스포터가 동일한 파이프라인을 통해 여러 목적지로 데이터를 보내도록 하는 것도 가능합니다. 다음은 추적을 내보낼 수 있는 예거 익스포터와 추적 및 메트릭을 내보낼 수 있는 OTLP 익스포터를 설정하는 코드입니다.

```
exporters:
    jaeger:
        endpoint: jaeger:14250
    otlp:
        endpoint: otelcol:4317
service:
    pipelines:
        traces:
            exporters: [jaeger, otlp]
        metrics:
            exporters: [otlp]
```

그 외에도 여러 익스포터가 다양한 형식의 데이터를 지원합니다. [표 8-3]에서 각 익스포터가 지원하는 시그널을 확인할 수 있습니다.

표 8-3 각 익스포터가 지원하는 시그널

	추적	메트릭	로그
파일	○	○	○
예거	○		
카프카	○	○	○
로깅	○	○	○
OpenCensus	○	○	
OpenTelemetry(OTLP)	○	○	○
프로메테우스		○	
집킨	○		

네트워크를 통해 여러 개의 목적지로 다양한 시그널에 대한 데이터를 내보내는 것 외에도, 로그 익스포터를 이용해 로컬 콘솔로 데이터를 내보내거나 파일 익스포터를 이용해 로컬 환경에서 JSON 파일 형태로 데이터를 추출할 수 있습니다. 지금까지 파이프라인에서 사용되는 주요 컴포넌트인 수신기, 처리기, 익스포터를 다뤘습니다. 하지만 아직 컬렉터에 관해 다루지 않은 것이 있습니다. 이어서 컬렉터가 사용하는 컴포넌트를 살펴보겠습니다.

확장

컬렉터의 기능 대부분은 원격 측정 파이프라인을 중심으로 제공되지만 확장을 통해 추가 기능을 사용할 수 있습니다. 사용 가능한 확장은 다음과 같습니다.

- memory_ballast: 컬렉터의 전반적인 안전성과 성능을 개선하기 위해 컬렉터에 대한 메모리 밸러스트를 설정합니다.
- health_check: 컬렉터의 상태를 확인할 수 있는 엔드포인트를 제공합니다. 이 확장은 컬렉터에 대한 서비스 디스커버리나 오케스트레이션 구현에 유용하게 사용됩니다.
- pprof: Go 언어가 제공하는 성능 프로파일러를 활성화하여 컬렉터에 대한 성능 문제를 식별합니다.
- zpages: 컬렉터 내부의 컴포넌트에 대한 디버깅 정보를 제공하는 엔드포인트를 활성화합니다.

지금까지 살펴본 모든 컴포넌트는 코어 컬렉터 배포판의 일부이며, 이후에 살펴볼 예제에서 사용하는 바이너리에 포함됩니다. 그러나 사용할 수 있는 컴포넌트가 더 있습니다.

추가 컴포넌트

예상했겠지만 이렇게 많은 기능을 애플리케이션 내에서 제공하는 것은 꽤나 복잡한 일입니다. OpenTelemetry 커뮤니티의 열정을 해치지 않으면서 컬렉터의 핵심 기능이 갖고 있는 복잡도를 낮추기 위해 컬렉터 메인 저장소는 OpenTelemetry 규격의 일부로 정의된 컴포넌트들을 포함합니다. 컬렉터가 제공하는 유연성을 바탕으로 많은 개인과 조직에서는 더 많은 수신기, 처리기, 익스포터를 위해 기여하고 있으며, 이러한 노력은 OpenTelemetry Collector Contrib 저장소[127]에서 확인할 수 있습니다. 이 저장소는 빠르게 업데이트됩니다. 따라서 저

---

[127] https://github.com/open-telemetry/opentelemetry-collector-contrib

장소가 제공하는 컴포넌트를 살펴보는 것보다는 저장소 전반을 돌아보면서 어떤 컴포넌트를 사용할 수 있는지에 관한 아이디어를 얻기를 강력히 추천합니다.

컬렉터를 설정하는 방법과 애플리케이션이 컬렉터로 데이터를 보내도록 설정하는 방법을 살펴보기에 앞서 수신기로 데이터를 주고받을 때 선호되는 프로토콜, 즉 OTLP에 관해 조금 더 이해하는 것이 중요합니다. 이어지는 절에서 OTLP와 관련된 내용을 알아보겠습니다.

8.4 OTLP를 이용한 원격 측정 데이터 전송

OTLP는 책 전반에 걸쳐 자주 언급되고 있는데, OTLP란 무엇인지 자세히 살펴봅시다. OpenTelemetry는 원격 측정 데이터가 가능한 한 효율적이고 안정적으로 전송되고 있는지 확인하기 위해 OTLP를 정의했습니다. 프로토콜 자체는 구글 프로토콜 버퍼protocol buffer[128] 정의 파일을 통해 정의됩니다. 이는 OTLP만을 사용해 데이터를 송수신하려는 모든 클라이언트와 서버의 경우 프로토콜 버퍼 정의 파일을 통해 OTLP를 정의하고 지원해야 한다는 점을 의미합니다. OTLP는 원격 측정 데이터 전송을 위한 OpenTelemetry의 추천 프로토콜이며 컬렉터의 핵심 컴포넌트로 지원됩니다.

> **프로토콜 버퍼**(줄여서 **프로토버프**protobuf)는 데이터를 직렬화할 때 사용할 수 있는 플랫폼 중립적인 platform-agnostic[129] 메커니즘이며 gRPC 용도로 만들어졌습니다. 프로토콜 버퍼 정의 파일로부터 코드를 생성할 때 사용할 수 있는 라이브러리들은 다양한 프로그래밍 언어로 제공됩니다. 프로토콜 버퍼 정의 파일을 자세히 알고 싶다면 프로토콜 버퍼에 관해 공부해보기를 추천합니다. 앞 문단에서 소개한 구글 개발자 사이트 링크는 프로토콜 버퍼에 관한 학습을 시작하기에 더할 나위 없이 좋은 자료입니다.

OTLP에 관한 정의[130]는 다양한 시그널을 다룰 수 있도록 여러 부분으로 나뉩니다. 프로토콜의 각 컴포넌트는 성숙도를 기반으로 하위 호환성을 보장하며, 이를 통해 얼마나 자주 급격한 변경이 일어날지 예측할 수 있습니다. 안정화 단계에 접어든 컴포넌트는 하위 호환성이 보장

---

128 https://developers.google.com/protocol-buffers
129 옮긴이_ '중립적인'은 언어나 플랫폼에 의존하지 않는다는 의미입니다.
130 https://github.com/open-telemetry/opentelemetry-proto

되지 않는 변경을 12개월 이상의 주기로만 적용되도록 하는 반면 알파 단계의 컴포넌트에서는 언제든 급격한 변경이 일어날 수 있습니다. 각 컴포넌트가 성숙도 단계의 어느 지점에 있는지는 OpenTelemetry 프로토콜 버퍼 규격 저장소의 README.md 파일에서 확인할 수 있습니다. 이 책의 집필 시점을 기준으로 각 컴포넌트의 성숙도는 [표 8-4]와 같습니다. 컴포넌트의 발전 속도가 빠르기 때문에 여러분이 책을 읽는 동안에도 컴포넌트의 성숙도는 변경될 수 있습니다.

표 8-4 OTLP 컴포넌트의 과제 성숙도[131]

	컴포넌트	과제 성숙도
바이너리 프로토버프 인코딩	common/*	안정화 단계
	metrics/*	안정화 단계
	collector/metrics/*	안정화 단계
	resource/*	안정화 단계
	trace/trace.proto	안정화 단계
	logs/*	안정화 단계
	collector/logs/*	안정화 단계
	collector/trace/*	안정화 단계
	trace/trace_config.proto	안정화 단계
JSON 인코딩	모든 메시지	안정화 단계

[표 8-4]를 자세히 살펴보면 프로토버프 인코딩과 JSON 인코딩이 구분되어 있습니다. 왜 구분되어 있는지는 잠시 후에 살펴보겠습니다.

인코딩과 프로토콜

프로토콜 버퍼 규격은 OTLP가 지원하는 인코딩과 프로토콜을 정의합니다. 기본으로 지원하는 조합은 다음 세 가지입니다.

- gRPC를 이용한 프로토콜 버퍼
- HTTP를 이용한 프로토콜 버퍼
- HTTP를 이용한 JSON

---

131 옮긴이_2023년 6월 기준으로 OpenTelemetry 프로토콜 버퍼 규격 저장소의 README.md 파일을 참고한 자료입니다. *https://github.com/open-telemetry/opentelemetry-proto#maturity-level*

코드 배포 시 사용할 인프라 또는 애플리케이션의 요구 사항에 따라 사용할 인코딩 형식과 프로토콜이 결정되기도 합니다. 예를 들어 gRPC를 지원하지 않는 환경에 애플리케이션을 배포해야 하는 경우를 생각해봅시다. 대표적으로 많은 클라우드 서비스 프로바이더의 서버리스 파이썬 환경이 있습니다. 이 경우 브라우저도 gRPC를 지원하지 않기 때문에 브라우저에서 작동하는 애플리케이션을 계측할 때 자바스크립트용 OpenTelemetry 라이브러리에서 gRPC를 사용할 수 없습니다.

이와 비슷한 문제는 JSON을 직렬화 및 역직렬화할 때 사용할 패키지 선택 과정에서도 발생합니다. 이는 특정 언어 환경에서 선택한 패키지가 프로토콜 버퍼를 사용하는 것과 비교했을 때 심각한 성능 문제를 일으킬 수 있습니다. 이처럼 사용자 환경의 요구 사항에 맞춰 추가적인 유연성을 제공하기 위해 여러 인코딩 형식과 프로토콜의 조합이 사용되기도 합니다.

어떤 언어로 된 OpenTelemetry 구현인지에 관계없이 반드시 따라야 하는 한 가지 요구 사항이 있습니다. 시그널을 일반적으로 사용 가능한 것이라고 표시하기 전에 적어도 앞서 언급한 세 가지 조합 중 하나 이상을 지원해야 한다는 점입니다. 이를 통해 사용자는 애플리케이션 인프라부터 백엔드 인프라까지 OTLP를 이용해 전체 시스템에 대한 데이터를 추출할 수 있게 됩니다.

기타 설계 고려 사항

클라이언트에서 수신 측이 받을 수 있는 수준 이상으로 원격 측정 데이터를 빠르게 생성하면 수신 측에서 역방향으로 부하가 발생할 수 있습니다. OTLP 규격에서는 수신 시스템에 과부하가 발생했을 때 역방향의 부하 관리를 위해 클라이언트가 어떻게 서버의 응답을 처리해야 하는지 정의합니다. 프로토콜의 또 다른 설계 목표는 로드밸런서 친화적이어야 한다는 점입니다. OTLP를 활용해 원격 측정 데이터를 다룰 때 여러 컴포넌트를 수평적으로 확장할 수 있도록 해야 합니다. 프로토콜에 관한 배경지식을 살펴보았으니 이제 컬렉터로 데이터를 전송해봅시다.

8.5 OpenTelemetry 컬렉터의 활용

OpenTelemetry 컬렉터와 OTLP의 핵심 컴포넌트에 익숙해졌다면 grocery-store 애플리케이션에 대해 컬렉터를 적용해보겠습니다. [그림 8-3]은 현재 원격 측정 데이터가 어떻게 설정되어 있는지와 이번 절에서 다루고자 하는 것이 무엇인지 보여줍니다.

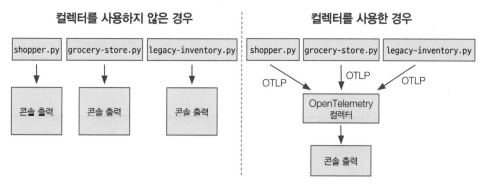

그림 8-3 컬렉터 유무에 따른 원격 측정 데이터 추출 전후의 흐름도

우리는 앞서 opentelemetry-exporter-otlp 패키지를 이용해 파이썬 환경의 OTLP 익스포터를 설치했습니다. 이것은 결과적으로 각 인코딩과 프로토콜에 사용할 수 있는 다음과 같은 패키지를 설치하는 작업이었습니다.

- opentelemetry-exporter-otlp-proto-grpc
- opentelemetry-exporter-otlp-proto-http
- opentelemetry-exporter-otlp-json-http

필요한 인코딩과 프로토콜을 모두 포함하는 패키지를 설치하는 것은 분명 익스포터를 사용하기 위한 쉬운 시작점입니다. 하지만 서비스 환경의 요구 사항을 완전히 파악한 후에는 불필요한 의존성을 없애기 위해 특정 인코딩과 프로토콜만 선택하고 싶어질 것입니다.

익스포터 설정

다음 예제는 우리가 사용하려는 OTLPSpanExporter, OTLPMetricExporter, OTLPLogExporter 원격 측정 데이터 익스포터를 포함하는 otlp-proto-grpc 패키지를 활용합니다. 이 코드는 〈Chapter 6 로그〉에서 사용한 예제 애플리케이션을 기반으로 작성되었으며 common.py 모듈이 이전에 이용했던 익스포터 대신 OTLP 익스포터를 사용하도록 업데이트했습니다.

common.py

```python
from opentelemetry.exporter.otlp.proto.grpc.trace_exporter import OTLPSpanExporter
from opentelemetry.exporter.otlp.proto.grpc.metric_exporter import OTLPMetricExporter
from opentelemetry.exporter.otlp.proto.grpc._log_exporter import OTLPLogExporter

def configure_tracer(name, version):
    ...
    exporter = OTLPSpanExporter()
    ...

def configure_meter(name, version):
    ...
    exporter = OTLPMetricExporter()
    ...

def configure_logger(name, version):
    ...
    exporter = OTLPLogExporter()
    ...
```

기본적으로 익스포터는 규격에 따라 localhost:4317에서 실행 중인 컬렉터로 데이터를 보내도록 설정됩니다.

컬렉터 설정

다음 컬렉터 설정은 애플리케이션으로부터 원격 측정 데이터를 수신할 때 사용할 OTLP 수신기를 설정합니다. 추가로 로그 익스포터가 콘솔로 유용한 정보를 출력하도록 설정합니다.

```yaml
config/collector/config.yml
receivers:
    otlp:
        protocols:
            grpc:
exporters:
    logging:
service:
    pipelines:
        traces:
            receivers: [otlp]
            exporters: [logging]
```

```
metrics:
    receivers: [otlp]
    exporters: [logging]
logs:
    receivers: [otlp]
    exporters: [logging]
```

이어지는 예제에서 `config.yml` 파일이 업데이트될 때마다 변경된 내용을 컬렉터가 반영하도록 하기 위해 컬렉터를 재시작합니다.

이제 컬렉터와 애플리케이션이 서로 통신하는 데 문제가 없는지 확인해봅시다. 먼저 터미널에서 다음 명령을 사용해 컬렉터를 시작합시다.

```
$ ./otelcol --config ./config/collector/config.yml
```

제대로 진행되고 있다면 프로세스가 실행되고 로드된 컴포넌트의 목록이 출력되어야 합니다. 그리고 다음과 비슷한 형태의 메시지도 출력되어야 합니다.

컬렉터 출력

```
2023-06-10T16:19:03.088-0700 info service/application.go:197
Everything is ready. Begin running and processing data.
```

다음으로 애플리케이션을 별도의 터미널에서 실행해야 합니다. 먼저 legacy-inventory 애플리케이션을 실행하고 grocery-store 애플리케이션을 실행합니다. 그런 다음 shopper 애플리케이션을 실행합니다. 그리고 legacy_inventory.py와 grocery_store.py 파일을 더이상 변경하지 않을 것이라는 점을 기억해두기 바랍니다.

```
$ python legacy_inventory.py
$ python grocery_store.py
$ python shopper.py
```

컬렉터가 실행된 터미널의 출력을 유심히 살펴봅시다. 다음과 같이 컬렉터가 처리한 추적, 메트릭, 로그에 관한 정보를 알 수 있습니다.

컬렉터 출력

```
2022-02-13T14:35:47.101-0800 INFO loggingexporter/
logging_exporter.go:69 LogsExporter {"#logs": 1}
2022-02-13T14:35:47.110-0800 INFO loggingexporter/
logging_exporter.go:40 TracesExporter {"#spans": 4}
2022-02-13T14:35:49.858-0800 INFO loggingexporter/
logging_exporter.go:40 TracesExporter {"#spans": 1}
2022-02-13T14:35:50.533-0800 INFO loggingexporter/
logging_exporter.go:40 TracesExporter {"#spans": 3}
2022-02-13T14:35:50.535-0800 INFO loggingexporter/
logging_exporter.go:69 LogsExporter {"#logs": 2}
```

이제 몇 가지 처리기를 설정에 추가하여 컬렉터로 조금 더 재미있는 것들을 해봅시다. 출력을 유심히 살펴봤다면 세 개의 서로 다른 인스턴스에서 TracesExporter가 언급된 것을 알아차렸을 것입니다. grocery-store 서비스를 구성하는 각 애플리케이션이 원격 측정 데이터를 보내고 있기 때문에 익스포터는 새로운 데이터와 함께 호출됩니다. 배치 처리기는 수신된 원격 측정 데이터를 바로 처리하지 않고 잠시 기다렸다가 동시에 처리하는 방식으로 효율성을 높일 수 있습니다. 다음 코드는 10초의 타임아웃[132]을 갖도록 배치 처리기를 설정하여 타임아웃이 발생하기 전까지 대기한 후 수신된 데이터를 일괄 처리합니다. 이제 이 배치 처리기를 각 파이프라인에 추가할 수 있습니다.

---

132 옮긴이_타임아웃은 요청된 작업이 일정 시간 내에 처리되지 않을 때 작업을 중단시키는 기준값입니다. 타임아웃이 없다면 응답이 올 때까지 연결을 유지해야 하기 때문에 리소스를 계속 사용하게 됩니다. 따라서 작업 형태와 소요 시간에 맞는 적절한 타임아웃 값을 설정하는 것이 좋습니다.

config/collector/config.yml

```yaml
processors:
  batch:
    timeout: 10s
...
  pipelines:
    traces:
      receivers: [otlp]
      processors: [batch]
      exporters: [logging]
    metrics:
      receivers: [otlp]
      processors: [batch]
      exporters: [logging]
    logs:
      receivers: [otlp]
      processors: [batch]
      exporters: [logging]
```

shopper 애플리케이션을 다시 실행해봅시다. 컬렉터의 출력은 다음과 같이 단일 행으로 바뀌고 앞서 보았던 모든 스팬의 합계를 포함합니다.

컬렉터 출력

```
2022-02-13T14:40:07.360-0800 INFO loggingexporter/
logging_exporter.go:69 LogsExporter {"#logs": 2}
2022-02-13T14:40:07.360-0800 INFO loggingexporter/
logging_exporter.go:40 TracesExporter {"#spans": 8}
```

shopper 애플리케이션을 몇 차례 반복해서 실행하면 컬렉터가 생성된 원격 측정 데이터를 출력할 때까지 10초의 지연 시간이 있는 것을 확인할 수 있습니다. 이것이 배치 처리기가 작동하는 방식입니다. 이번에는 로그 익스포터 설정을 변경하여 로그 출력을 조금 더 유용하게 만들어봅시다.

config/collector/config.yml

```
exporters:
    logging:
        loglevel: debug
```

컬렉터를 재시작하고 shopper 애플리케이션을 다시 실행해봅시다. 그럼 수신된 전체 원격 측정 데이터가 출력되는데, 이후 예제에서 수정 작업을 수행할 add item to cart라는 스팬을 특히 눈여겨보기 바랍니다.

컬렉터 출력

```
Span #0
    Trace ID : 1592a37b7513b73eaefabde700f4ae9b
    Parent ID : 2411c263df768eb5
    ID : 8e6f5cdb56d6448d
    Name : HTTP GET
    Kind : SPAN_KIND_SERVER
    Start time : 2022-02-13 22:41:42.673298 +0000 UTC
    End time : 2022-02-13 22:41:42.677336 +0000 UTC
    Status code : STATUS_CODE_UNSET
    Status message :
Attributes:
    -> http.method: STRING(GET)
    -> http.server_name: STRING(127.0.0.1)
    -> http.scheme: STRING(http)
    -> net.host.port: INT(5000)
    -> http.host: STRING(localhost:5000)
    -> http.target: STRING(/products)
    -> net.peer.ip: STRING(127.0.0.1)
```

지금까지 살펴본 원격 측정 데이터는 세 가지 애플리케이션에서 컬렉터로 전달되었습니다. 그리고 컬렉터를 실행하여 모든 원격 측정 데이터를 터미널에서 볼 수 있게 되었습니다. 이제 한 걸음 더 나아가 몇 가지 처리기를 통해 원격 측정 데이터를 수정해봅시다.

스팬 수정

컬렉터의 한 가지 훌륭한 기능은 원격 측정 데이터를 하나의 통합된 위치에서 운영할 수 있다는 점입니다. 다음 예제는 처리기의 숨겨진 힘을 잘 보여줍니다. 예제의 설정은 서로 다른 처리기 두 개를 사용하여 앞서 살펴봤던 스팬의 정보를 보강합니다. 속성 처리기는 위치 정보를 확인할 수 있는 속성을 추가하고, 스팬 처리기는 스팬의 속성을 통해 얻은 위치 정보, 상품명, 상품 수량 등을 활용해 스팬의 이름을 바꿉니다. 새로운 처리기들은 추적 파이프라인의 처리기 배열에도 반드시 추가되어야 합니다.

config/collector/config.yml

```
processors:
    attributes/add-location:
        actions:
            - key: location
              action: insert
              value: europe
    span/rename:
        name:
            from_attributes: [location, item, quantity]
            separator: ":"
...
    pipelines:
        traces:
            processors: [batch, attributes/add-location, span/rename]
```

> 설정에 처리기가 추가된 순서가 중요하다는 점을 기억하세요. 예제의 경우 처리기를 역순으로 추가하면 **location** 속성이 추출되지 않아 작동하지 않습니다.

shopper 애플리케이션을 실행하여 컬렉터의 출력을 보고 새로운 처리기의 효과를 확인해봅시다. 새로 만들어진 스팬은 location 속성값으로 미리 설정된 europe을 가지며 스팬의 이름도 location:item:quantity로 업데이트되었습니다.

```
Span #1
    Trace ID : 47dac26efa8de0ca1e202b6d64fd319c
    Parent ID : ee10984575037d4a
    ID : a4f42124645c4d3b
    Name : europe:orange:5
    Kind : SPAN_KIND_INTERNAL
    Start time : 2022-02-13 22:44:57.072143 +0000 UTC
    End time : 2022-02-13 22:44:57.07751 +0000 UTC
Status code : STATUS_CODE_UNSET
    Status message :
Attributes:
    -> item: STRING(orange)
    -> quantity: INT(5)
    -> location: STRING(europe)
```

열 줄 정도의 설정으로 만든 결과물치고는 나쁘지 않습니다! 마지막 예제에서는 호스트 메트릭 수신기와 메트릭을 위한 필터 처리기 설정 방법을 살펴보겠습니다.

메트릭 필터링

지금까지는 스팬을 수정하는 방법을 살펴봤습니다. 그런데 메트릭은 어떻게 수정할 수 있을까요? 앞서 논의했던 것처럼 호스트 메트릭 수신기는 localhost에 대한 메트릭을 포착합니다. 실제 사례를 살펴봅시다. 다음 예제는 호스트 메트릭 수신기를 설정하여 메모리와 네트워크 정보를 10초 단위로 수집합니다.

config/collector/config.yml

```
receivers:
    hostmetrics:
        collection_intervals: 10s
        scrapers:
            memory:
            network:
...
service:
```

```
    pipelines:
        metrics:
            receivers: [otlp, hostmetrics]
```

수신기를 설정한 후 컬렉터를 재시작합니다. shopper.py를 실행하지 않고도 컬렉터 출력으로 메트릭을 볼 수 있어야 합니다. 다음과 같이 출력에는 메모리와 네트워크 메트릭이 포함됩니다.

컬렉터 출력

```
InstrumentationLibraryMetrics #0
InstrumentationLibrary
Metric #0
Descriptor:
    -> Name: system.memory.usage
    -> Description: Bytes of memory in use.
    -> Unit: By
    -> DataType: IntSum
    -> IsMonotonic: false
    -> AggregationTemporality: AGGREGATION_TEMPORALITY_
CUMULATIVE
IntDataPoints #0
Data point labels:
    -> state: used
StartTimestamp: 1970-01-01 00:00:00 +0000 UTC
Timestamp: 2022-02-13 22:48:16.999087 +0000 UTC
Value: 10880851968
Metric #1
Descriptor:
    -> Name: system.network.packets
    -> Description: The number of packets transferred.
    -> Unit: {packets}
    -> DataType: IntSum
    -> IsMonotonic: true
    -> AggregationTemporality: AGGREGATION_TEMPORALITY_
CUMULATIVE
IntDataPoints #0
Data point labels:
    -> device: lo0
    -> direction: transmit
StartTimestamp: 1970-01-01 00:00:00 +0000 UTC
```

```
Timestamp: 2022-02-13 22:48:16.999087 +0000 UTC
Value: 120456
```

이제 컬렉터가 여러분에게 메트릭을 제공하기 시작했습니다! 컬렉터가 실행되는 시스템에 따라 많은 메트릭을 생성하는 여러 개의 네트워크 인터페이스를 보게 될 수도 있습니다. 설정 업데이트를 통해 단일 인터페이스에 대한 메트릭만 수집하도록 하여 불필요한 정보 수집을 줄여봅시다. 필자의 실습 환경에서는 lo0을 인터페이스로 활용합니다.

config/collector/config.yml

```
receivers:
    hostmetrics:
        collection_intervals: 10s
        scrapers:
            memory:
            network:
                include:
                    match_type: strict
                    interfaces: [lo0]
```

> 네트워크 인터페이스의 이름은 시스템이 사용하는 운영체제에 따라 다양합니다. 많이 사용되는 이름으로는 lo0, eth0, en0, wlan0 등이 있습니다. 어떤 네트워크 인터페이스 이름이 사용되는지 모르겠다면 앞선 예제의 출력에서 여러분의 시스템에 사용되는 일부 네트워크 인터페이스의 이름을 확인해보세요.

설정을 변경한 후 출력의 양이 확실히 줄긴 했지만 여전히 걸러내야 할 네트워크 메트릭이 많습니다. system.network.connections는 각 tcp 상태에 대한 데이터 포인트를 수집하기 때문에 불필요한 정보를 아주 많이 포함합니다. 이제 한 단계 더 나아가서 필터 처리기를 통해 system.network.connections를 수집에서 제외해보겠습니다.

config/collector/config.yml

```yaml
processors:
    filter/network-connections:
        metrics:
            exclude:
                match_type: strict
                metric_names:
                  - system.network.connections
...
    pipelines:
        metrics:
            receivers: [hostmetrics]
            processors: [batch, filter/network-connections]
```

마지막으로 한 번 더 컬렉터를 재시작하면 훨씬 읽기 좋은 출력을 볼 수 있습니다. 물론 '메트릭이 언제 컬렉터와 컬렉터의 컴포넌트에 도달하는가' 같이 실험해볼 만한 많은 시나리오들이 남아 있지만 지금까지 살펴본 내용만으로도 컬렉터 사용을 시작하는 데 큰 도움이 될 것입니다. 여러 가지 설정과 처리기를 이용하여 다양한 실험을 해보면서 컬렉터와 처리기에 익숙해지는 시간을 가져봅시다.

정리하기

Chapter 8에서는 OpenTelemetry의 매우 중요한 컴포넌트인 컬렉터에 관해 배웠습니다. 이제 여러분은 컬렉터에서 수신기, 처리기, 익스포터, 확장이 무엇인지 알게 되었으며 개별 처리기의 세부적인 내용도 이해했을 것입니다. 또한 OTLP의 개념과 이점, 프로토콜의 이면에 담긴 설계 의도를 알아보았으며, 이러한 지식을 바탕으로 처음 OpenTelemetry 컬렉터를 설정하고 grocery-store 애플리케이션이 컬렉터로 데이터를 전송하도록 업데이트했습니다. 그리고 여러 가지 처리기를 사용하여 컬렉터가 수신한 데이터를 가공해보며 컬렉터의 강력한 기능을 이해할 수 있었습니다. Chapter 9에서는 이러한 지식을 확장하여 컬렉터를 개발 단계에서 사용하는 하나의 컴포넌트가 아닌 인프라의 핵심 컴포넌트로 발전시킬 것입니다. 그리고 다양한 시나리오에서 컬렉터를 배포하는 방법과 최대로 활용할 수 있는 방법을 살펴보겠습니다.

컬렉터 배포

지금까지 컬렉터와 관련된 기본적인 내용을 배웠습니다. 이번에는 실제 운영 환경에서 컬렉터를 어떻게 활용하는지 살펴봅시다. Chapter 9에서는 컬렉터의 유연함이 다양한 시나리오에서 컬렉터를 배포할 때 어떤 도움을 주는지 설명합니다. 도커, 쿠버네티스, 헬름Helm을 이용하여 Chapter 8에서 만든 grocery-store 애플리케이션에 OpenTelemetry 컬렉터를 사용하는 방법을 알아볼 것이며, 이를 통해 클라우드 네이티브 환경에서 컬렉터를 사용할 때 알아야 할 필수 지식을 습득할 수 있습니다. 구체적으로는 다음과 같은 내용을 다룹니다.

- 컬렉터를 사이드카sidecar로 사용하여 애플리케이션의 원격 측정 데이터 수집하기
- 컬렉터를 에이전트로 배포하여 시스템 수준의 원격 측정 데이터 수집하기
- 컬렉터를 게이트웨이로 설정하기

각 주제를 살펴보면서 컬렉터 확장을 위한 몇 가지 전략을 살펴보고 〈Chapter 8 OpenTelemetry 컬렉터〉에서 언급했던 처리기에 관해서도 조금 더 알아볼 것입니다. 또한 OpenTelemetry 컴포넌트가 무엇인지 알아보는 것에서 더 나아가 OpenTelemetry 컴포넌트를 어떻게 사용하는지 설명할 것입니다. 그리고 클라우드 네이티브 인프라에서 작업할 때 사용할 수 있는 여러 가지 도구도 소개합니다.

9.1 환경 설정

여기서는 컬렉터를 배포할 때 사용할 수 있는 몇 가지 도구를 다루고, 컨테이너를 이용해 예제 애플리케이션과 컬렉터를 실행할 것입니다. 모든 예제는 공개된 도커 컨테이너 저장소[133]에서 확인할 수 있습니다. 이 책은 컨테이너 기술을 깊게 다루는 책이 아니므로 컨테이너에 관해서는 한 가지만 알아두면 됩니다. 컨테이너는 변경 불가능한 독립적인 애플리케이션을 빌드, 패키징, 배포할 수 있는 편리한 방법을 제공하는 기술이라는 점을 기억해두세요. 〈Chapter 2 OpenTelemetry 시그널〉에서와 같이 로컬 환경에서 컨테이너를 실행하기 위해 도커를 사용합니다.

먼저 여러분의 실습 환경에 아직 도커가 설치되어 있지 않다면 도커 공식 웹 사이트[134]의 안내에 따라 운영체제에 맞는 버전의 도커를 설치하기 바랍니다. 도커를 설치했다면 터미널에서 다음 명령을 실행합니다. 오류 메시지가 출력되지 않는다면 도커가 정상적으로 설치되어 실행 중인 것입니다.

```
$ docker ps
CONTAINER  ID  IMAGE  COMMAND  CREATED  STATUS  PORTS  NAMES
```

잠시 후 쿠버네티스 커맨드라인 도구인 kubectl을 이용해 명령어를 실행할 것입니다. 이 도구는 쿠버네티스 API와 상호 작용하며 쿠버네티스 클러스터에 배포한 애플리케이션에 접근하기 위해 사용됩니다. 실습 환경에 따라 다르겠지만 이미 kubectl이 설치되어 있을 수 있습니다. 다음 명령으로 설치된 kubectl의 버전을 확인할 수 있습니다.

```
$ kubectl version
Client Version: version.Info{Major:"1", Minor:"17",GitVersion:"v1.17.0"...
Server Version: version.Info{Major:"1", Minor:"19",GitVersion:"v1.19.7"...
```

---

133 *https://hub.docker.com*
134 *https://docs.docker.com/get-docker/*

만약 command not found 메시지가 출력된다면 쿠버네티스 공식 웹 사이트의 단계별 설치 문서[135]를 참고하여 설치하기 바랍니다.

여기서는 도커뿐만 아니라 쿠버네티스[136]도 사용할 것입니다. 쿠버네티스는 클라우드 네이티브 인프라에 사용되는 주요 오픈 소스 도구이며, 예제 애플리케이션과 컬렉터를 작동시키기 위한 컨테이너 오케스트레이션을 제공합니다. 로컬 환경에 쿠버네티스 클러스터를 구성하도록 도와주는 많은 도구들이 있습니다. 필자는 로컬 클러스터를 만들기 위해 도커 내부에서 쓸 수 있는 도구를 사용했습니다. 여러분의 환경에 이미 쿠버네티스 로컬 클러스터가 있다면 다음으로 넘어가도 무방합니다. 만약 클러스터가 준비되어 있지 않다면 로컬 쿠버네티스 환경을 제공해주는 오픈 소스인 kind를 웹 사이트의 안내[137]에 따라 설치하기를 권장합니다. kind가 설치되었다면 다음 명령을 사용해 클러스터를 실행합니다.[138]

```
$ kind create cluster
Creating cluster "kind" ...
 ✓ Ensuring node image (kindest/node:v1.19.1) 📦
 ✓ Preparing nodes 📦
 ✓ Writing configuration 📜
 ✓ Starting control-plane 🕹️
 ✓ Installing CNI 🔌
 ✓ Installing StorageClass 💾
Set kubectl context to "kind-kind"
You can now use your cluster with:
kubectl cluster-info --context kind-kind
```

이 명령은 클러스터를 생성합니다. 작동 중인 쿠버네티스 클러스터는 예제를 실행하기 위해 꼭 필요한 요소입니다. kind를 이용해 로컬 쿠버네티스 클러스터를 구성하는 데 문제가 있다면 다음 도구를 이용해 로컬 클러스터 환경을 구축할 수 있습니다.

---

135 https://kubernetes.io/docs/tasks/tools/

136 https://kubernetes.io

137 https://kind.sigs.k8s.io/docs/user/quick-start/

138 옮긴이_ 책의 내용 검수에 사용한 쿠버네티스 클라이언트 버전은 1.21.4이며, kind로 구성한 서버 버전은 1.27.1입니다. 서비스 프로바이더, 운영체제 등에 따라 변수가 많기 때문에 kind 등을 이용해 별도의 클러스터를 만드는 것이 좋습니다.

- Minikube[139]

- K3s[140]

- 도커 데스크톱[141][142]

여기서 로컬 클러스터가 어떻게 작동하는지는 중요하지 않습니다. 지금은 사용할 수 있는 클러스터를 확보하는 것이 중요합니다.

추가로, 로컬 클러스터를 구성하기 어려운 경우 다음과 같이 호스팅 기반 쿠버네티스 클러스터를 사용할 수 있습니다.

- 구글 쿠버네티스 엔진[143]

- 아마존 일래스틱 쿠버네티스 서비스[144]

- 마이크로소프트 애저 쿠버네티스 서비스[145]

호스팅 기반의 쿠버네티스 클러스터를 사용하면 비용이 발생할 수 있다는 점에 유의하기 바랍니다.

kubectl 명령으로 클러스터의 상태를 체크해봅시다. 다음 명령을 실행하면 클러스터가 준비되었는지 확인할 수 있습니다.

```
$ kubectl cluster-info --context kind-kind
Kubernetes master is running at https://127.0.0.1:62708
KubeDNS is running at https://127.0.0.1:62708/api/v1/
namespaces/kube-system/services/kube-dns:dns/proxy
```

---

139 *https://minikube.sigs.k8s.io/docs/start/*

140 *https://k3s.io*

141 *https://docs.docker.com/desktop/kubernetes/*

142 옮긴이_ 도커 데스크톱은 최근 라이선스 정책이 변경되어 기업 소유의 장비에서 사용하려면 라이선스가 필요합니다. 따라서 개인 소유가 아닌 장비에서 로컬 쿠버네티스 환경을 구성할 때는 도커 데스크톱이 아닌 다른 도구를 이용하는 것이 좋습니다.

143 *https://cloud.google.com/kubernetes-engine*

144 *https://aws.amazon.com/eks/*

145 *https://azure.microsoft.com/en-us/services/kubernetes-service/*

여기까지 문제가 없다면 잘 따라온 겁니다! 설치할 도구가 정말 많지만 모두 그만한 가치가 있습니다. 마지막으로 설치해야 할 도구는 헬름입니다. 헬름은 쿠버네티스에서 실행되는 애플리케이션을 위한 패키지 관리자로, 차트chart라 불리는 YAML 형식의 설정을 이용하여 클러스터에 애플리케이션을 설치할 수 있게 합니다. 헬름은 쿠버네티스 환경에 배포할 수 있는 다양한 애플리케이션에 대한 기본 설정을 제공해줍니다. 헬름을 설치하는 방법은 헬름 공식 웹 사이트[146]에서 확인할 수 있습니다. 헬름이 제대로 된 경로에 설치 및 설정되었는지, 정상적으로 작동하고 있는지 확인하기 위해 다음 명령을 실행합시다.

```
$ helm version
```

앞으로 살펴볼 예제 코드는 이 책의 GitHub 저장소[147]에서 확인할 수 있습니다. 예제를 실행하다 문제가 생기면 chapter09 폴더 안에 있는 코드를 이용하기 바랍니다.

이제 OpenTelemetry 컬렉터를 클러스터에 배포하고 재미있는 일들을 시작해봅시다!

9.2 애플리케이션의 원격 측정 데이터 수집

앞서 컬렉터를 로컬 라이브러리로 실행하는 방법을 살펴보았고 개발 및 테스트 시에 유용하다는 점도 알게 되었습니다. 이번에는 실제 운영 환경에서 컬렉터를 어떻게 배포하는지 알아볼 것이며 그 전에 쿠버네티스의 몇 가지 개념을 짚고 넘어가겠습니다.

- **포드**pod: 애플리케이션을 구성하는 컨테이너 또는 컨테이너 그룹을 의미합니다.
- **사이드카**: 애플리케이션 컨테이너와 함께 배포되는 컨테이너지만 포드의 애플리케이션과 강하게 결합되어 있지는 않습니다.
- **노드**: 쿠버네티스의 워커worker를 나타냅니다. 물리적인 호스트 또는 가상 머신이 노드가 될 수 있습니다.
- **데몬셋**daemonset: 포드가 구성된 노드에 확실히 배포되도록 하기 위한 포드 템플릿 사양입니다.

------

146 *https://helm.sh/docs/intro/install/*
147 *https://github.com/PacktPublishing/Cloud-Native-Observability*

쿠버네티스의 개념은 이 책에서 다루기에는 매우 깊은 주제입니다. 따라서 여기서는 예제를 진행하는 데 필요한 쿠버네티스의 기능과 개념만 설명합니다. 인터넷상에 존재하는 수많은 자료를 활용하면 쿠버네티스에 관한 자세한 정보를 얻을 수 있습니다.

[그림 9-1]은 OpenTelemetry 컬렉터를 쿠버네티스 기반 운영 환경에 배포할 때 사용할 수 있는 세 가지 배포 방식을 나타냅니다.

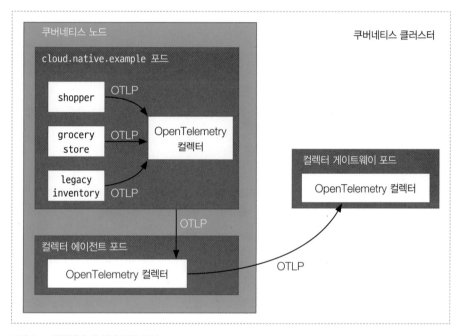

그림 9-1 컬렉터의 세 가지 배포 방식

- 첫 번째 배포 방식은 애플리케이션 컨테이너와 동일한 포드에 컬렉터를 배포합니다. 이 방식은 **사이드카 배포**로 알려져 있습니다.

- 두 번째 배포 방식은 애플리케이션 포드와 동일한 노드의 컨테이너로 컬렉터를 실행합니다. 이는 **에이전트 배포** 방식으로 데몬셋 배포를 나타내며, 컬렉터 컨테이너가 쿠버네티스 클러스터의 모든 노드에 배포됩니다.

- 세 번째 배포 방식은 컬렉터를 게이트웨이로 실행합니다. 실제로는 컬렉터 서비스의 컨테이너가 쿠버네티스 노드에서 실행되며 애플리케이션 포드가 실행 중인 노드와 동일한 노드일 수도 있고 그렇지 않을 수도 있습니다.

또한 하나의 컬렉터에서 다른 컬렉터로 전송되는 원격 측정 데이터의 흐름을 보여줍니다.

이제 애플리케이션의 원격 측정 데이터 수집을 시작으로 각각의 시나리오를 자세히 살펴보겠습니다. 우리는 가능한 한 컬렉터를 애플리케이션과 가까운 포드에 배포할 것입니다. 애플리케이션에서 원격 측정 데이터를 내보낼 때 애플리케이션에 대한 리소스의 영향을 줄이기 위해 최대한 빠르게 데이터를 내보내는 것이 유용한 경우가 많습니다. 이를 통해 애플리케이션은 본연의 임무인 워크로드[148]를 관리하는 데 대부분의 시간을 사용할 수 있게 됩니다. 원격 측정 데이터를 전송하는 동안 지연 시간을 최소화하기 위해 애플리케이션에 가깝게 컬렉터를 배포하는 사이드카 방식을 살펴봅시다.

사이드카 배포

원격 측정 데이터 수집의 복잡도와 지연을 줄이려면 컬렉터를 애플리케이션과 같은 포드에 배포하면서 느슨한 관계를 갖도록 해야 합니다. 이렇게 했을 때 얻을 수 있는 장점은 다음과 같습니다.

- 동일한 포드 내의 애플리케이션들은 localhost를 통해 서로 통신할 수 있으므로 애플리케이션은 원격 측정 데이터를 보낼 일관된 목적지 주소를 갖게 됩니다.
- 애플리케이션과 컬렉터 사이의 지연은 애플리케이션의 작동에 영향을 주지 않습니다. 애플리케이션은 원격 측정 데이터 전송에 대한 부담을 최대한 빠르게 덜게 해주어 고성능 애플리케이션이 예상치 못한 메모리 소실이나 CPU 부하를 겪지 않도록 합니다.

이를 어떻게 수행하는지 알아보겠습니다. 우선 shopper, grocery-store, inventory 애플리케이션을 포함하는 다음 설정을 살펴봅시다. 이 애플리케이션들은 쿠버네티스를 통해 배포될 수 있도록 컨테이너화되었습니다. 또한 포드 설정에는 컬렉터 컨테이너에 관한 내용이 포함되어있습니다. 주목해야 할 점은 다음 설정이 컨테이너에 관한 부분이며 grocery-store 애플리케이션을 구성하는 4개의 컨테이너를 name과 image로 정의한다는 점입니다. 다음과 같이 YAML 파일을 생성해봅시다.

---

148 옮긴이_애플리케이션의 비즈니스 로직이 수행하고자 하는 원래의 역할 정도로 생각합시다.

config/collector/sidecar.yml

```yaml
apiVersion: apps/v1
kind: Deployment
metadata:
  name: cloud-native-example
  labels:
    app: example
spec:
  replicas: 1
  selector:
    matchLabels:
      app: example
  template:
    metadata:
      labels:
        app: example
    spec:
      containers:
        - name: legacy-inventory
          image: codeboten/legacy-inventory:chapter9
        - name: grocery-store
          image: codeboten/grocery-store:chapter9
        - name: shopper
          image: codeboten/shopper:chapter9
        - name: collector
          image: otel/opentelemetry-collector:0.43.0
```

컬렉터 컨테이너를 위한 기본 설정은 〈Chapter 8 OpenTelemetry 컬렉터〉에서 살펴본 OTLP 수신기와 로그 익스포터를 구성합니다. 나중에 이 설정을 변경할 것이지만 지금은 기본 설정으로도 충분합니다. 다음 명령을 실행하여 설정을 클러스터에 적용합시다. 이 설정은 도커 저장소에서 컨테이너 이미지를 가져와 애플리케이션을 실행하는 디플로이먼트^{deployment}[149]와 포드를 생성합니다.

```
$ kubectl apply -f config/collector/sidecar.yml
deployment.apps/cloud-native-example created
```

---

149 옮긴이_쿠버네티스의 최소 컴퓨팅 워크로드 단위인 포드와 포드의 가용성 보장을 위해 사용되는 레플리카셋(replicaset)에 대해 원하는 최종 상태를 선언할 때 사용되는 리소스입니다.

포드가 작동하는지 확인하기 위해 다음 명령을 사용할 수 있습니다. 이 명령은 포드의 세부 사항과 포드 내에서 작동 중인 컨테이너에 관한 정보를 보여줍니다.

```
$ kubectl describe pod -l app=example
```

출력

```
Name:           cloud-native-example-6bdfd8b6d6-cfhc7
Namespace:      default
Priority:       0 ...
```

작동 중인 포드에서 컬렉터 사이드카의 로그와 원격 측정 데이터의 흐름을 확인할 수 있습니다. 다음은 포드 내에서 작동 중인 컨테이너의 로그를 보여주는 명령입니다. -c 플래그로 특정 컨테이너의 이름을 지정하면 해당 컨테이너의 로그만 볼 수 있습니다. -f 플래그는 tail 옵션으로 로그의 뒷부분부터 업데이트되는 내용을 보여줍니다.

```
$ kubectl logs -l app=example -f -c collector
```

출력은 grocery-store 예제의 여러 애플리케이션에서 생성된 원격 측정 데이터를 포함합니다. 내용은 다를 수 있지만 다음과 비슷한 형태의 결과를 볼 수 있습니다.

출력

```
Span #6
    Trace ID : 2ca9779b6ad6d5b1a067dd83ea0942d4
    Parent ID : 09b499899194ba83
    ID : c8a1d75232eaf376
    Name : inventory request
    Kind : SPAN_KIND_INTERNAL
    Start time : 2023-06-10 22:38:53.3719469 +0000 UTC
    End time : 2023-06-10 22:38:53.3759594 +0000 UTC
```

```
    Status code : STATUS_CODE_UNSET
    Status message :
Attributes:
    -> http.method: STRING(GET)
    -> http.flavor: STRING(HttpFlavorValues.HTTP_1_1)
    -> http.url: STRING(http://localhost:5001/inventory)
    -> net.peer.ip: STRING(127.0.0.1)
```

원격 측정 데이터를 수집하는 컬렉터 사이드카가 포함된 포드가 만들어졌습니다! 이 포드에 대한 변경은 잠시 후에 진행하고, 우선 다음 배포 시나리오를 살펴보겠습니다.

9.3 시스템 수준의 원격 측정 데이터 수집

〈Chapter 8 OpenTelemetry 컬렉터〉에서 논의한 것처럼 OpenTelemetry 컬렉터를 실행 중인 시스템의 메트릭을 수집하도록 구성할 수 있습니다. 이것은 노드에 대한 리소스 제약 조건을 확인해야 하는 경우(이는 매우 일반적인 문제입니다) 유용합니다. 또한 컬렉터가 이 데이터를 다른 목적지로 전달하도록 구성할 수도 있습니다. 따라서 컬렉터를 각 호스트나 노드에 배포하여 해당 노드에서 작동 중인 모든 애플리케이션에 대한 데이터의 수집 지점을 제공하는 것은 분명 이점이 있습니다. [그림 9-2]에서 볼 수 있는 것처럼 컬렉터를 에이전트로 배포하면 각 노드에서 원격 측정 데이터를 보낼 때 필요한 연결의 수를 줄일 수 있습니다.

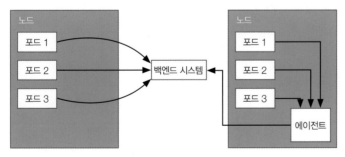

그림 9-2 에이전트 유무에 따른 백엔드 시스템과의 연결 구조

예를 들어 백엔드 시스템과 일정한 주기로 보안 연결을 설정해야 하고 각 노드에 많은 애플리케이션이 작동 중이라면, 이러한 연결은 백엔드 시스템에서 정보를 처리하는 데 있어 심각한 병목 지점이 될 수 있습니다.

에이전트의 배포

컬렉터를 에이전트로 배포할 때 일반적으로 OpenTelemetry 프로젝트에서 제공하는 헬름 차트를 사용합니다.[150] 헬름 차트를 설치하려면 우선 다음 명령을 사용해 차트를 어디서 찾아야 하는지 헬름에게 알려주어야 합니다. 이 명령은 open-telemetry 저장소를 헬름에 추가합니다.

```
$ helm repo add open-telemetry\
  https://open-telemetry.github.io/opentelemetry-helm-charts
"open-telemetry" has been added to your repositories
```

저장소를 추가했다면 다음 명령을 사용해 컬렉터 서비스를 실행합니다. 이 명령은 기본 옵션으로 opentelemetry-collector 헬름 차트를 설치합니다.

```
$ helm install otel-collector open-telemetry/opentelemetry-collector\
  --set mode=daemonset
```

이제 우리가 만든 쿠버네티스 클러스터에 어떤 변화가 생겼는지 살펴봅시다. 컬렉터 차트가 데몬셋으로 배포한 컬렉터가 보일 것입니다. 앞서 이야기했던 것처럼 데몬셋은 쿠버네티스 클러스터 내의 모든 노드에 포드를 배포하기 위해 사용됩니다. 다음 명령을 사용해 클러스터에 배포된 모든 데몬셋을 확인할 수 있습니다.

---

150 *https://github.com/open-telemetry/opentelemetry-helm-charts*

```
$ kubectl get daemonset
NAME                                              DESIRED  CURRENT READY
otel-collector-opentelemetry-collector-agent  1        1       1
UP-TO-DATE  AVAILABLE  NODE SELECTOR  AGE
1           1          <none>         3m25s
```

필자의 경우 클러스터에 노드가 한 개만 있기 때문에 결과도 하나만 나왔습니다. 여러분의 클러스터에 더 많은 노드가 있다면 결과가 다르게 나올 수 있습니다. 이번에는 다음 명령을 사용해 생성된 포드를 자세히 살펴봅시다.

```
$ kubectl get pod
NAME                                                   READY  STATUS   RESTARTS  AGE
otel-collector-opentelemetry-collector-agent-hhgkk  1/1    Running  0         4m39s
```

컬렉터가 노드에서 에이전트로 실행 중인 상태에서 컬렉터 사이드카의 모든 데이터가 어떻게 에이전트로 전달되는지 알아봅시다.

사이드카와 에이전트 연결

바야흐로 사이드카 컬렉터 구성을 업데이트해 OTLP 익스포터가 데이터를 내보내도록 할 시간이 되었습니다. 이 작업은 쿠버네티스가 컨테이너에 스토리지 볼륨으로 마운트할 수 있도록 파일을 생성해주는 컨피그맵ConfigMap을 이용해 수행합니다. 이 책은 쿠버네티스에 관한 책이 아니므로 쿠버네티스의 컨피그맵과 볼륨에 관한 세부 내용은 다루지 않습니다. 다음과 같이 ConfigMap 객체를 사이드카 설정 파일에 추가합시다.

config/collector/sidecar.yml

```
---
apiVersion: v1
kind: ConfigMap
metadata:
  name: otel-sidecar-conf
```

```
      labels:
        app: opentelemetry
        component: otel-sidecar-conf
    data:
      otel-sidecar-config: |
        receivers:
          otlp:
            protocols:
              grpc:
              http:
        exporters:
          otlp:
            endpoint: "$NODE_IP:4317"
            tls:
              insecure: true
        service:
          pipelines:
            traces:
              receivers: [otlp]
              exporters: [otlp]
            metrics:
              receivers: [otlp]
              exporters: [otlp]
            logs:
              receivers: [otlp]
              exporters: [otlp]
```

이 설정을 보고 〈Chapter 8 OpenTelemetry 컬렉터〉에서 봤던 컬렉터에 특화된 설정이 떠올랐을지도 모릅니다. OTLP 익스포터에 대한 엔드포인트 설정을 위해 NODE_IP 환경 변수를 사용하고 있다는 것에 주목합시다.

이어서 설정의 컨테이너 부분을 업데이트해봅시다. 업데이트를 통해 otel-sidecar-conf 컨피그맵을 사용하고 명령 옵션으로 컬렉터 컨테이너 시작 시 설정 파일을 전달할 수 있습니다. 다음 설정은 노드의 IP 주소를 NODE_IP라는 환경 변수로 내보냅니다.

config/collector/sidecar.yml

```
apiVersion: apps/v1
kind: Deployment
metadata:
```

```yaml
    name: cloud-native-example
    labels:
      app: example
spec:
  replicas: 1
  selector:
    matchLabels:
      app: example
  template:
    metadata:
      labels:
        app: example
    spec:
      containers:
        - name: legacy-inventory
          image: codeboten/legacy-inventory:latest
        - name: grocery-store
          image: codeboten/grocery-store:latest
        - name: shopper
          image: codeboten/shopper:latest
        - name: collector
          image: otel/opentelemetry-collector:0.43.0
          command:
            - "/otelcol"
            - "--config=/conf/otel-sidecar-config.yaml"
          volumeMounts:
            - name: otel-sidecar-config-vol
              mountPath: /conf
          env:
            - name: NODE_IP
              valueFrom:
                fieldRef:
                  fieldPath: status.hostIP
      volumes:
        - configMap:
            name: otel-sidecar-conf
            items:
              - key: otel-sidecar-config
                path: otel-sidecar-config.yaml
          name: otel-sidecar-config-vol
```

다음 명령을 사용해 변경된 설정을 클러스터에 적용합니다.

```
$ kubectl apply -f config/collector/sidecar.yml
```

에이전트의 로그를 살펴보면 원격 측정 데이터가 컬렉터에 의해 처리되고 있음을 확인할 수 있습니다.

```
$ kubectl logs -l component=agent-collector -f
2023-06-10T22:57:50.719Z INFO loggingexporter/logging_exporter.go:327
TracesExporter {"#spans": 20}
2023-06-10T22:57:50.919Z INFO loggingexporter/logging_exporter.go:327
TracesExporter {"#spans": 10}
2023-06-10T22:57:53.726Z INFO loggingexporter/logging_exporter.go:375
MetricsExporter {"#metrics": 22}
2023-06-10T22:57:54.730Z INFO loggingexporter/logging_exporter.go:327
TracesExporter {"#spans": 5}
```

여기까지 문제가 없었다면 컬렉터가 처리하는 원격 측정 데이터를 보강하는 시간을 가져볼 것입니다. 〈Chapter 8 OpenTelemetry 컬렉터〉에서 배운 몇 가지 교훈을 적용하여 인프라에 대한 가시성이 높아지도록 처리기를 구성해봅시다.

리소스 속성 추가

에이전트 방식 컬렉터의 뛰어난 점은 에이전트가 실행되고 있는 노드에 관한 정보가 에이전트가 처리하는 원격 측정 데이터 전반에 걸쳐 제공된다는 점입니다. 헬름 차트를 이용하면 YAML 설정을 통해 기본 설정을 재정의할 수 있습니다. 다음 내용을 헬름 차트와 함께 사용하여 리소스 속성 처리기가 원격 측정 데이터에 추가 정보를 주입하도록 할 수 있습니다.

- NODE_NAME 환경 변수를 제공해 리소스 속성 처리기가 사용할 수 있도록 합니다.
- 로그 익스포터의 loglevel 매개변수를 debug로 설정합니다. 이렇게 하면 컬렉터로 들어오는 정보를 더 자세히 관찰할 수 있습니다.
- 리소스 속성 처리기가 NODE_NAME 환경 변수를 k8s.node.name 키를 갖는 속성의 값으로 추가하도록 합니다. 또한 처리기를 로그, 메트릭, 추적 파이프라인에 추가합니다.

새로운 config/collector/config.yml 설정 파일을 만들어 다음 내용을 작성합니다. 이 설정은
헬름 차트를 업데이트하기 위해 사용됩니다.

config/collector/config.yml

```
mode: daemonset
extraEnvs:
  - name: NODE_NAME
    valueFrom:
      fieldRef:
        fieldPath: spec.nodeName
config:
  exporters:
    logging:
      loglevel: DEBUG
  processors:
    resource:
      attributes:
        - key: k8s.node.name
          value: ${NODE_NAME}
          action: upsert
  service:
    pipelines:
      metrics:
        processors: [batch, memory_limiter, resource]
      traces:
        processors: [batch, memory_limiter, resource]
      logs:
        processors: [batch, memory_limiter, resource]
```

이 설정을 적용하기 위해 다음과 같은 헬름 명령을 실행합시다.

```
$ helm upgrade otel-collector open-telemetry/opentelemetry-collector \
  -f ./config/collector/config.yml \
  --set mode=daemonset
Release "otel-collector" has been upgraded. Happy Helming!
NAME: otel-collector
LAST DEPLOYED: Sun Sep 19 13:22:10 2021
```

에이전트의 로그를 살펴보면 원격 측정 데이터에 앞서 추가했던 속성이 보일 것입니다.

```
$ kubectl logs -l component=agent-collector -f
```

이제 컬렉터 사이드카는 에이전트에 데이터를 전송하고 에이전트가 처리기를 통해 속성을 추가합니다.

출력

```
2023-06-10T20:30:20.888Z DEBUG loggingexporter/logging_exporter.go:366
ResourceSpans #0
Resource labels:
    -> telemetry.sdk.language: STRING(python)
    -> telemetry.sdk.name: STRING(opentelemetry)
    -> telemetry.sdk.version: STRING(1.3.0)
    -> net.host.name: STRING(cloud-native-example-5d57799766-w8rjp)
    -> net.host.ip: STRING(10.244.0.5)
    -> service.name: STRING(grocery-store)
    -> service.version: STRING(0.1.2)
    -> k8s.node.name: Str(kind-control-plane)
InstrumentationLibrarySpans #0
InstrumentationLibrary 0.1.2 grocery-store
```

> 앞서 작성한 예제에 원격 측정 데이터 파이프라인에 대한 수신기와 익스포터 설정이 없어 혼란을 느낄 수도 있습니다. 이것은 헬름 차트가 기본적으로 갖고 있는 값의 일부만 재정의했기 때문입니다. 예제에서는 처리기에 대한 재정의만 필요했기 때문에 익스포터와 수신기는 헬름 차트가 갖고 있는 기본 설정값을 그대로 사용했습니다. 기본 설정값을 확인하고 싶다면 헬름 차트 저장소[151]에서 살펴보기 바랍니다.

원격 측정 데이터를 수집하고 정보를 추가하는 단일 지점을 갖게 되면 애플리케이션 코드를 간결하게 만들 수 있습니다. 〈Chapter 4 분산 추적〉에서 커스텀 ResourceDetector 매개변수를

---

[151] https://github.com/open-telemetry/opentelemetry-helm-charts/blob/main/charts/opentelemetry-collector/values.yaml

생성해 모든 애플리케이션에 `net.host.name`과 `net.host.ip` 속성을 추가한 것을 기억하고 있을 것입니다. 이제 이 코드가 없어도 컬렉터를 통해 동일한 데이터를 주입할 수 있습니다. 다시 말해, 모든 애플리케이션이 커스텀 코드를 사용해 복잡하게 속성을 추가하지 않고도 해당 값을 얻을 수 있습니다. 다음으로 스탠드얼론 서비스 배포에 관해 살펴봅시다.

9.4 게이트웨이로서의 컬렉터

마지막으로 살펴볼 시나리오는 게이트웨이라고도 알려진 컬렉터를 스탠드얼론^{standalone} 서비스로 배포하는 방법입니다. 컬렉터는 스탠드얼론 모드에서 수평적으로 확장 가능한 서비스를 제공하기 때문에 백엔드로 원격 측정 데이터를 보내기 전 부가적인 처리를 수행할 수 있습니다. 수평적 확장은 서비스에 큰 부하가 걸렸을 때 서비스에 대한 인스턴스(여기서는 컬렉터)를 추가로 실행하여 증가한 부하를 다루는 것을 의미합니다. 또한 스탠드얼론 서비스는 원격 측정 데이터의 설정, 샘플링, 정제^{scrubbing} 작업을 위한 중앙 저장소를 제공합니다. 보안 측면에서도 네트워크 외부로 트래픽을 전송하는 단일 서비스를 사용하는 것이 더 좋습니다. 설정해야 하는 보안 규칙을 간소화하고 취약점으로 인한 위험과 영향을 줄여주기 때문입니다.

> 만약 여러분의 백엔드 서비스가 동일한 네트워크에서 배포되고 있다면 스탠드얼론 컬렉터를 사용하는 것은 다소 과도한 구성입니다. 이 경우 백엔드 시스템으로 원격 측정 데이터를 직접 보내도록 해야 인프라 내에 추가적인 서비스를 운영하면서 발생하는 문제점을 줄일 수 있습니다.

편리하게도 컬렉터를 에이전트로 배포하기 위해 사용했던 헬름 차트를 게이트웨이 설정에도 사용할 수 있습니다. 이것은 에이전트가 데이터를 독립적으로 작동하는(스탠드얼론) 컬렉터로 보낼 수 있게 해주기 때문에 두 가지 작업을 동시에 수행하여 일석이조의 효과를 얻을 수 있습니다.

config/collector/config.yml

```
mode: deployment
```

다음 명령을 다시 실행해 헬름 차트를 업데이트합시다.

```
$ helm upgrade otel-collector open-telemetry/opentelemetry-collector \
  -f ./config/collector/config.yml
```

다음 코드는 헬름 차트 템플릿의 코드 조각^{snippet}을 통해 어떻게 OTLP 익스포터가 자동으로 설정되는지 보여줍니다.

config.tpl

```
{{- if .Values.standaloneCollector.enabled }}
exporters:
  otlp:
    endpoint: {{ include "opentelemetry-collector.fullname" . }}:4317
    insecure: true
{{- end }}
```

이제 데이터가 스탠드얼론 컬렉터까지 제대로 전달되고 있는지 확인하기 위해 새로 만든 서비스의 로그를 살펴봅시다. 다음 명령은 이제 꽤 익숙할 것입니다. 로그를 필터링하기 위해 standalone-collector를 레이블로 지정했는지 확인합시다.

```
$ kubectl logs -l component=standalone-collector -f
```

출력에서 스탠드얼론 컬렉터가 처리한 로그를 확인할 수 있습니다. 이는 앞서 에이전트 방식의 컬렉터를 사용했을 때 본 로그와 동일합니다.

출력

```
Metric #11
Descriptor:
    -> Name: otelcol_processor_accepted_spans
```

```
    -> Description: Number of spans successfully pushed into the next component in
the pipeline.
    -> Unit:
    -> DataType: DoubleSum
    -> IsMonotonic: true
    -> AggregationTemporality: AGGREGATION_TEMPORALITY_CUMULATIVE
DoubleDataPoints #0
Data point labels:
    -> processor: memory_limiter
    -> service_instance_id: b208628b-7b0f-4275-9ea8-a5c445582cbc
StartTime: 1632083630725000000
Timestamp: 1632083730725000000
Value: 718.000000
```

agent-collector 레이블을 지정하여 kubectl logs 명령을 실행하면 에이전트 컬렉터가 로그
익스포터 대신 OTLP 익스포터를 사용하고 있어 아무런 로그가 나오지 않습니다.

오토스케일링

애플리케이션 포드에 의존하는 사이드카 방식이나 개별 노드의 확장성에 의존하는 에이전트
배포 방식과 달리 스탠드얼론 서비스는 CPU와 메모리 제약 조건에 따라 자동으로 확장될 수
있습니다. 이는 쿠버네티스가 제공하는 HorizontalPodAutoscaling 기능을 사용해 다음과 같이
설정할 수 있습니다.

```
autoscaling:
  enabled: false
  minReplicas: 1
  maxReplicas: 10
  targetCPUUtilizationPercentage: 80
  targetMemoryUtilizationPercentage: 80
```

서비스에 높은 수준의 안정성과 가용성을 제공하기 위해 환경의 요구 사항에 따라 오토스케일
링과 로드밸런서를 조합해 사용하는 것이 좋습니다.

OpenTelemetry 오퍼레이터

쿠버네티스 환경에서 OpenTelemetry 컬렉터를 관리하는 또 다른 옵션은 OpenTelemetry 오퍼레이터[operator][152]입니다. 오퍼레이터를 사용하는 데 익숙하다면 오퍼레이터가 쿠버네티스 환경에서 배포와 컴포넌트 관리의 복잡성을 줄여줄 것입니다. 또한 OpenTelemetry 오퍼레이터는 컬렉터 배포를 관리하는 것 외에도 자동 계측 애플리케이션을 지원합니다.

정리하기

Chapter 9에서는 몇 가지 특별한 상황을 살펴보며 운영 환경에서의 컬렉터 실행 방법을 훑어보았습니다. 이를 통해 여러분의 환경에 어떻게 적용할 것인지 생각하기 시작했을 겁니다. 원격 측정 데이터를 잘 수집하는 방법에 관해서는 쿠버네티스든 베어메탈이든 하이브리드 클라우드 환경과 같은 또 다른 형태의 인프라든 상관없이 동일한 법칙이 적용됩니다. 바로 원격 측정 데이터를 수집하는 것이 애플리케이션 자체에 미치는 영향을 최소화해야 한다는 점입니다. 사이드카 배포 방식은 애플리케이션 자체에 어떠한 의존성도 추가하지 않으면서 애플리케이션과 가장 가까운 데이터 수집 지점을 제공합니다.

---

152 *https://github.com/open-telemetry/opentelemetry-operator*

백엔드 시스템 설정

지금까지는 원격 측정 데이터를 생성할 때 사용하는 도구에 초점을 맞췄습니다. 원격 측정 데이터를 생성하는 것이 관찰 가능한 시스템을 만드는 기본 관점이라는 것에는 이견이 없지만 우리가 만든 데이터가 시스템을 관찰 가능한 것으로 만들어주었는가에 대해서는 논란을 피하기 어렵습니다. 무엇보다도 콘솔에 출력되는 수백 줄의 로그를 읽는 것이 분석을 위한 현실적인 방법이 아니라는 점은 분명해 보입니다.

여태까지는 데이터 분석을 관찰 가능성의 기본 관점에서 간략하게 논의했지만 Chapter 10에서는 애플리케이션이 생성한 원격 측정 데이터를 분석할 때 사용할 수 있는 도구에 관해 자세히 살펴보려고 합니다. 구체적으로는 다음과 같은 내용을 다룹니다.

- 추적, 메트릭, 로그를 분석할 수 있는 오픈 소스 원격 측정 데이터 백엔드 시스템
- 운영 환경에서 분석 시스템을 실행할 때 고려할 사항

또한 생성한 데이터를 시각화하고 실제로 어디에 사용할지 생각해볼 것입니다. 선택할 수 있는 분석 도구가 굉장히 많지만 여기서는 오픈 소스 프로젝트를 위주로 살펴봅니다. OpenTelemetry를 지원하는 다양한 상용 제품들[153]이 출시되어 있다는 점을 기억해두세요. 추가로 운영 환경에서 원격 측정 백엔드 시스템을 실행하는 데 필요한 지식도 가볍게 살펴보겠습니다.

---

153 *https://opentelemetry.io/vendors/*

10.1 환경 설정

지금부터는 테스트 애플리케이션에서 파이썬 코드를 활용해 백엔드 시스템을 직접 설정하고 사용할 것입니다. 다음 명령을 실행하여 여러분의 환경에 파이썬 3.6 이상의 버전이 설치되어 있는지 확인합시다.

```
$ python --version
Python 3.8.9
$ python3 --version
Python 3.8.9
```

만약 파이썬 3.6 이상 버전이 설치되어 있지 않다면 파이썬 공식 웹 사이트의 최신 버전 설치 가이드[154]를 참고하기 바랍니다. 이제부터 사용할 익스포터 몇 가지를 테스트하기 위해 pip로 다음과 같이 OpenTelemetry 패키지를 설치합시다.

```
$ pip install opentelemetry-distro==0.39b0 \
            opentelemetry-exporter-jaeger==1.18.0 \
            opentelemetry-exporter-zipkin==1.18.0
```

백엔드 시스템 배포에는 도커[155]를 사용합니다. 다음 명령으로 도커가 여러분의 환경에서 작동하고 있는지 점검합시다.

```
$ docker version
Client:
  Cloud integration: 1.0.14
  Version: 20.10.6
  API version: 1.41
  Go version: go1.16.3 ...
```

---

154 *https://www.python.org/downloads/*
155 *https://docs.docker.com/get-docker/*

백엔드 시스템을 실행하기 위해 도커 컴포즈를 사용합니다. 다음 명령으로 도커 컴포즈가 설치되어 있는지 확인합니다.

```
$ docker compose version
Docker Compose version 2.0.0-rc.2
```

이제 이 책의 GitHub 저장소[156]에서 사용할 코드와 설정을 다운로드합니다.

```
$ git clone https://github.com/PacktPublishing/Cloud-Native-Observability
$ cd Cloud-Native-Observability/chapter10
```

다운로드를 완료했다면 컴포즈를 이용해 백엔드 시스템을 실행할 준비가 된 것입니다!

```
$ docker compose up[157]
```

[그림 10-1]은 우리가 배포하려는 환경의 아키텍처를 나타냅니다. 초반에 다루는 예제에서는 백엔드 시스템에 직접 연결합니다. 이후에 데이터를 OpenTelemetry 컬렉터로 전송하여 원격 측정 데이터 백엔드 시스템에 연결합니다. 그라파나는 예거, 집킨, 로키, 프로메테우스와 연결되는데, 이 내용은 잠시 후에 살펴보겠습니다.

---

156 *https://github.com/PacktPublishing/Cloud-Native-Observability*
157 옮긴이_macOS 기준으로 docker-comspoe.yml 파일 내의 open telemetry-collector의 버전을 0.47.0으로 수정해야 합니다.

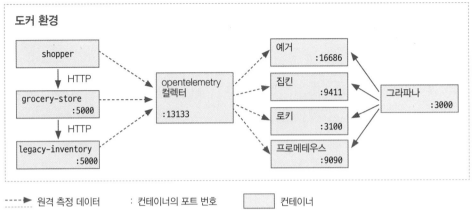

```
도커 환경

   ┌──────────┐
   │ shopper  │                                    ┌─────────────┐
   └──────────┘          ┌──────────────┐          │ 예거         │
        │ HTTP           │ opentelemetry│          │      :16686 │
        ▼                │ 컬렉터        │          └─────────────┘
   ┌──────────┐          │              │          ┌─────────────┐      ┌──────────┐
   │grocery-store├──────→│      :13133  │─ ─ ─ ─ ─→│ 집킨         │      │ 그라파나  │
   │     :5000 │         └──────────────┘          │       :9411 │      │   :3000  │
   └──────────┘                                    └─────────────┘      └──────────┘
        │ HTTP                                     ┌─────────────┐
        ▼                                          │ 로키         │
   ┌──────────┐                                    │       :3100 │
   │legacy-inventory│                              └─────────────┘
   │     :5000 │                                   ┌─────────────┐
   └──────────┘                                    │ 프로메테우스  │
                                                   │       :9090 │
                                                   └─────────────┘
```

---▶ 원격 측정 데이터   : 컨테이너의 포트 번호   [   ] 컨테이너

그림 10-1 도커를 이용한 백엔드 시스템 배포

예제에서 사용하는 모든 설정 파일은 chapter10 폴더 안에 있는 config 폴더에서 확인할 수 있습니다.

10.2 원격 측정 데이터 분석을 위한 백엔드 시스템 옵션

관찰 가능성의 세계에는 시스템이 어떤 작업을 수행하는지에 관한 인사이트를 제공하는 다양한 도구가 있습니다. OpenTelemetry에서 백엔드 시스템은 원격 측정 데이터의 목적지인 동시에 데이터가 저장되고 분석되는 곳입니다. 앞으로 알아볼 모든 원격 측정 데이터 백엔드 시스템은 다음과 같은 것들을 제공합니다.

- **원격 측정 데이터의 목적지:** 일반적으로 네트워크상의 엔드포인트 형태지만 항상 그런 것은 아닙니다.
- **데이터 스토리지:** 스토리지가 제공하는 데이터 보관 기간은 스토리지의 크기와 저장되는 데이터의 양에 따라 결정됩니다.
- **데이터 시각화 도구:** 원격 측정 데이터를 보여주고 쿼리할 수 있도록 웹 인터페이스를 제공합니다.

OpenTelemetry에서 애플리케이션은 익스포터를 통해 백엔드 시스템에 연결하는데, 우리는 이미 콘솔 익스포터와 OTLP 익스포터를 구성했습니다. 각 애플리케이션은 특정 백엔드 시스템을 위해 구현된 익스포터를 통해 직접 데이터를 전송하도록 설정될 수 있습니다. [표 10-1]은 OpenTelemetry 규격을 통해 공식적으로 지원되는 백엔드 시스템에 대한 익스포터 목록으로, 각 익스포터에 대한 파이썬 구현 상태를 나타냈습니다.

표 10-1 공식적으로 지원되는 백엔드 시스템의 파이썬 익스포터 현황

익스포터	시그널	상태
예거	추적	안정
집킨	추적	안정
프로메테우스	메트릭	활성 개발 단계

OpenTelemetry 규격을 구현하는 각 언어는 이러한 백엔드 시스템에 대한 익스포터를 반드시 제공해야 합니다. 언어별 익스포터 지원 여부는 OpenTelemetry 규격 저장소[158]에서 확인할 수 있습니다.

추적

추적을 시각화하기 위한 몇 가지 옵션을 살펴봅시다. 다양한 백엔드 시스템을 살펴보면서 자동 계측을 비롯한 여러 방법을 사용해 백엔드 시스템을 구성하는 방법을 알아볼 것입니다. 다음 코드는 SQLite를 사용하는 로컬 데이터베이스에 테이블을 만든 다음, 몇 가지 데이터를 삽입하는 일련의 호출을 수행하고 그 과정에서 일부 정보를 로깅합니다.

sqlite_example.py

```
import logging
import os
import sqlite3

logging.basicConfig(level=logging.DEBUG)
logger = logging.getLogger(__name__)

logger.info("creating database")
con = sqlite3.connect("example.db")
cur = con.cursor()
```

---

158 https://github.com/open-telemetry/opentelemetry-specification/blob/main/spec-compliance-matrix.
   md#exporters

```
logger.info("adding table")
cur.execute(
    """CREATE TABLE clouds
            (category text, description text)"""
)

logger.info("inserting values")
cur.execute("INSERT INTO clouds VALUES ('stratus','grey')")
con.commit()
con.close()

logger.info("deleting database")
os.remove("example.db")
```

이 코드를 다음 명령을 사용해 실행하여 모든 것이 제대로 작동하는지 확인합시다.

```
$ python sqlite_example.py
INFO:__main__:creating database
INFO:__main__:adding table
INFO:__main__:inserting values
INFO:__main__:deleting database
```

작동하는 코드를 확보했으니 이제 자동 계측을 활용해 원격 측정 데이터를 만들 수 있는지 확인해봅시다. 〈Chapter 7 계측 라이브러리〉에서 살펴보았듯이 파이썬은 자동으로 계측 라이브러리를 확인하고 설치하는 opentelemetry-bootstrap 스크립트를 제공합니다. 이번 예제에서 사용하는 라이브러리인 sqlite3는 다음 명령으로 설치할 수 있습니다.

```
$ opentelemetry-bootstrap -a install
Collecting opentelemetry-instrumentation-sqlite3==0.39b0
...
```

이 명령을 실행하면 패키지 설치를 수행하는 pip가 만든 몇 가지 로깅 정보가 출력됩니다. 필자의 출력과 다른 내용이 나오더라도 문제는 없습니다. 아마도 opentelemetry-bootstrap이 여러분의 환경에 필요한 패키지를 추가로 설치하면서 나온 로그 정보일 것입니다. opentelemetry-

`instrument`를 이용하여 우리가 설정한 콘솔 익스포터가 원격 측정 데이터를 생성하는지 확인해봅시다.

```
$ OTEL_RESOURCE_ATTRIBUTES=service.name=sqlite_example \
  OTEL_TRACES_EXPORTER=console \
  opentelemetry-instrument python sqlite_example.py
```

출력에는 다음 내용과 비슷한 추적 정보가 포함되어 있어야 합니다.

출력

```
INFO:__main__:creating database
INFO:__main__:adding table
INFO:__main__:inserting values
INFO:__main__:deleting database
{
    "name": "CREATE",
    "context": {
        "trace_id": "0xf98afa4316b3ac52633270b1e0534ffe",
        "span_id": "0xb52fb818cb0823da",
        "trace_state": "[]"
    },
...
```

이제 계측을 활용하여 원격 측정 데이터를 생성하는 작업 예시를 통해 첫 번째 원격 측정 백엔드 시스템을 살펴볼 준비가 되었습니다.

집킨

분산 추적을 위한 백엔드 시스템의 시초인 집킨[159]은 2012년 트위터에서 개발한 오픈 소스입니다. 이 프로젝트는 아파치 2.0 라이선스하에 누구든 자유롭게 사용할 수 있습니다. 커뮤니티

----

159 *https://zipkin.io*

도 활발하게 운영되고 있어 프로젝트에 대한 관리와 개발이 지속적으로 이루어지고 있습니다. 이 프로젝트의 핵심 컴포넌트는 다음과 같습니다.

- 추적을 수신하고 인덱싱하는 컬렉터
- 다양한 데이터베이스에 데이터를 저장할 수 있도록 플러그 형태의 인터페이스를 제공하는 스토리지 컴포넌트(집킨이 기본적으로 제공하는 스토리지 옵션은 카산드라, 일래스틱서치, MySQL입니다)
- 스토리지에서 데이터를 추출하기 위해 사용되는 쿼리 서비스 또는 API
- 사용자에게 시각화와 쿼리 기능을 제공하는 웹 UI

샘플 애플리케이션이 집킨으로 데이터를 보내도록 하는 가장 쉬운 방법은 다음과 같이 OTEL_TRACES_EXPORTER 환경 변수 값을 변경하는 것입니다.

```
$ OTEL_RESOURCE_ATTRIBUTES=service.name=sqlite_example \
  OTEL_TRACES_EXPORTER=zipkin \
  opentelemetry-instrument python sqlite_example.py
```

환경 변수 값을 집킨으로 설정하여 auto-instrumentation이 opentelemetry-exporter-zipkin proto-http 패키지에 정의된 ZipkinExporter를 불러오도록 합시다. 이 익스포터는 HTTP 프로토콜을 이용해 9411번 포트로 집킨을 연결합니다. 브라우저를 실행하여 집킨이 제공하는 웹 UI[160]에 접근해봅시다.

그림 10-2 집킨 UI 랜딩 페이지

---

160 *http://localhost:9411/zipkin*

[그림 10-2]와 같은 화면이 나타나면 [Run Query] 버튼을 클릭해 추적을 검색합니다. 검색 결과에는 두 개의 추적이 나와야 하며, 그 중 하나를 선택하면 추가 스팬 정보가 화면에 출력됩니다. 이 정보에는 계측 라이브러리가 자동으로 추가한 속성도 포함되어 있습니다. 해당 속성들은 집킨 인터페이스의 Tags에서 확인할 수 있습니다(그림 10-3).

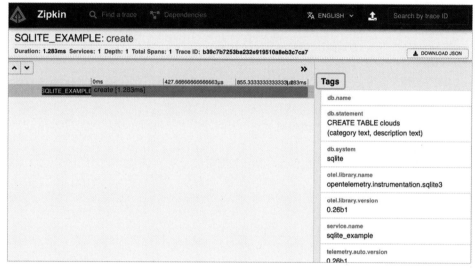

그림 10-3 추적 상세 뷰

쿼리용 인터페이스를 사용하면 추적 ID, 서비스명, 지속 시간, 태그 등 다양한 필터를 활용하여 검색할 수 있습니다. 또한 시간 범위를 지정하여 검색하고자 하는 추적의 범위를 한정할 수도 있습니다.

마지막으로 살펴볼 집킨의 기능은 추적 정보를 생성하는 서비스가 여러 개일 때 유용한 기능입니다. 우리의 도커 환경에서 실행 중인 grocery-store 애플리케이션은 이미 원격 측정 데이터를 만들고 있기 때문에 생성된 데이터가 집킨으로 보내지도록 구성하기만 하면 됩니다. grocery-store 애플리케이션은 데이터를 OpenTelemetry 컬렉터로 보내도록 구성되어 있으므로 컬렉터 설정을 변경하여 데이터를 집킨으로 보내도록 업데이트해봅시다. 다음 설정을 추가하면 컬렉터에 대한 집킨 익스포터를 활성화할 수 있습니다.

config/collector/config.yml

```
receivers:
  otlp:
    protocols:
      grpc:
exporters:
  logging:
    loglevel: debug
  zipkin:
    endpoint: http://zipkin:9411/api/v2/spans
service:
  pipelines:
    traces:
      receivers: [otlp]
      exporters: [logging, zipkin]
    metrics:
      receivers: [otlp]
      exporters: [logging]
    logs:
      receivers: [otlp]
      exporters: [logging]
```

변경된 설정을 적용하려면 OpenTelemetry 컬렉터 컨테이너를 재시작해야 합니다. 예제 소스의 chapter10 폴더에서 다음의 명령을 실행합시다.

```
$ docker compose restart opentelemetry-collector
```

도커 컴포즈 환경 전체를 재시작하는 방법도 있지만 opentelemetry-collector 컨테이너를 재시작하는 것이 더 편리합니다.

> 다른 경로에서 재시작 명령을 실행하면 알맞은 설정을 찾을 수 없어 오류가 발생합니다. 명령 실행 전 경로를 확인하기 바랍니다.

다시 집킨 인터페이스로 돌아가봅시다. 추적 검색은 추적이 여러 서비스의 스팬에 걸쳐 있을 때 훨씬 더 흥미로운 결과를 보여줍니다. 특정 이름이나 태그에 대해 검색 쿼리를 실행해보면서 데이터를 꼼꼼히 살펴봅시다. 주목할 만한 기능은 의존성 그래프입니다(그림 10-4). 이 그래프는 grocery-store 애플리케이션의 각 컴포넌트가 어떻게 연결되어 있는지를 보여주는 서비스 다이어그램을 제공합니다.

그림 10-4 집킨이 제공하는 서비스 의존성 다이어그램

서비스 의존성 다이어그램은 시스템의 개요를 빠르게 살펴보거나 컴포넌트 간 정보의 흐름을 이해하는 데 많은 도움이 됩니다. 이 기능을 다른 추적 백엔드 시스템과 비교해봅시다.

예거

우버의 개발자가 만든 예거[161]는 2015년에 오픈 소스가 되었습니다. 그리고 2017년에는 OpenTelemetry를 관리하고 있는 클라우드 네이티브 컴퓨팅 재단Cloud Native Computing Foundation(CNCF)의 과제가 되었습니다. 예거 프로젝트는 다음과 같은 기능을 제공합니다.

- 애플리케이션 가까이에서 실행되는 에이전트(애플리케이션과 동일한 호스트 또는 포드 내에서 실행됩니다)

---

161 *https://www.jaegertracing.io*

- 분산 추적 정보 수신용 컬렉터(환경 구성에 따라 데이터 스토어^{datastore}에 직접 저장하거나 버퍼링을 위해 카프카를 사용합니다)
- 카프카에서 데이터를 읽어 데이터 스토어로 내보내기 위해 (선택적으로) 배포되는 인제스터^{ingester}[162]
- 사용자가 데이터를 조회할 수 있도록 웹 UI를 제공하는 쿼리 서비스

잠시 샘플 SQLite 애플리케이션으로 돌아가보면 OpenTelemetry가 JaegerExporter를 사용하도록 설정하고 있습니다. OTEL_TRACES_EXPORTER 변수를 집킨 대신 에거로 업데이트하고 opentelemetry-instrument를 실행하면 동일한 작업을 쉽게 수행할 수 있습니다. 하지만 애플리케이션에 대한 자동 계측이 항상 가능한 것은 아닙니다. 따라서 이러한 익스포터들을 수동으로 설정하는 방법을 익혀두면 언젠가는 분명 도움이 될 것입니다. 다음에 살펴볼 예제 코드는 추적 파이프라인에서 봤던 익숙한 설정을 추가합니다. 그리고 아래의 내용은 몇 가지 주의 사항입니다.

- JaegerExporter는 기본적으로 보안 연결을 사용하도록 설정됩니다. 보안 연결을 사용하지 않으려면 insecure=True 인자를 사용합니다.
- 코드는 수동으로 SQLite3Instrumentor를 호출하여 sqlite3 라이브러리를 통해 호출을 추적합니다.

이전에 작성한 SQLite 예제 코드의 맨 앞에 다음 코드를 추가합니다.

sqlite_example.py

```
...
from opentelemetry import trace
from opentelemetry.exporter.jaeger.proto.grpc import JaegerExporter
from opentelemetry.instrumentation.sqlite3 import SQLite3Instrumentor
from opentelemetry.sdk.trace import TracerProvider
from opentelemetry.sdk.resources import Resource
from opentelemetry.sdk.trace.export import BatchSpanProcessor

def configure_opentelemetry():
    SQLite3Instrumentor().instrument()
    exporter = JaegerExporter(insecure=True)
    provider = TracerProvider(
        resource=Resource.create({"service.name": "sqlite_example"}))
```

---

162 옮긴이_카프카에 저장된 로그를 읽어들여(consume) 데이터를 스토리지에 저장하는 역할을 합니다.

```
    )
    provider.add_span_processor(BatchSpanProcessor(exporter))
    trace.set_tracer_provider(provider)

configure_opentelemetry()
...
```

다음 명령으로 애플리케이션을 실행하면 데이터가 예거로 전송됩니다.

```
$ python sqlite_example.py
```

브라우저를 열고 *http://localhost:16686/* 주소에 접속해 예거 인터페이스에 접근합니다. 랜딩
페이지에 접속한 후 추적을 검색하면 [그림 10-5]와 비슷한 결과를 보게 될 것입니다. 예거에
서 추적을 찾기 전에 왼쪽 메뉴의 드롭다운 박스에서 서비스를 선택해야 한다는 점을 기억합
시다.

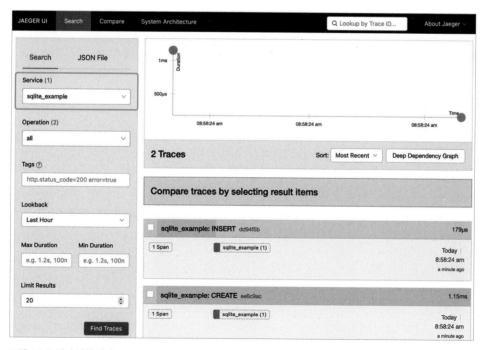

그림 10-5 예거 검색 결과

각 추적의 상세 내용을 살펴보면 구성은 약간 다르지만 앞서 집킨을 통해 확인한 것과 같은 정보를 예거에서도 볼 수 있습니다. 다음으로 컬렉터 파일의 설정을 업데이트하여 grocery-store 애플리케이션에서 예거로 추적을 전송하도록 해봅시다. 컬렉터 설정 파일의 익스포터 정의 아래에 다음과 같이 예거 섹션을 추가합니다.

config/collector/config.yml

```
...
exporters:
...
  jaeger:
    endpoint: jaeger:14250
    tls:
      insecure: true
service:
  pipelines:
    traces:
      receivers: [otlp]
      exporters: [logging, zipkin, jaeger]
...
```

업데이트된 설정을 다시 불러오기 위해 다음 명령을 사용해 컬렉터 컨테이너를 재시작합니다.

```
$ docker compose restart opentelemetry-collector
```

예거 웹 UI는 더 많은 데이터가 들어오기 시작하면 더욱 흥미로운 결과를 보여줍니다. 예를 들어 앞선 검색 결과에 대해 출력된 산점도$^{scatter\ plot}$를 살펴봅시다(그림 10-6). 산점도는 이상치를 식별하기에 아주 좋습니다. 또한 개별 추적을 클릭하면 자세한 내용을 표시합니다.

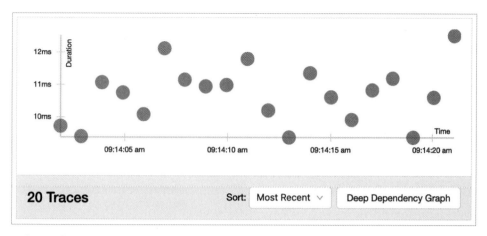

그림 10-6 추적 지속 시간에 대한 산점도

예거도 집킨처럼 시스템 아키텍처 다이어그램을 통해 서비스 간의 관계를 시각화합니다. 예거는 검색 결과에서 관심 있는 추적을 선택해 비교하는 기능을 제공합니다. [그림 10-7]은 동일한 연산에 대한 서로 다른 두 개의 추적을 비교하는 것을 보여줍니다. 한 가지 사례로 grocery-store 애플리케이션이 legacy-inventory 서비스에 연결하지 못하여 오류가 발생하고 스팬이 소실된 경우가 있었습니다.

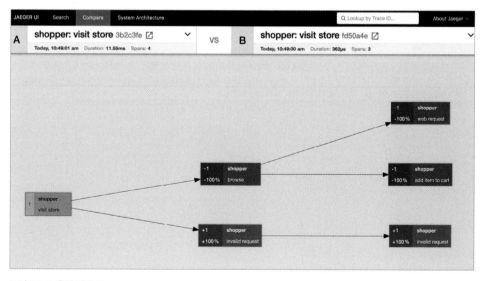

그림 10-7 추적 비교 표

시각화를 통해 추적을 비교하면 정상적인 추적과 오류가 발생한 추적을 빠르게 식별할 수 있고 변경이 발생한 영역에 집중할 수 있습니다.

메트릭

2021년 11월 기준으로 프로메테우스는 메트릭 시그널을 공식적으로 지원하는 유일한 익스포터입니다.[163] StatsD를 지원해달라는 요청[164]이 있었지만 StatsD에 대한 규격이 없기 때문에 공식 지원 작업은 중단되었습니다.

프로메테우스

사운드클라우드의 엔지니어가 2012년에 개발한 프로메테우스[165]는 가장 널리 사용되는 메트릭 시스템입니다. 프로메테우스는 다차원 데이터를 지원하고 최고 수준의 경고 시스템을 제공하면서 데브옵스 실무자들이 선호하는 도구로 자리잡았습니다. 프로메테우스는 처음 등장했을 때만 해도 풀pull 방식의 메트릭 수집 기능만 제공했습니다. 그래서 메트릭을 저장하고자 하는 애플리케이션은 네트워크 엔드포인트를 통해 메트릭을 제공하여 프로메테우스 서버가 스크랩할 수 있도록 해야 했습니다. 현재는 Prometheus Remote Write 기능을 통해 푸시push 방식을 지원하여 메트릭을 생성하는 애플리케이션들이 원격지의 프로메테우스 서버에 데이터를 저장할 수 있습니다. 우리가 관심 있게 봐야 할 프로메테우스의 컴포넌트는 다음과 같습니다.

- **프로메테우스 서버**: 데이터를 수집해 시계열 데이터베이스timeseries database(TSDB)에 저장합니다.
- **프로메테우스 쿼리 언어**Prometheus Query Language(**PromQL**): 메트릭을 검색하고 집계합니다.
- **프로메테우스 웹 UI**: 메트릭 데이터를 시각화합니다.

파이썬으로 만들어진 프로메테우스 익스포터의 현재 버전[166]은 여전히 개발 중인 관계로 이번 절에서는 컬렉터를 통해 전송된 grocery-store 애플리케이션 데이터에 집중하겠습니다. 컬렉

---

163 옮긴이_ 2023년 6월 기준으로도 동일합니다.

164 https://github.com/open-telemetry/opentelemetry-specification/issues/374

165 https://prometheus.io

166 https://opentelemetry.io/docs/reference/specification/metrics/sdk_exporters/prometheus/

터가 제공하는 프로메테우스 익스포터의 구현 역시 개발 단계지만 더 완성도가 높은 상태입니다. 다음 설정을 컬렉터 설정에 추가하여 메트릭을 프로메테우스로 전송합시다.

config/collector/config.yml

```
exporters:
  ...
  prometheus:
    endpoint: 0.0.0.0:8889
    resource_to_telemetry_conversion:
      enabled: true
service:
  pipelines:
...
    metrics:
      receivers: [otlp]
      exporters: [logging, prometheus]
...
```

설정을 수정했으면 다음 명령을 사용해 컬렉터를 리로드합시다.

```
$ docker compose restart opentelemetry-collector
```

브라우저 열고 *http://localhost:9090*에 접근하면 프로메테우스 웹 인터페이스를 볼 수 있습니다. 다음은 PromQL을 이용해 작성된 쿼리문으로, OpenTelemetry 컬렉터가 생성한 모든 메트릭을 반환합니다.

```
{job="opentelemetry-collector"}
```

결과 화면은 [그림 10-8]과 같습니다.

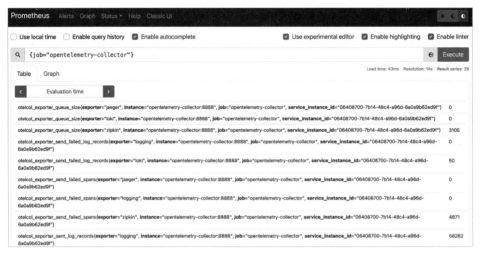

그림 10-8 PromQL 쿼리 실행 결과

프로메테우스의 풀 방식은 프로메테우스 서버의 수평적 확장을 쉽게 만들어주기 때문에 다양한 환경에서 사용하기 좋습니다. 물론 다른 백엔드 시스템과 마찬가지로 프로메테우스를 확장하는 것에는 풀어야 할 숙제들이 있습니다. 아쉽게도 여러 지역에 걸친 데이터 가용성이나 장기 저장 스토리지와 같은 주제는 이 책에서 다루지 않습니다. 예거, OpenTelemetry와 마찬가지로 프로메테우스 역시 CNCF가 담당하고 있는 프로젝트입니다.

로깅

아직 공식적으로 지원되는 백엔드 시스템은 없지만, 파일을 직접 살펴보거나 서비스가 시작되었는지 확인해보지 않고도 로그를 조회할 수 있는 방법이 있다면 분명 도움이 될 것입니다. 이번 절에서 논의하는 도구에는 OpenTelemetry 컬렉터에서 제공하는 익스포터가 포함되기 때문에 다른 언어로 개발된 익스포터가 필요하지는 않습니다.

로키

로키는 2018년 그라파나 랩에서 시작된 프로젝트로, 쉽게 확장 가능하도록 설계된 로그 집계 시스템입니다. 프로메테우스에서 영감을 받았으며, 다음과 같은 컴포넌트로 구성되어 있습니다.

- 들어오는 로그 데이터를 인제스터로 보내기 전에 검증하고 전처리하는 분배기|distributor
- 데이터를 스토리지에 기록하고 인메모리|in-memory 데이터에 대한 엔드포인트를 제공하는 인제스터
- 설정된 규칙을 해석하고 이를 기반으로 특정 작동을 수행하도록 하는 규칙 설정기|ruler
- 인제스터와 스토리지를 통해 쿼리를 수행하는 쿼리 수행기|querier
- 쿼리 수행기로 보내는 요청을 최적화하기 위한 프록시 역할을 하는 쿼리 프런트엔드

이 컴포넌트들은 단일 디플로이먼트에서 실행되거나 개별 서비스로 실행될 수 있으므로 가장 적합한 모드로 쉽게 배포가 가능합니다. OpenTelemetry 컬렉터는 다음과 같은 코드로 설정할 수 있는 로키를 위한 익스포터를 제공합니다. 로키 익스포터를 위한 설정은 데이터를 전송하기 전에 속성과 리소스 속성의 레이블을 변경할 수 있게 합니다. 다음 코드에서 service. name 리소스 속성은 job이라는 이름으로 변경되었습니다.

config/collector/config.yml

```yaml
exporters:
  ...
  loki:
    endpoint: http://loki:3100/loki/api/v1/push
    labels:
      resource:
        service.name: "job"
service:
  pipelines:
  ...
    logs:
      receivers: [otlp]
      exporters: [logging, loki]
...
```

컬렉터를 재시작하여 설정을 리로드하고 데이터를 로키로 전송합니다.

```
$ docker compose restart opentelemetry-collector
```

이제 로그 데이터를 살펴볼 시간입니다. 앞서 살펴본 로키와 관련된 컴포넌트 중에 데이터 시각화를 위한 인터페이스가 없다는 점을 눈치챘을 것입니다. 로키가 별도의 프로젝트인 그라파나를 인터페이스로 채택했기 때문입니다.

그라파나

그라파나[167]는 그라파나 랩이 2014년에 개발하기 시작한 오픈 소스로, 사용자가 원격 측정 데이터를 쿼리하고 시각화할 수 있게 해주는 도구입니다. 그라파나를 사용하면 추적, 메트릭, 로그에 대해 다양한 형식을 지원하는 데이터 소스를 설정할 수 있습니다. 이러한 데이터 소스에는 집킨, 예거, 프로메테우스뿐만 아니라 로키도 포함됩니다. 이제 로키 백엔드 시스템으로 전송한 로그에 어떻게 접근할 수 있는지 살펴봅시다. 브라우저를 열고 *http://localhost:3000/explore* 주소에 직접 접근하거나 웹 인터페이스의 메뉴를 이용해 그라파나 인터페이스의 Explore 영역으로 이동합니다. 그런 다음 쿼리 필드에 {job=~"grocerystore|inventory|shopper"}를 입력합니다. 이 쿼리는 grocery-store 애플리케이션 컴포넌트에 대한 모든 로그를 보여줄 것입니다.

그림 10-9 로그 검색 결과

---

167 *https://grafana.com/grafana/*

그라파나를 통해 사용자는 데이터 소스로 수집된 데이터에 대한 대시보드와 경고를 만들 수 있습니다. 그라파나는 모든 시그널에서 수집된 데이터를 볼 수 있으므로 [그림 10-10]과 같이 하나의 대시보드에 모든 시그널에 관한 데이터를 표시할 수 있습니다. 개발 환경에 대해 미리 설정된 대시보드의 예시는 *http://localhost:3000/d/otel/opentelemetry*에서 확인할 수 있습니다.

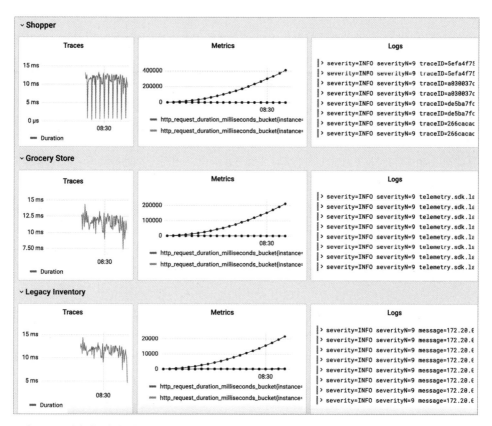

그림 10-10 여러 시그널에 관한 데이터를 함께 보여주는 대시보드

이 외에도 여기서 다루는 도구들은 여러 기능을 제공합니다. 도구에 관한 많은 정보와 기능별 설명은 각 프로젝트의 웹 사이트에서 확인할 수 있습니다. 관심 있는 도구가 있다면 해당 웹 사이트를 통해 더 많은 정보를 얻는 것을 추천합니다.

10.3 운영 환경에서의 실행

분석 도구를 개발 환경에서 사용하는 것과 운영 환경에서 사용하는 것은 전혀 다른 이야기입니다. 단일 서버에서 하나의 컨테이너를 실행하는 것은 조직에 중요한 정보를 제공하는 서비스를 운영하는 데 있어 받아들이기 어려운 전략입니다. 이보다는 실제 환경의 요구 사항에 맞추어 원격 측정 데이터에 대한 백엔드 시스템을 확장하는 것이 더 합리적입니다. 지금부터는 앞서 언급한 백엔드 시스템과 관련 도구를 운영 환경에서 사용하기 전에 알고 있어야 하는 것들에 관해 이야기하겠습니다.

고가용성

원격 측정 데이터에 대한 백엔드 시스템의 가용성은 최종 사용자가 이용하고 모니터링하는 애플리케이션의 가용성만큼 중요하진 않습니다. 다만 장애를 겪은 후 조사에 필요한 데이터가 사용할 수 없게 되었거나 소실되면 문제가 될 수 있습니다. 만약 애플리케이션이 99.99%의 가용성을 보장하고 있다면 원격 측정 데이터에 대한 백엔드 시스템 역시 이에 맞춰 작동해야만 합니다. 고가용성을 지원하는 백엔드 시스템을 고려하고 있다면 다음과 같은 항목을 염두에 두어야 합니다.

- 원격 측정 데이터 수신기들이 송신기가 보내는 정보를 받을 준비가 되었는지 확인합니다. 이것은 송신기와 수신기 사이에 로드밸런서를 배치하여 해결 가능한 부분입니다.
- 백엔드 시스템을 업그레이드하는 방법과 관찰 중인 애플리케이션에 미치는 영향을 최소화하는 방법을 고려합니다.
- 데이터 쿼리 기능에 대한 기대치를 이해해야 합니다.
- 치명적인 오류의 영향을 줄이기 위해 다른 스토리지로 복제할 데이터의 양을 결정합니다.

추가로, 지리적으로 분산된 환경에서 애플리케이션이 먼 지역에 배포된 백엔드 시스템과 데이터를 주고 받을 때 어떻게 작동할지 생각해야 합니다. 지금까지 다룬 대부분의 백엔드 시스템은 고가용성을 지원하는 모드로 백엔드를 배포하도록 권장합니다.

확장성

원격 측정에 대한 백엔드 시스템은 지원하는 애플리케이션 규모가 커지면 그에 걸맞는 규모로 확장되어야 합니다. 인스턴스를 추가하든 백엔드 시스템이 사용 중인 리소스의 수를 늘리든 도구의 지원 방식을 알고 있으면 어떤 백엔드 시스템을 쓸 것인지 결정하는 데 도움이 됩니다. 이 과정에 도움이 될 만한 질문은 다음과 같습니다.

- 백엔드 시스템의 컴포넌트들은 개별적으로 확장될 수 있는가?
- 백엔드 시스템을 확장할 때 수직적 확장 또는 수평적 확장이 필요한가?
- 솔루션이 확장될 수 있는 최대 크기는 얼마인가? 하드 리밋이 존재하는가?

확장성을 고려할 때, 사용하는 도구의 한계를 이해하는 것은 해당 도구를 최대 수준으로 활용하지 않더라도 필수적인 일입니다.

데이터 보존

원격 측정을 하면서 만나게 되는 한 가지 과제는 생성되는 데이터의 양과 관련이 있습니다. 데이터가 언제 필요할지 알 수 없기 때문에 모든 세부 정보를 영구적으로 저장하는 것이 좋지 않을까 하는 생각을 하기 쉽습니다. 하지만 이것은 오래 전 버려진 하드웨어에서 사용하던 낡은 케이블이나 커넥터를 언젠가 사용할 일이 있을 거라 생각하면서 서랍에 넣어두는 것과 같습니다. 모든 데이터를 영구적으로 저장하면 규모에 따라 비용이 많이 들 수 있습니다. 이런 상황에서 엔지니어는 비용을 줄여야 한다는 압박을 느껴 로그나 데이터를 적게 수집하게 됩니다. 아이러니하게도 적은 양의 데이터에서는 의미 있는 값을 찾기 어렵기 때문에 결과적으로는 비용을 아낀 것이 아니라 낭비한 것이 될 수 있습니다. 따라서 우리는 다음과 같은 사항들을 고려해야 합니다.

- 생성되는 데이터의 양을 감안하여 수용 가능한 데이터 보존 기간을 식별합니다. 이 기간은 문제가 발생했을 때 얼마나 빨리 문제를 식별해낼 수 있는가에 따라 결정됩니다.
- 장기 데이터 스토리지가 필요하다면 운영 비용을 줄이기 위해 저비용 스토리지를 사용합니다. 저비용 스토리지를 사용하면 데이터 쿼리 시간이 늘어나는 문제가 있지만 데이터를 계속 사용할 수 있습니다.
- 시그널별로 서로 다른 샘플링 옵션을 적용해 데이터를 저장합니다. 샘플링은 〈Chapter 12 샘플링〉에서 더 자세히 다루겠습니다.

데이터 보존 기간은 엔지니어들이 자리를 비우는 시간까지 감안하여 정해야 합니다. 예를 들어 주말에 시스템을 감시할 수 있는 사람이 없다면 데이터는 적어도 3일 이상 보관되어야 합니다. 그렇지 않으면 주말 동안 발생한 문제를 조사할 수 없게 됩니다.

데이터 보존 방식을 어떤 식으로 결정하든 이를 미세 조정할 수 있는 방법은 많습니다. 그리고 데이터를 사용하는 조직에서 데이터 보존 기간이 얼마나 되는지 인식하는 것도 매우 중요합니다.

개인 정보 보호 규정

애플리케이션이 만든 원격 측정 데이터는 그 내용에 따라 저장 위치와 저장 방법이 다를 수 있습니다. 예를 들어 일반 데이터 보호 규칙General Data Protection Regulation(GDPR)에서는 개인을 식별할 수 있는 데이터를 가명화pseudonymization하여 추가 처리 없이는 아무도 데이터를 특정 개인과 관련지을 수 없게 할 것을 권장합니다. 여러분의 환경과 생성된 원격 측정 데이터에 따라 다음과 같은 사항을 고려해야 합니다.

- 데이터를 특정 국가나 지역에 저장해야 할 수 있습니다.
- 데이터를 저장하기 전에 추가 가공이 필요할 수 있습니다. 이는 데이터를 암호화하는 것부터 개인 식별 정보를 삭제하거나 가명화하는 것까지 다양한 것을 의미할 수 있습니다.

원격 측정 데이터를 다른 원격 측정 백엔드 시스템으로 보내기 전에 OpenTelemetry 컬렉터를 데이터 수신기로 사용하여 개인 정보 보호와 관련된 우려를 줄일 수 있습니다. 컬렉터의 여러 처리기를 이용하여 민감한 정보를 쉽게 삭제할 수 있습니다.

정리하기

오늘날 소프트웨어 엔지니어는 새로운 기술과 도구를 평가하여 목표 달성에 필요한 능력을 향상시킬 수 있는지 판단할 수 있어야 합니다. 자동 계측, 코드 내 구성, OpenTelemetry 컬렉터를 활용하면 빠르게 데이터를 한 백엔드 시스템에서 다른 백엔드 시스템으로 전송하고, 이때 사용된 도구를 비교할 수 있습니다. 지금까지 살펴본 도구들을 잘 다루기 위해서는 많은 연습과 경험이 필요합니다. 시중에 운영 환경에서 도구를 실행하는 것에 관한 내용만 다루는 책들이 출간되어 있으니 참고하기 바랍니다.

또한 이러한 도구를 배포할 때 추가로 고려해야 하는 영역을 이해하면 알려져 있지 않은 무언가를 발견할 수 있습니다. 우리는 다양한 도구를 살펴보고 각 도구가 데이터 시각화 기능을 제공하는지 확인해보며 어떻게 원격 측정 데이터가 시스템에 관한 질문에 답할 수 있는지 알 수 있었습니다. Chapter 11에서는 시각화를 통해 문제를 식별하는 방법을 살펴보겠습니다.

문제점 분석

지금까지 애플리케이션 코드를 계측하고, 컬렉터를 구성해 데이터를 전송하고, 원격 측정 데이터를 수신할 백엔드 시스템을 설정했습니다. 이제 시스템을 관찰하기 위한 모든 준비가 끝났습니다. 그런데 이렇게 준비한 것을 어떻게 활용해야 할까요? 이 도구들을 가지고 시스템의 문제를 어떻게 찾을 수 있을까요? Chapter 11에서 이 질문에 대한 답을 찾아볼 것입니다. 분석가의 시각으로 시스템에 이벤트가 발생했을 때 데이터의 형상이 어떻게 변화하는지 살펴보겠습니다. 구체적으로는 다음과 같은 내용을 다룹니다.

- 카오스 엔지니어링chaos engineering을 활용해 시스템에 대한 실험을 수행하는 프레임워크를 제공하는 방법
- 분산 시스템 환경에서 발생할 수 있는 일반적인 문제의 시나리오
- 시스템에 인위적인 장애를 발생시킬 수 있는 도구

각 시나리오를 살펴보며 실험의 개요를 설명하고 가설을 제안합니다. 그리고 원격 측정 데이터를 이용하여 우리의 예측과 실제 수집된 데이터가 일치하는지 검증합니다. 데이터 활용과 분석 도구에 더 익숙해지면 운영 환경의 시스템과 관련된 질문에 대한 답을 찾는 방법을 이해할 수 있습니다. 환경 설정부터 시작해봅시다.

11.1 환경 설정

이번에도 grocery-store 애플리케이션을 사용합니다. 하지만 원격 측정 데이터가 어떻게 생성되는지 살펴보는 것이 아니라 원격 측정 데이터를 분석하는 것이 목표이기 때문에 애플리케이션 코드를 깊게 다루지는 않습니다. 따라서 개별 애플리케이션을 작동시키는 대신 도커 컴포즈를 통해 도커[168] 컨테이너를 실행할 것입니다. 다음 명령을 사용해 여러분의 환경에 도커가 설치되어 있는지 확인하기 바랍니다.

```
$ docker version
Client:
  Cloud integration: 1.0.14
  Version: 20.10.6
  API version: 1.41
  Go version: go1.16.3 ...
```

도커 컴포즈도 설치되어 있는지 확인합니다.

```
$ docker compose version
Docker Compose version 2.0.0-rc.2
```

이 책의 GitHub 저장소[169] chapter11 폴더에서 도커 컴포즈 설정, 도커 컨테이너를 실행하는데 필요한 설정을 다운로드할 수 있습니다. 다음 명령으로 설정 파일들을 다운로드합시다.

```
$ git clone https://github.com/PacktPublishing/Cloud-Native-Observability
$ cd Cloud-Native-Observability/chapter11
```

다운로드를 완료했다면 환경 구성을 시작합니다.

---

168 *https://docs.docker.com/get-docker/*
169 *https://github.com/PacktPublishing/Cloud-Native-Observability*

```
$ docker compose up
```

다양한 실험을 수행하면서 실행 중인 도커 환경을 초기화할 수 있어야 합니다. 다음 명령을 통해 실행 중인 컨테이너를 중지시키고 삭제할 수 있습니다.

```
$ docker compose stop
$ docker compose rm
```

실험에 필요한 도구들은 grocery-store 애플리케이션 컨테이너 안에 이미 설치되어 있으므로 다른 도구를 추가로 설치할 필요는 없습니다. 컨테이너 내의 도구를 실행하려면 docker exec와 docker run 명령을 사용합니다.

11.2 카오스 엔지니어링

현실은 억지로 문제 상황을 만들 필요가 없을 정도로 충분히 예측 불가능합니다. 갑작스럽게 설정이 변경되고, 상어가 해저 케이블을 물어뜯고, 정전으로 인해 데이터 센터가 영향을 받는 등 엄청난 규모의 문제를 일으킬 수 있는 이벤트가 쉴새 없이 일어납니다. 특히 분산 시스템 환경에서는 시스템을 구성하는 요소 간 의존성으로 인해 개발 환경에서는 발생하지 않았던 장애가 운영 환경에서 일어나기도 합니다.

애플리케이션을 운영 환경에 배포하기 전에 스트레스 테스트, 부하 테스트, 기능 테스트, 통합 테스트를 수행하면 예상치 못한 작동이 시스템 전체에 영향을 주는 것을 예방할 수 있습니다. 하지만 운영 환경이 아닌 곳에서는 재현하기 힘든 상황도 존재합니다. 이 경우 엔지니어는 카오스 엔지니어링[170]으로 알려져 있는 테스트를 통해 시스템의 작동을 이해하고 탐색할 수 있습니다. 카오스 엔지니어링은 실험을 통해 시스템에 인위적으로 새로운 조건을 부여하는 방식으

---

170 _https://principlesofchaos.org_

로 진행됩니다. 이러한 실험의 목적은 시스템이 운영 환경에서 대규모의 실패 상황을 견딜 만큼 충분히 견고한지 확인하기 위함입니다.

> 카오스 엔지니어링은 운영 환경에서 수행됩니다. 따라서 실제 사용자에게 불필요한 불편을 끼치면 안 된다는 점을 반드시 기억합시다. 실험은 반드시 한정된 범위 내에서 진행되어야 합니다. 이름에 '카오스'(혼돈을 뜻함)라는 말이 있지만 데이터 센터에 방문해 서버에 연결된 케이블을 '우연히' 뽑는 것과 같은 행동을 해서는 안 된다는 뜻입니다.

실험 순서는 다음과 같습니다.

1 정상 상태 또는 안정된 상태의 시스템에서 시작합니다.
2 실험이 시스템의 상태에 미칠 수 있는 영향을 설명하기 위해 가설을 제시합니다.
3 제안된 실험을 시스템에서 수행합니다.
4 시스템에 미치는 영향을 검증하여 예측이 가설과 일치하는지 확인합니다. 검증 단계는 실험의 예상치 못한 부작용을 파악할 수 있는 기회를 제공합니다. 예상한 대로 작동했다면 정말 다행입니다! 하지만 그렇지 않다면 '왜?'라는 질문을 던져야 합니다. 무슨 일이 일어났는지 이해하는 것은 필수입니다. 또한 예상보다 더 잘 작동했다면 왜 그런지 확실히 이해해야 합니다. 대부분의 사람은 결과가 좋을 때 왜 그런지 깊이 생각해보지 않고 넘어가는 경향이 있습니다.
5 검증이 완료되었다면 시스템에 대한 개선 작업을 수행한 뒤 실험을 다시 반복합니다. 이상적으로는 시스템에서 얻은 결과가 만족스러울 때 이러한 실험을 자동화하여 향후에 발생할 수 있는 시스템의 퇴보를 방지할 수 있습니다.

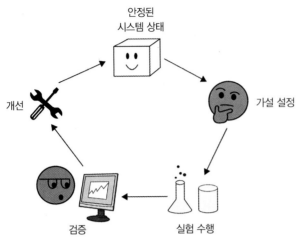

안정된
시스템 상태

개선

가설 설정

검증

실험 수행

그림 11-1 카오스 엔지니어링의 생애 주기

가설을 세우는 단계는 매우 중요합니다. 진행하려는 실험이 시스템에 치명적인 영향을 줄 수도 있다면 실험 진행 자체를 다시 고려해야 하기 때문입니다.

예를 들어 모든 운영 서버를 동시에 끄면 시스템 전체에 장애가 발생한다는 가설은 검증할 필요가 없습니다. 또한 이 실험은 모든 시스템 사용자에게 불필요한 불편을 끼칠 것이 너무나 명확합니다. 이러한 실험을 운영 환경에서 진행하는 것은 사용자들이 얼마나 빠르게 트위터에 불만 트윗을 올리는지를 측정하는 목적 외에는 아무짝에도 쓸모가 없습니다.

대신 시스템이 작동 중인 특정한 가용성 영역^{availability zone}이나 리전을 중지시켜 로드밸런서가 정상적으로 작동하는지 확인하는 실험을 할 수 있습니다. 이를 통해 장애가 발생했을 때 운영 트래픽이 어떻게 처리되는지 알 수 있고 시스템이 장애 처리를 제대로 수행하는지 확인할 수 있습니다. 물론 시스템에 이런 메커니즘이 구현되어 있지 않다면 실험은 모든 시스템을 동시에 중지시키는 것과 별반 다르지 않기 때문에 진행할 만한 가치가 없습니다.

이제 grocery-store 시스템에 여러 가지 장애를 발생시킬 것입니다. 장애 상황에 대한 가설을 세우고 실험을 수행하여 가정이 맞는지 검증하고, grocery-store 애플리케이션이 생성한 원격 측정 데이터를 활용하여 시스템이 예상대로 작동하는지 확인할 것입니다. 이를 통해 시스템이 만든 원격 측정 데이터를 사용해 시스템에 대한 질문에 답할 수 있는 방법을 이해할 수 있습니다. 가장 먼저 네트워크에 연결된 모든 애플리케이션에 영향을 줄 수 있는 문제인 지연 시간^{latency}에 관해 살펴봅시다.

실험1 지연 시간 증가

지연 시간은 호출자가 시스템에 요청을 보내고 응답을 받을 때 발생하는 대기 시간입니다. 지연 시간은 시스템의 여러 지점에서 발생할 수 있습니다. 특히 분산 시스템에서는 한 서비스가 다른 서비스를 호출하는 모든 지점에서 지연이 발생할 수 있습니다. [그림 11-2]는 두 서비스 사이에서의 지연 시간을 어떻게 계산하는지 보여줍니다. 서비스 A는 원격지의 서비스 B를 호출하며, 이 요청이 처리되기까지 25ms가 소요됩니다. 하지만 소요 시간의 대부분은 데이터를 서비스 B로 보내고 서비스 B로부터 응답을 받을 때 발생합니다. 코드 수행에 소요되는 시간은 단지 5ms에 불과합니다.

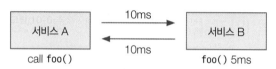

그림 11-2 원격지 서비스 호출 시 발생하는 지연

서비스가 동일한 서버에서 작동하는 경우 지연 시간은 일반적으로 무시할 수 있는 수준입니다. 그러나 서비스가 네트워크를 통해 통신할 때는 지연 시간을 반드시 감안해야 합니다. 이는 개발 단계에서도 고려해야 하는 부분입니다. 지연 시간은 다음과 같은 이유로 인해 발생합니다.

- **서비스를 호스팅하는 서버 간의 물리적 거리**
  서비스 간의 거리가 멀수록 지연 시간이 길어집니다.

- **혼잡한 네트워크**
  네트워크가 전송할 수 있는 가용량 한계에 도달하면 데이터 전송 속도를 조절throttle합니다. 따라서 전송되는 데이터가 영향을 받게 됩니다.

- **서비스와 연결된 애플리케이션 또는 시스템의 문제**
  로드밸런서와 DNS 서비스는 두 서비스를 연결하는 데 필요한 수많은 서비스 중 일부에 불과합니다.

개요

첫 번째 실험은 grocery-store 애플리케이션이 사용하는 네트워크 인터페이스에서 지연 시간을 늘리는 것입니다. 실험에는 리눅스의 네트워크 인터페이스 설정 변경 유틸리티인 tc(traffic control의 약자)[171]를 이용합니다. tc는 패킷 로스packet loss, 지연 시간 증가, 동시 처리량

---

171 *https://en.wikipedia.org/wiki/Tc_(Linux)*

throughput 제한 등 호스트에 대해 여러 가지 시나리오를 시뮬레이션할 수 있는 강력한 유틸리티입니다. 이번 실험에서는 [그림 11-3]과 같이 네트워크 인터페이스의 인바운드 inbound, 아웃바운드 outbound 트래픽에 지연을 추가할 것입니다.

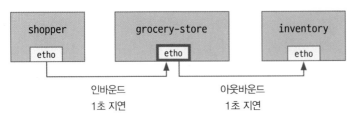

인바운드
1초 지연

아웃바운드
1초 지연

그림 11-3 [실험 1]은 네트워크 인터페이스에 지연을 추가합니다.

가설

grocery-store 애플리케이션이 사용하는 네트워크 인터페이스에서 지연 시간을 늘리면 다음과 같은 문제가 발생합니다.

- 애플리케이션이 처리한 총 요청 수 감소
- 요청 처리 시간 증가

다음과 같이 도커 명령을 사용하여 지연 시간을 추가해봅시다. 이 명령은 grocery-store 애플리케이션이 구동 중인 컨테이너 내부의 tc 유틸리티를 이용하여 eth0 인터페이스로 수신 및 송신되는 모든 트래픽에 1초 지연을 추가합니다.

```
$ docker exec grocery-store tc qdisc add dev eth0 root netem delay 1s
```

검증

생성된 메트릭과 추적을 관찰하려면 그라파나에 생성된 애플리케이션 메트릭 대시보드[172]에 접근해야 합니다. 차트를 통해 Request 카운트 수치가 떨어지고 Request 지속 시간 분위수가 증가하는 것을 바로 확인할 수 있습니다. 시간이 흐르면 [그림 11-4]와 같이 Request 지속 시

---

172 http://localhost:3000/d/apps/applicationmetrics

간 분포에 대한 히스토그램이 변화하면서 지속 시간이 긴 요청의 수가 증가하는 것을 볼 수 있습니다.

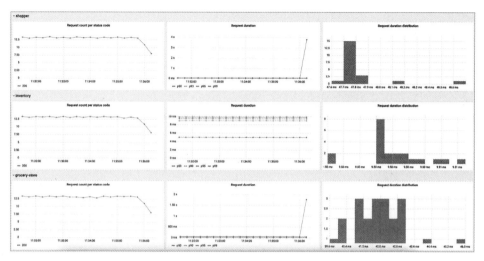

그림 11-4 shopper, grocery-store, inventory 서비스에 대한 메트릭 요청

inventory와 grocery-store 서비스에서 요청 수가 감소하는 점은 동일하지만 inventory 서비스에 대한 요청 지속 시간은 변하지 않는 점에 주목합시다. 이러한 관찰은 좋은 출발점이지만, 요청 지속 시간이 길어지는 지점이 어디인지 정확히 파악하는 것이 더 중요합니다.

> 이 책의 초반부에서 설명한 것처럼 모범 사례로 제공된 메트릭과 추적의 상관관계는 메트릭에서 분석할 구체적인 추적을 제공하여 문제를 더 빠르게 파고드는 데 도움이 됩니다. 하지만 OpenTelemetry의 모범 사례 구현은 아직 진행 중이기 때문에 여기서는 이를 활용하지 않았습니다.

http://localhost:16686 주소로 예거 웹 인터페이스에 접근해 추적 데이터를 살펴봅시다. 우리는 이 메트릭을 통해 발생한 문제가 grocery-store 서비스와 관련이 없다는 것을 알 수 있습니다. 당연하게도 해당 서비스에 대한 추적을 검색해보면 [그림 11-5]와 같은 차트가 생성됩니다.

그림 11-5 예거를 통해 지속 시간 증가를 확인할 수 있습니다.

어떤 일이 발생했다는 것이 명확해졌습니다. [그림 11-6]은 두 개의 추적을 보여줍니다. 상단은 지연 시간을 발생시키기 전의 추적이고 하단은 지연 시간을 발생시킨 후의 추적입니다. 두 차트는 비슷해 보이지만 web request 스팬과 /products 스팬의 지속 시간을 살펴보면 하단 추적의 연산 시간이 상단 추적에서의 시간보다 훨씬 길다는 것을 알 수 있습니다.

그림 11-6 지연 시간 증가 전후의 추적 비교

가설대로 시뮬레이션을 통해 grocery-store 애플리케이션이 처리한 총 요청 수가 감소했습니다. 그 결과 inventory 서비스에 대한 호출 수가 감소했습니다. 관찰된 결과에서 알 수 있듯

shopper 클라이언트의 총 요청 지속 시간은 급격하게 증가했습니다. 이제 지연을 제거하고 시스템을 복구하면 무슨 일이 일어나는지 살펴봅시다. 다음 명령을 사용해 추가했던 지연을 제거합시다.

```
$ docker exec grocery-store tc qdisc del dev eth0 root netem delay 1s
```

지연 시간은 단지 애플리케이션에 문제를 일으킬 수 있는 네트워크 관점의 한 가지 요소에 불과합니다. tc의 네트워크 에뮬레이터[13] 기능을 사용하면 패킷 로스, 비율 제한, 패킷 리오더링 re-ordering[174] 등 여러 가지 증상을 시뮬레이션할 수 있습니다. 네트워크의 다양한 상황에서 발생하는 현상을 확인해보고 싶다면 tc가 제공하는 다양한 옵션으로 시나리오를 만들어보는 것도 재미있을 것입니다.

시스템에 문제를 일으키는 원인이 네트워크에만 있는 것은 아닙니다. 이어서 또 다른 원인을 살펴봅시다.

실험2 리소스 압박

클라우드 서비스 벤더는 그 어느 때보다도 쉽게 새로운 컴퓨팅 리소스를 이용할 수 있게 해주지만 클라우드에서의 컴퓨팅도 여전히 애플리케이션을 실행하고 있는 하드웨어의 물리적인 제약에 묶여 있습니다. 즉, 메모리, 프로세서, 하드디스크 드라이브, 네트워크는 모두 각각의 한계를 가지고 있습니다. 리소스 고갈은 다음과 같이 다양한 요인이 작용해 발생합니다.

- **잘못 설정되거나 오작동하는 애플리케이션**
  애플리케이션이 반복적으로 충돌을 일으키고 재시작되거나, 할당된 메모리 해제에 실패하거나, 네트워크를 통해 과도한 요청을 발생시키는 것 등이 리소스에 대한 부하를 일으킬 수 있습니다.

- **서비스가 처리하는 요청이 많거나 급증하는 경우**
  서비스의 인기가 높다는 좋은 소식일 가능성이 높지만, 악의적인 사용자에 의한 서비스 거부Denial of

---

173 *https://man7.org/linux/man-pages/man8/tc-netem.8.html*
174 옮긴이_패킷 리오더링은 인터넷에서 발생하는 자연스러운 현상으로, 패킷이 전달되는 경로의 지속적인 변화로 인해 수신 측에서 받은 패킷의 순서와 송신 측이 보낸 순서가 다른 것을 말합니다.

Service(DoS) 공격이라면 나쁜 소식이 됩니다. 어떤 상황이든 데이터를 더 많이 처리해야 한다는 것은 더 많은 리소스가 필요하다는 것을 의미합니다.

- **공유된 리소스에서 발생하는 리소스 고갈**
  서비스가 실행되고 있는 물리적인 하드웨어를 함께 사용하는 다른 서비스가 리소스를 많이 사용하는 상황을 말합니다. 이 문제는 시끄러운 이웃 문제[noisy neighbor problem]라고 불리기도 합니다.

오토스케일링이나 동적 리소스 할당은 사용자가 새 리소스를 사용할 수 있는 임계치[threshold]를 설정하도록 해서 시스템의 리소스 압박을 어느 정도 줄이는 데 도움이 됩니다. 임계치를 어떻게 설정해야 하는지 알기 위해 제한된 리소스로 애플리케이션의 작동을 실험해보는 것이 좋습니다.

개요

원격 측정 데이터가 어떻게 리소스 압박을 식별하는 데 도움이 되는지 다음 시나리오를 통해 조사해봅시다. grocery-store 애플리케이션 컨테이너는 도커 컴포즈 설정을 통해 최대 메모리가 50M로 제한되어 있습니다. 컨테이너에 부하를 걸어 메모리 압박을 만들기 위해 stress 유틸리티를 사용합니다. 유닉스가 제공하는 stress 유틸리티[175]는 시스템에 부하를 일으키는 워커를 반복적으로 실행합니다. 이 유틸리티는 부하를 만들고자 하는 리소스에 따라 시스템 함수인 malloc/free, sqrt, sync 등을 호출하여 메모리, CPU, I/O 부하를 생성합니다.

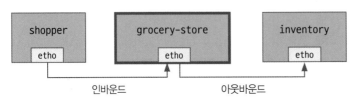

그림 11-7 [실험 2]는 컨테이너 메모리 용량에 대한 압박을 수행합니다.

가설

stress의 작동으로 리소스가 소모되면 다음과 같은 현상이 나타납니다.

- grocery-store 애플리케이션은 요청 처리에 필요한 리소스를 확보하지 못하여 부하가 발생하기 전보다 적은 수의 요청을 처리합니다.

---

175 https://www.unix.com/man-page/debian/1/STRESS/

- grocery-store 애플리케이션이 요청을 처리하는 데 걸리는 시간이 길어지므로 시스템 전체에서 지연 시간이 늘어납니다.

- grocery-store 애플리케이션 컨테이너로부터 수집된 메트릭을 통해 증가된 리소스 압박을 빠르게 식별할 수 있습니다.

다음 명령은 30분 동안 grocery-store 애플리케이션 컨테이너에 대해 총 40M의 메모리를 소모하도록 워커를 추가하여 메모리 압박을 일으킵니다.

```
$ docker exec grocery-store stress --vm 20 --vm-bytes 2M --timeout 30m
stress: info: [20] dispatching hogs: 0 cpu, 0 io, 10 vm, 0 hdd
```

검증

리소스에 대한 부하를 걸었다면 원격 측정 데이터가 예상한 것과 일치하는지 살펴봅시다. 애플리케이션 메트릭을 살펴보면 [그림 11-8]처럼 요청 지속 시간이 급증했음을 알 수 있습니다. 요청 수 역시 같은 시점에 약간 영향을 받은 것이 확인됩니다.

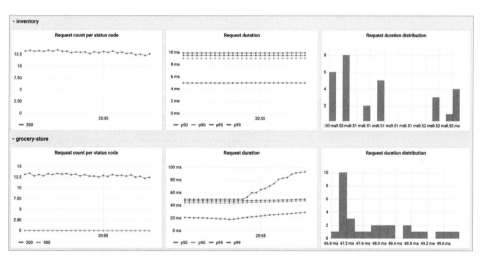

그림 11-8 애플리케이션 메트릭

이 이벤트에 관해 알 수 있는 것이 더 있을까요? 추적을 검색하여 지속 시간의 증가가 [실험 1]에서 발생한 현상과 비슷하다는 점을 알 수 있습니다.

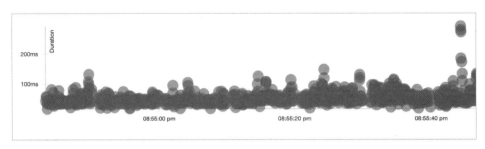

그림 11-9 추적 지속 시간의 증가

각 추적의 상세 정보를 살펴보면 전반적인 코드 작동 시간이 증가했음을 알 수 있습니다. 놀라운 일은 아니지만 메모리 할당 작업을 수행하는 메모리 할당 스팬은 눈에 띄게 지속 시간이 길어졌습니다. stress를 통해 부하를 일으키기 전에는 2.48ms였던 지속 시간이 49.76ms까지 늘어났습니다.

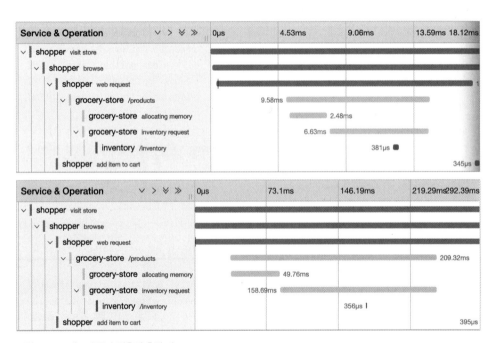

그림 11-10 메모리 증가 전후의 추적 비교

이번 실험에서 분석해볼 만한 또 다른 대시보드로는 컨테이너 메트릭 대시보드[176]가 있습니다. 이 대시보드는 컬렉터의 도커 상태 수신기[177]를 통해 직접 모은 CPU, 메모리, 네트워크 메트릭을 보여줍니다. [그림 11-11]을 살펴보면 한 컨테이너에서 리소스 사용이 눈에 띄게 증가한 것을 알 수 있습니다.

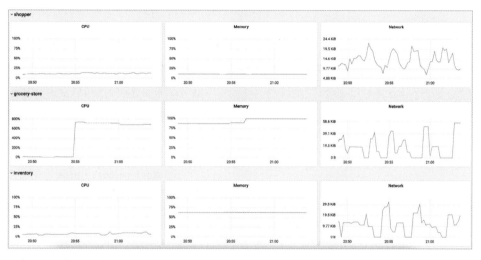

그림 11-11 컨테이너의 CPU, 메모리, 네트워크 메트릭

데이터를 기반으로 생각해보면 grocery-store 애플리케이션을 실행하는 컨테이너에 문제가 발생한 것이 분명합니다. 시스템 전체의 요청 지속 시간이 증가했고 컨테이너의 메모리, CPU 사용량도 같은 패턴을 보입니다. 이번 실험 환경에서는 리소스 압박을 식별하는 것만으로 충분한 것 같습니다.

OpenTelemetry는 모든 시그널에 대해 리소스 속성을 지정하므로 다수의 서비스가 동일한 리소스, 호스트, 컨테이너 또는 노드에서 실행되고 있는 경우 서비스들이 동일한 리소스 정보를 사용한다는 것으로 상관관계를 만들 수 있습니다. 즉, 여러 애플리케이션이 동일한 호스트에서 실행 중이고 그 중 하나가 메모리 압박을 일으키는 경우, 원격 측정 데이터를 쿼리할 때 해당 리소스 속성을 식별자로 활용하여 동일 호스트 내의 다른 서비스에 미치는 영향을 검증할 수 있습니다.

---

176 *http://localhost:3000/d/containers/container-metrics*
177 *https://github.com/open-telemetry/opentelemetry-collector-contrib/tree/main/receiver/dockerstatsreceiver*

리소스 정보는 호스트에 문제가 발생하고 이 문제로 인해 영향을 받을 수 있는 서비스를 식별 해야 할 때 답을 찾는 데 도움이 됩니다. 이 외에도 전혀 관계없는 두 개의 서비스가 동시에 문제를 겪고 있을 때 리소스 정보를 활용할 수 있습니다. 만약 두 서비스가 동일한 노드에서 작동 중이라면 리소스 정보를 통해 공통점을 찾을 수 있습니다.

실험3 예기치 못한 중단

만약 서비스가 마이크로서비스의 숲에서 벗어나 있고 아무도 관찰하고 있지 않다면 서비스의 이상 유무를 확인할 수 있을까요? 원격 측정과 알림이 올바르게 설정되어 있다면 문제가 없을 것입니다. 서비스 중단은 언제든 일어날 수 있습니다. 중요한 것은 서비스가 이러한 이벤트를 적절하게 관리할 수 있도록 보장하는 것입니다. 특히 애플리케이션이 필요에 따라 왔다 갔다 하는 동적인 환경에서 아주 중요합니다.

서비스는 다음과 같이 다양한 이유로 중단되거나 재시작됩니다.

- 코드상에서 적절히 처리되지 못한 예외로 인한 애플리케이션 충돌과 종료
- 서비스가 소비한 리소스의 양이 임계치를 초과하여 리소스 관리자가 애플리케이션을 종료한 경우
- 작업이 수행 중인 업무를 마친 후 의도적으로 종료한 경우

개요

이번 실험에서는 서비스가 예기치 않게 종료된 상황을 시뮬레이션하고, 이러한 문제가 발생했을 때 무엇을 살펴봐야 하는지 알아보겠습니다. 도커가 제공하는 kill 명령을 사용하여 inventory 서비스를 예상치 못한 방식으로 종료시키고 나머지 서비스들은 그대로 두어 invenrtory 서비스의 문제에 대응하고 문제를 보고하도록 합니다.

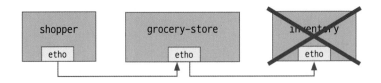

그림 11-12 [실험 3]에서는 inventory 서비스를 강제로 종료시킵니다.

운영 환경에서는 inventory 서비스에 대한 인스턴스를 여러 개 실행하고 서비스가 로드밸런서 또는 DNS 기반 로드밸런싱의 도움을 받도록 하여 이러한 문제의 영향을 줄일 수 있습니다. 이렇게 하면 문제가 발생한 인스턴스에서 다른 인스턴스로 트래픽을 보낼 수 있게 됩니다. 그러나 이번 실험에서는 단일 인스턴스만 사용하여 서비스가 완전히 불능 상태에 빠지는 상황을 만들겠습니다.

가설

inventory 서비스를 중단시키면 다음과 같은 결과가 나옵니다.

- inventory 애플리케이션 컨테이너가 내보내던 모든 메트릭 보고가 중지됩니다.
- grocery-store 애플리케이션으로부터 오류가 기록되기 시작하며, 응답 코드별 요청 수 집계에 500 응답 코드가 나타납니다.
- shopper 애플리케이션 컨테이너의 로그를 통해 오류가 보고됩니다.

다음 명령을 사용하여 inventory 서비스가 중지되도록 시그널을 보냅시다. 도커는 kill 명령을 사용하면 컨테이너로 kill 시그널을 보내고, stop 명령을 사용하면 term 시그널을 보낸다는 것을 기억합시다. 이번 예제에서는 서비스가 깔끔하게 중지될 수 있도록 kill 명령을 사용합니다.

```
$ docker kill inventory
```

검증

inventory 서비스가 중단되었다면 메트릭 대시보드로 이동해 어떤 일이 일어났는지 확인해봅시다. [그림 11-13]과 같이 Request 카운트 그래프에서 서버 내부의 오류를 의미하는 500 응답 코드를 받은 요청이 빠르게 증가한 것을 볼 수 있습니다.

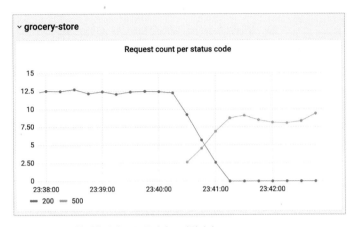

그림 11-13 요청 카운터에 오류 증가가 표시됩니다.

아직 다루지 않은 시그널이 있습니다. 바로 로그입니다. 애플리케이션 메트릭 대시보드의 하단에서 Logs 패널을 찾아 시스템이 내보내는 로그 정보를 살펴봅시다. 특히 [그림 11–14]와 같이 grocery-store 애플리케이션에 접근하기 위한 shopper 애플리케이션의 요청이 실패했음을 보고하는 항목을 찾아봅시다.

그림 11-14 기록된 오류 로그

오류를 일으킨 이벤트의 상세 정보를 보기 위해 로그 엔트리를 확장합시다. 안타깝게도 grocery-store 애플리케이션에 대한 요청이 실패했다는 메시지가 큰 도움이 되지는 않지만 데이터에 TraceID가 있다는 것을 알 수 있습니다. TraceID 바로 옆에 위치한 링크에 주목합시다. 링크를 클릭하면 [그림 11–15]와 같이 예거를 통해 연관된 추적을 확인할 수 있습니다.

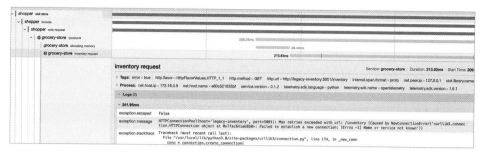

그림 11-15 추적을 통해 grocery-store 서비스가 inventory 서비스에 접근하지 못한다는 것을 확인할 수 있습니다.

추적은 어떤 오류로 인해 실패했는지에 대한 자세한 정보를 제공하므로 유용합니다. 스팬에 기록된 메시지의 예외는 누락되었을 수 있는 legacy-inventory 서비스에 관한 충분한 세부 정보를 제공합니다. 마지막으로 [그림 11-16]과 같이 컨테이너 메트릭 대시보드에서 inventory 애플리케이션 컨테이너가 보고를 중지했다는 것을 확인할 수 있습니다.

그림 11-16 inventory 컨테이너의 메트릭 보고가 중단됐습니다.

다음과 같이 도커의 start 명령을 사용해 중지시켰던 컨테이너를 복구하고 오류 비율을 관찰하면서 트래픽이 정상으로 돌아오는지 확인해봅시다.

```
$ docker start inventory
```

11.3 원격 측정을 이용한 사전 감지

이번에는 원격 측정 데이터에 익숙해지는 데 큰 도움이 되는 실험을 해보겠습니다. 원격 측정 데이터를 사용하는 더 일반적인 방법은 (일부러 일으킨 문제가 아니라면) 문제가 발생했을 때 해당 정보를 살펴보는 것입니다. 이러한 일은 보통 시스템에 새로운 코드를 배포했을 때 일어납니다.

분산 시스템에서는 하루에도 몇 번씩 많은 서비스로 코드 변경 사항이 배포됩니다. 따라서 어떤 변경 사항이 배포를 되돌리게 만든 것인지 파악하기 어렵습니다. 특히 여러 팀에서 업데이트를 배포하는 경우 문제가 있는 코드를 식별하는 것이 더 복합해집니다.

다음과 같이 도커 컴포즈 설정에서 shopper, grocery-store, legacy-inventory 서비스에 대한 이미지 설정을 업데이트해봅시다.

docker-compose.yml

```
  shopper:
    image: codeboten/shopper:chapter11-example1
 ...
  grocery-store:
    image: codeboten/grocery-store:chapter11-example1
 ...
  legacy-inventory:
    image: codeboten/legacy-inventory:chapter11-example1
```

또 다른 터미널 창을 열고 다음 명령을 사용해 컨테이너를 업데이트합니다.

```
$ docker compose up -d legacy-inventory grocery-store shopper
```

새로운 코드의 배포가 성공했나요? 상황이 좋아졌나요, 아니면 악화되었나요? 대시보드를 통해 데이터를 살펴봅시다. 애플리케이션 메트릭 대시보드에서부터 보면 상황이 그다지 좋아 보이지는 않습니다. [그림 11-17]에서 볼 수 있듯 Request 지속 시간이 급증하고 초당 요청 수는 크게 감소했습니다.

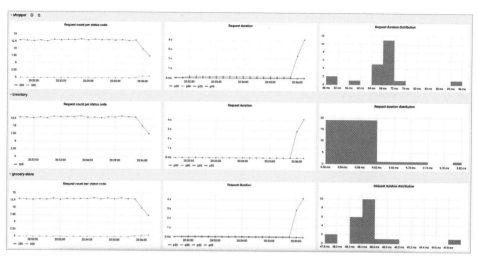

그림 11-17 배포 작업에 대한 애플리케이션 메트릭

inventory 서비스와 grocery-store 서비스 모두 영향을 받은 것처럼 보입니다. 이는 inventory 서비스의 최신 배포에 문제가 있음을 나타냅니다. 추적을 살펴보면 메트릭 그래프에서 확인했던 것처럼 요청 지속 시간이 동일하게 증가했습니다. 추적을 선택하고 세부 내용을 살펴보면 문제의 원인일 가능성이 있는 항목을 찾을 수 있습니다.

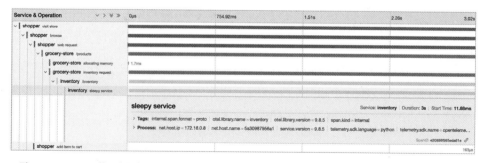

그림 11-18 sleepy라는 이름의 의심스러운 스팬

추적 정보를 보면 새롭게 추가된 sleepy 서비스의 연산이 최근 배포에서 발생한 모든 문제의 원인임을 알 수 있습니다. 이 정보를 바탕으로 관련된 변경 사항을 롤백함으로써 문제를 해결할 수 있습니다.

지금까지 이야기한 시나리오 외에도 게시된 컨테이너가 제공하는 4가지 추가 시나리오를 이용해 관찰 기술을 연습해볼 수 있습니다. 이름만 보고도 쉽게 찾을 수 있도록 다음과 같은 태그를 각 컨테이너에 달아두었습니다. chapter11-example2, chapter11-example3, chapter11-example4, chapter11-example5라는 태그를 가진 컨테이너를 이용해 연습해보기 바랍니다. 이왕이면 GitHub 저장소의 시나리오 폴더를 살펴보기 전에 4가지 시나리오 모두에 대해 문제의 원인을 파악해볼 것을 권합니다.

정리하기

시스템이 생성한 원격 측정 데이터를 편안하게 탐색하는 방법을 배우려면 시간이 필요합니다. 수년간의 경험을 갖고 있는 지식이 풍부한 엔지니어 조차도 관찰 가능성 데이터에서 발견되는 예상치 못한 변화에 당황하곤 합니다. 각 도구에 익숙해지는 데 더 많은 시간을 할애하는 것이 문제를 일으키는 변경의 원인을 더 빨리 알아낼 수 있는 방법입니다.

Chapter 11에서 살펴본 도구와 기술을 반복적으로 사용하면 시스템이 정확히 무슨 일을 하고 있는지 더 잘 이해할 수 있습니다. 카오스 엔지니어링 실습에서는 통제된 환경 속에서 개선 가능한 영역을 식별함으로써 시스템의 복원력을 향상시킬 수 있었습니다. 가설을 체계적으로 실험하고 그 결과를 관찰하면 우리가 수행하고 있는 개선의 효과를 측정할 수 있습니다.

실패 상황을 실험하고 시뮬레이션할 수 있는 많은 도구가 있으며, 이러한 도구의 사용법을 익혀두는 것은 중요한 순간에 활용할 수 있는 또 하나의 강력한 무기를 갖는 것과 같습니다. 계측 중인 시스템에서 생성된 아주 방대한 데이터를 처리하면서 여러 시그널에 걸쳐 데이터의 상관관계를 파악하는 것은 데이터를 빠르게 탐색하는 데 매우 중요합니다.

또한 데이터를 더 많이 생성하는 것이 항상 좋은 것은 아닙니다. 감당하기 어려운 규모의 데이터로 인해 백엔드 시스템에 과부하가 걸릴 수 있습니다. Chapter 12에서는 샘플링이 데이터의 양을 줄이는 데 어떻게 도움이 되는지 살펴보겠습니다.

Chapter

12

샘플링

원격 측정을 통한 정보 수집의 한 가지 과제는 계측을 통해 생성된 데이터의 양을 관리하는 것입니다. 원격 측정을 수행하는 도구가 너무 많은 리소스를 사용하는 경우, 정보 생성 시점이 문제 지점이 될 수 있습니다. 또한 네트워크에 흩어져 있는 여러 지점으로 데이터를 전송해야 하는 경우 많은 비용이 듭니다. 더 많은 데이터가 생성될수록 더 많은 스토리지를 사용하게 되고 분석 시점에 데이터를 적재할 리소스가 더 많이 필요해집니다. Chapter 12에서는 샘플링 sampling 방법을 소개하며, 이를 통해 어떻게 계측으로 생성되는 데이터의 품질과 가치를 유지하면서 데이터의 양을 줄일 수 있는지 알아봅니다. 주로 추적에 대한 샘플링을 이야기하겠지만 샘플링은 메트릭과 로그에 대해서도 큰 의미가 있기 때문에 심도 있게 살펴보도록 하겠습니다. 구체적으로 다음과 같은 내용을 다룹니다.

- 샘플링의 개념과 OpenTelemetry의 여러 가지 시그널에 대한 샘플링 전략
- OpenTelemetry SDK를 이용해 애플리케이션에서 샘플링을 구성하는 방법
- OpenTelemetry 컬렉터를 이용한 샘플링

또한 샘플링을 할 때 빠지기 쉬운 함정과 이를 피할 수 있는 좋은 방법도 알아보겠습니다. 환경 설정부터 살펴봅시다.

12.1 환경 설정

여기서 다루는 모든 예제는 이 책의 GitHub 저장소[178]에서 다음 명령을 사용해 다운로드할 수 있으며, 예제 코드의 완성된 버전은 chapter12 폴더에 있습니다.

```
$ git clone https://github.com/PacktPublishing/Cloud-Native-Observability
$ cd Cloud-Native-Observability/chapter12
```

첫 번째 예제는 OpenTelemetry 파이썬 SDK를 이용해 샘플러^{sampler}를 구성하는 애플리케이션입니다. 코드를 실행하려면 파이썬 3.6 이상의 버전이 필요합니다.

```
$ python --version
Python 3.8.9
$ python3 --version
Python 3.8.9
```

파이썬이 설치되어 있지 않거나 설치된 파이썬의 버전이 3.6보다 낮은 경우, 파이썬 공식 웹사이트[179]의 안내에 따라 호환되는 버전을 설치하거나 업그레이드하기 바랍니다.

다음으로 pip를 이용해 필요한 OpenTelemetry 패키지를 설치합니다. 패키지 의존성과 관련된 추가 패키지가 자동으로 설치될 수 있습니다.

```
$ pip install opentelemetry-distro==0.39b0 \
              opentelemetry-exporter-otlp==1.18.0
$ pip freeze | grep opentelemetry
opentelemetry-api==1.18.0
opentelemetry-distro==0.39b0
opentelemetry-exporter-otlp==1.18.0
opentelemetry-exporter-otlp-proto-grpc==1.18.0
```

---

178 *https://github.com/PacktPublishing/Cloud-Native-Observability*
179 *https://www.python.org/downloads/*

```
opentelemetry-exporter-otlp-proto-http==1.8.0
opentelemetry-instrumentation==0.27b0
opentelemetry-proto==1.8.0
opentelemetry-sdk==1.8.0
```

두 번째 예제는 GitHub에서 다운로드할 수 있는 OpenTelemetry 컬렉터를 이용하며, 주로 opentelemetry-collector-contrib 저장소가 제공하는 테일 샘플링 처리기^{tail sampling processor}의 사용 방법을 다룹니다. 여기서는 0.43.0 버전을 사용하며 해당 버전 태그가 포함된 저장소 경로[180]에서 다운로드할 수 있습니다. 여러분의 시스템에 맞는 바이너리를 다운로드하기 바랍니다. 예를 들어 다음 명령은 macOS를 위한 AMD64 아키텍처 호환 바이너리를 다운로드합니다. 그런 다음 파일의 권한을 변경하고 정상적으로 실행되는지 확인합니다.

```
$ wget -O otelcol.tar.gz https://github.com/open-telemetry/opentelemetry-
collector-releases/releases/download/v0.43.0/otelcol-contrib_0.43.0_darwin_amd64.
tar.gz
$ tar -xzf otelcol.tar.gz otelcol-contrib
$ chmod +x ./otelcol-contrib
$ ./otelcol-contrib --version
otelcol-contrib version 0.43.0
```

만약 사용 중인 환경에 맞는 패키지를 찾지 못했다면 소스 코드를 직접 컴파일할 수도 있습니다. 소스 코드 역시 저장소[181]에서 다운로드할 수 있습니다. 여기까지 준비가 끝났다면 본격적으로 샘플링을 시작해봅시다.

12.2 시그널 샘플링

연구 분야에서 종종 사용되는 방법인 샘플링은 데이터의 양을 줄이기 위해 대규모 데이터에서 일부 데이터 포인트, 즉 하위 집합을 선택하는 것입니다. 이 방법은 전체 데이터를 분석하는 것

---

180 https://github.com/open-telemetry/opentelemetry-collector-releases/releases/tag/v0.43.0
181 https://github.com/open-telemetry/opentelemetry-collector-contrib

이 불가능하거나 비현실적일 때 또는 연구의 목적을 달성하는 데 불필요할 때 사용됩니다. 예를 들어 주차장에 주차된 차량에 평균적으로 몇 개의 문이 있는지 기록하고자 한다면 모든 차량을 조사하고 기록하는 것이 가능할 것입니다. 하지만 주차장에 2만 대의 차량이 주차되어 있다면 2천 대 정도의 차량을 샘플로 뽑아 분석하는 것이 더 낫습니다. 샘플링으로 인해 데이터의 의미가 손실되지 않도록 하면서 전체 데이터를 대표할 수 있는 데이터의 하위 집합을 선택하는 여러 가지 샘플링 방법이 존재합니다. 샘플링 방법은 다음과 같이 분류됩니다.

- **확률론적 샘플링**probabilistic sampling[182]

  샘플링 확률은 보통 수량quantity이라 부르며 수량은 데이터 내의 모든 데이터 포인트에 적용됩니다. 주차장 예에서의 확률론적 전략은 전체 차량의 10%를 샘플로 취하는 것이었습니다. 이를 위해 주차되어 있는 차량 열 대마다 한 대를 선택해 데이터를 기록할 수 있습니다. 전체 데이터의 규모가 작은 경우 확률론적 샘플링은 데이터 포인트 간의 차이가 크기 때문에 샘플링의 효과가 떨어질 수 있습니다.

- **비확률론적 샘플링**non-probabilistic sampling[183]

  데이터의 특정 속성을 기반으로 데이터를 선택하는 방법입니다. 가령 편의를 위해 상점에 가깝게 주차된 2천 대의 차량을 선택할 수 있습니다. 이 방법을 사용하면 데이터 포인트 선택 과정에 편향bias이 발생할 수 있습니다. 상점에 가까운 주차 공간은 장애인 차량 또는 경차 전용 공간을 포함할 수 있으므로 결과에 영향을 줍니다.

추적

OpenTelemetry에서 이야기하는 샘플링은 특정 추적을 구성하는 스팬을 어떻게 처리할 것인지 결정하는 것을 의미합니다. 추적 관점에서 스팬은 샘플러의 설정에 따라 처리되거나 버려지며, 이러한 결정을 시스템 전체에 전달하기 위해 OpenTelemetry의 여러 컴포넌트가 관여합니다.

- 샘플러는 사용자가 샘플링 수준을 결정하는 시작점입니다. OpenTelemetry는 다양한 샘플러를 정의하고 있으며 곧 자세히 살펴보겠습니다.

- TracerProvider 클래스는 샘플러를 설정 매개변수로 받습니다. 이는 특정 TracerProvider가 제공한 추적기가 생성한 모든 추적이 지속적으로 샘플링될 수 있게 합니다.

---

182 https://en.wikipedia.org/wiki/Probability_sampling
183 https://en.wikipedia.org/wiki/Nonprobability_sampling

- 추적이 생성될 때 해당 추적의 샘플링 여부가 결정됩니다. 이 결정은 SpanContext에 저장되며 해당 추적에 속한 모든 스팬과 연결됩니다. 샘플링 여부는 설정된 전파기를 통해 분산 추적에 참여하는 모든 서비스로 전파됩니다.

- 스팬이 종료되면 SpanProcessor는 샘플링 결정을 적용합니다. SpanProcessor는 샘플링 대상 추적의 모든 스팬을 SpanExporter로 전달합니다. 샘플링 대상이 되지 않은 추적은 원격 측정 데이터로 제공되지 않습니다.

메트릭

특정 유형의 데이터에는 샘플링을 적용하기 어렵습니다. 추적에 대한 샘플링은 자칫 데이터를 심각하게 변조하여 쓸모없게 만들 수 있습니다. 서비스에 대한 개별 요청 단위로 카운터 값이 증가하는 데이터를 기록하는 경우를 생각해봅시다. 이 데이터를 샘플링하면 샘플링되지 않은 일부 증분 데이터가 마치 쓸모없는 요청처럼 치부될 수 있다는 문제가 있습니다. 결과로 기록된 값은 원래 데이터의 의미를 잃게 됩니다. 단일 데이터 포인트는 단일 추적보다 작습니다. 즉, 일반적으로 메트릭 데이터를 관리하면 데이터를 처리하고 저장하는 과정에 발생하는 오버헤드가 줄어듭니다. '일반적으로'라는 단어를 쓴 것은 데이터의 차원 수, 데이터 포인트가 수집되는 빈도 등 영향을 줄 수 있는 요소가 많기 때문입니다. 메트릭 시그널이 생성하는 데이터의 양을 줄이면 데이터를 집계하는 데 중점을 두어 전송해야 하는 데이터 포인트 수를 줄일 수 있습니다. 데이터 축소는 특정 데이터 포인트를 선택하고 나머지를 버리는 대신 데이터 포인트를 결합하는 방식으로 이루어집니다. 다만 메트릭의 관점에서 샘플링이 필요한 한 가지 사례가 있는데, 바로 모범 사례입니다. 〈Chapter 2 OpenTelemetry 시그널〉을 바탕으로 생각해보면 모범 사례는 메트릭을 추적과 관련지을 수 있게 하는 데이터 포인트입니다. 즉, 샘플링되지 않은 추적에 대해 모범 사례를 만들 필요는 없습니다. 모범 사례 및 이와 관련된 샘플링 구성 방법은 여전히 논의 중이지만 가까운 시일 내에 이 기능이 OpenTelemetry에 추가될 것이라는 점을 알아두기 바랍니다.

로그

로그를 어떻게 샘플링하는지에 대한 OpenTelemetry 규격은 아직 없습니다. 다음은 로그의 샘플링 규격에 관해 논의 중인 내용입니다.

- OpenTelemetry는 로그를 추적과 관련지을 수 있는 기능을 제공합니다. 따라서 샘플링된 추적과 관련지을 수 있는 로그 레코드만을 내보낼 수 있도록 설정 가능한 옵션을 제공할 필요가 있습니다.

- 샘플러를 통해 전체 로그의 일부만 내보내도록 추적을 설정할 수 있는 것과 동일한 방식으로 로그 레코드도 샘플링되도록 구성할 수 있습니다.[184]

로그에 대한 샘플링의 대안으로 집계를 사용할 수 있습니다. 동일한 메시지를 담고 있는 로그 레코드는 집계된 후 하나의 레코드로 전송될 수 있으며, 이때 전송되는 정보에는 반복적으로 발생한 이벤트의 수가 포함될 수 있습니다. 아직 규격이 정해지지 않았기 때문에 이러한 옵션들은 단지 추측일 뿐입니다. 따라서 로그에 대한 샘플링이나 로깅에 관해서는 깊게 다루지 않을 것입니다. 코드와 모범 사례에 관해 자세히 알아보기 전에 몇 가지 샘플링 전략을 살펴봅시다.

샘플링 전략

분산 시스템에 가장 적합한 샘플링 구성을 결정할 때 선택하는 전략은 종종 환경에 따라 달라집니다. [그림 12-1]과 같이 선택된 전략에 따라 시스템의 여러 지점에서 샘플링 결정이 이루어집니다.

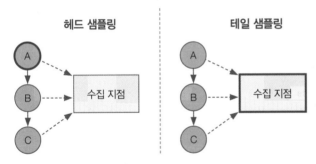

그림 12-1 샘플링 결정이 이루어지는 여러 지점

[그림 12-1]을 통해 어디에서 샘플링에 대한 결정이 이루어지는지 알 수 있습니다. 하지만 이보다 전략을 선택하기 전에 각 전략이 무엇인지, 언제 사용해야 하는지를 이해하는 것이 중요합니다.

---

184 https://github.com/open-telemetry/opentelemetry-specification/issues/2237

헤드 샘플링

헤드 샘플링[head sampling]은 추적이 시작되었을 때 해당 추적을 샘플링할지 결정하는 것으로, 가장 빠른 방법입니다. 첫 번째 스팬인 루트 스팬[root span]을 만드는 애플리케이션은 추적을 샘플링할 것인지 여부를 결정하고 그 결정을 컨텍스트를 통해 이후 호출되는 모든 서비스로 전파합니다. 이를 통해 해당 추적의 참여자들은 스팬을 백엔드 시스템으로 전송할지 결정합니다. 헤드 샘플링은 각 애플리케이션이 대상이 아닌 스팬에 대해서는 샘플링 결정을 위한 계산을 하지 않아도 되기 때문에 시스템 전반의 오버헤드를 낮춥니다. 또한 전송되는 데이터의 양을 줄여 네트워크 비용도 크게 절감할 수 있습니다.

헤드 샘플링은 데이터를 샘플링하는 가장 효과적인 방법이지만 추적이 시작되는 시점에 샘플링 여부를 결정하는 것이 어려운 경우도 있습니다. 곧 살펴보겠지만 애플리케이션이 여러 가지 샘플러를 사용할 때 각 샘플러가 서로 다른 샘플링 정책을 갖도록 구성할 수도 있습니다. 이는 애플리케이션이 루트 스팬의 샘플링 결정을 따르지 않도록 하기 때문에 백엔드 시스템이 수신한 추적 정보가 완전하지 않은 상황을 만들기도 합니다. [그림 12-2]는 5개의 애플리케이션이 결합된 분산 시스템으로, 서로 상호 작용하며 여러 스팬을 생성합니다. 애플리케이션 B와 C는 추적을 샘플링하도록 구성되어 있는 반면 나머지 애플리케이션은 샘플링하고 있지 않습니다.

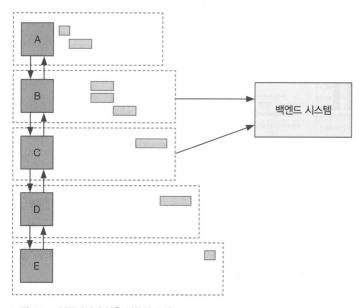

그림 12-2 일관적이지 않은 샘플링 구성

백엔스 시스템은 4개의 스팬과 시스템에 대한 일부 컨텍스트를 수신하고 있지만 나머지 4개의 스팬과 상당히 많은 정보가 누락되고 있습니다.

> 일관적이지 않은 샘플러 설정은 전체 샘플링 전략에 영향을 줄 수 있습니다. 분산 시스템에서 다수의 애플리케이션을 설정하다 보면 불일치가 발생할 가능성이 있습니다. 애플리케이션 전반에 대한 일관성 있는 샘플링 정책을 설정하는 것은 매우 중요합니다.

또한 추적 초반부에 샘플링을 결정하게 되면 중요한 정보를 놓칠 수 있습니다. [그림 12-2]를 보면 애플리케이션 D에서 오류가 발생한 경우 애플리케이션 A에서 추적을 포기하도록 결정했기 때문에 발생한 오류가 백엔드 시스템에 보고되지 않습니다. 정리하면, 헤드 샘플링의 고질적인 문제는 모든 정보가 사용 가능해지는 시점 이전에 샘플링에 대한 결정이 내려진다는 점입니다.

테일 샘플링

정보 부족으로 인해 추적 초반부에 샘플링 결정을 내리는 것이 문제가 된다면 추적의 끝부분에서 샘플링 정책을 결정하는 것은 어떨까요? 테일 샘플링tail sampling은 헤드 샘플링과 함께 널리 사용되는 일반적인 전략으로, 추적이 완료되기를 기다린 후 샘플링에 대한 결정을 내립니다. 테일 샘플링에서는 잠재적으로 비정상적이거나 흥미로운 이벤트의 발생을 감지하기 위해 추적에 대한 분석을 샘플러가 수행합니다.

테일 샘플링 사용 시 분산 시스템 내의 모든 애플리케이션은 데이터에 대한 샘플링 여부를 결정할 목적지로 원격 측정 데이터를 생성하고 전송해야 합니다. 이는 대규모 분산 시스템 환경에서 비용이 꽤 많이 드는 방식입니다. 또한 테일 샘플링이 수행되는 위치에 따라 가치가 거의 없는 아주 많은 양의 데이터를 생성하여 네트워크를 통해 전송할 수도 있습니다.

추가로 샘플링 결정을 위해 샘플러는 결정 시점이 다가올 때까지 전체 추적 데이터를 메모리에 적재하거나 저장해야 합니다. 이는 필연적으로 추적의 크기와 지속 시간에 따른 메모리 및 스토리지 사용량의 증가를 가져옵니다. 메모리 문제를 완화시키기 위해 테일 샘플링에서는 최대 추적 지속 시간을 설정할 수 있습니다. 다만 지정된 지속 시간을 넘어서도 완료되지 않은 추적에 대해서는 데이터 누락이 발생할 수 있습니다. 이로 인해 시스템에서 발생하는 문제를 식별할 때 필요한 추적이 수집되지 못하여 문제가 발생할 수 있습니다.

확률 샘플링

앞서 설명한 것처럼 확률 샘플링은 데이터가 임의로 선택되도록 하여 샘플링된 데이터의 편향을 제거합니다. 확률 샘플링은 다른 샘플링 방법에 적용될 수 있는 전략인 동시에 그 자체로 전략이 될 수 있다는 점에서 헤드 샘플링, 테일 샘플링과 다소 차이가 있습니다. 확률 샘플링에서는 모든 컴포넌트가 동일한 알고리즘을 사용해 확률을 적용한다는 전제하에 시스템 개별 컴포넌트 단위로 샘플링 결정이 이루어질 수 있습니다. OpenTelemetry의 TraceIdRatioBased 샘플러[185]는 확률 샘플링을 위한 메커니즘을 제공하는 표준 임의 추적 ID 생성기를 사용합니다. 샘플링 결정은 추적 ID 해시에 설정 가능한 비율을 적용하여 계산됩니다. 추적 ID는 시스템에 걸쳐 전파되기 때문에 동일한 비율로 TraceIdRatioBased 샘플러를 쓰도록 설정된 컴포넌트는 샘플링 결정 시점에 동일한 로직을 독립적으로 적용합니다.

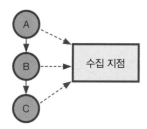

그림 12-3 확률 기반의 샘플링 결정은 시스템의 어떤 단계에서든 적용될 수 있습니다.

이 외에도 사용 가능한 여러 가지 샘플링 전략이 있지만 여기서는 확률적 샘플링에 관해 자세히 다루겠습니다.

여러 가지 샘플러

우리가 선택할 수 있는 여러 가지 샘플러 옵션이 있습니다. 다음 옵션들은 OpenTelemetry 규격에 정의되어 있으며 모든 구현에서 사용할 수 있습니다.

- **모든 추적 샘플링**always on: 이름에서 알 수 있는 것처럼 always_on 샘플러는 모든 추적을 샘플링합니다.
- **샘플링 비활성화**always off: 어떠한 추적도 샘플링하지 않습니다.

---

185 *https://github.com/open-telemetry/opentelemetry-specification/blob/main/specification/trace/sdk. md#traceidratiobased*

- **추적 ID 비율:** 앞서 설명한 것처럼 추적 ID 비율 샘플러는 OpenTelemetry에서 사용할 수 있는 확률 샘플러의 일종입니다.
- **부모 샘플러 기반 샘플링:** 부모 샘플러 기반 샘플링은 헤드 샘플링 전략을 지원하는 샘플링입니다. 추적에 대해 사용할 샘플링 방법이 결정되지 않았을 때 모든 추적 샘플링, 샘플링 비활성화, 추적 ID 비율 설정을 폴백 메커니즘으로 쓰도록 설정할 수 있습니다.

OpenTelemetry 파이썬 SDK를 사용하면 이러한 샘플러를 사용할 수 있습니다.

12.3 SDK를 이용한 애플리케이션 수준의 샘플링

애플리케이션이 샘플링할 대상을 결정할 수 있도록 허용하면 애플리케이션이 추적 데이터의 원천으로 사용될 수 있으므로 개발자와 운영자에게 상당히 큰 유연성을 제공할 수 있습니다. OpenTelemetry에서는 추적기 프로바이더 속성을 통해 샘플러를 설정할 수 있습니다. 이어서 살펴볼 코드에서는 configure_tracer 메서드를 이용해 OpenTelemetry 추적 파이프라인을 설정하고 메서드의 인자로 데이터를 수신할 샘플러를 지정합니다. 이 메서드는 다음과 같은 추적기를 얻기 위해 사용되며 각 샘플러는 별도의 샘플링 구성을 가질 수 있습니다.

- **ALWAYS_ON:** 항상 샘플링을 수행하는 샘플러
- **ALWAYS_OFF:** 샘플링을 수행하지 않는 샘플러
- **TraceIdRatioBased:** 확률 샘플러(예제에서는 50% 비율로 추적을 샘플링하도록 설정)

코드는 샘플링이 ConsoleSpanExporter가 생성한 출력에 대해 어떤 영향을 주는지 보여주기 위해 각 추적기를 이용해 개별 추적을 생성합니다.

sample.py

```
from opentelemetry.sdk.trace import TracerProvider
from opentelemetry.sdk.trace.export import BatchSpanProcessor, ConsoleSpanExporter
from opentelemetry.sdk.trace.sampling import ALWAYS_OFF, ALWAYS_ON,
TraceIdRatioBased

def configure_tracer(sampler):
```

```
    provider = TracerProvider(sampler=sampler)
    provider.add_span_processor(BatchSpanProcessor(ConsoleSpanExporter()))
    return provider.get_tracer(__name__)

always_on_tracer = configure_tracer(ALWAYS_ON)
always_off_tracer = configure_tracer(ALWAYS_OFF)
ratio_tracer = configure_tracer(TraceIdRatioBased(0.5))

with always_on_tracer.start_as_current_span("always-on") as span:
    span.set_attribute("sample", "always sampled")

with always_off_tracer.start_as_current_span("always-off") as span:
    span.set_attribute("sample", "never sampled")

with ratio_tracer.start_as_current_span("ratio") as span:
    span.set_attribute("sample", "sometimes sampled")
```

다음 명령을 사용해 코드를 실행합시다.

```
$ python sample.py
```

코드가 실행되면 출력을 통해 다음과 같은 내용을 확인할 수 있습니다.

- always-on이라는 이름을 가진 추적이 포함되어 있습니다.
- always-off라는 이름을 가진 추적은 포함되어 있지 않습니다.
- ratio라는 이름을 가진 추적이 포함되어 있을 것입니다. 혹시 보이지 않는다면 코드를 몇 차례 다시 실행하면서 결과를 살펴봅니다.

다음 출력은 스팬의 이름과 중요한 속성만 보여주도록 축약된 것입니다.

출력

```
{
    "name": "ratio",
    "attributes": {
        "sample": "sometimes sampled"
```

```
        },
    }
    {
        "name": "always-on",
        "attributes": {
            "sample": "always sampled"
          },
    }
```

여기서는 세 가지 샘플러를 모두 사용하고 있지만 현업에서 다루는 애플리케이션은 대부분 하나의 샘플러만 사용합니다. 예외적으로 단일 애플리케이션에서 하나 이상의 샘플러를 사용하는 경우는 보통 서로 다른 샘플링 요구 사항을 만족시키기 위해서인 경우가 많습니다.

> 코드를 이용하여 샘플러를 설정하는 것이 일반적이지만 OTEL_TRACES_SAMPLER와 OTEL_TRACES_SAMPLER_ARG 환경 변수를 이용해 샘플러를 설정하는 것도 가능합니다.

애플리케이션 설정을 이용해 헤드 샘플링을 구성할 수도 있지만 개별 애플리케이션에는 테일 샘플링을 사용하기 위한 결정을 내릴 때 필요한 정보가 없을 수 있습니다. 따라서 파이프라인의 더 깊은 곳까지 내려가보겠습니다.

12.4 OpenTelemetry 컬렉터를 이용한 데이터 샘플링

애플리케이션 설정을 통해 추적을 샘플링하는 것은 훌륭한 방법입니다. 하지만 테일 샘플링을 사용할 때는 어떻게 해야 할까요? OpenTelemetry 컬렉터는 자연스럽게 샘플링을 수행할 수 있도록 해줍니다. 현재 OpenTelemetry 컬렉터는 처리기를 통해 테일 샘플링과 확률론적 샘플링을 지원합니다. 우리는 〈Chapter 8 OpenTelemetry 컬렉터〉에서 확률론적 샘플링 처리기에 관해 알아보았으므로 여기서는 테일 샘플링 처리기를 집중적으로 다루겠습니다.

테일 샘플링 처리기

확률론적 샘플링 비율을 지정하여 샘플링 구성을 지원하는 것 외에도, 테일 샘플링 처리기는 추적의 다양한 특성을 기반으로 샘플링 결정을 내릴 수 있습니다. 대표적으로 사용되는 특성은 다음과 같습니다.

- 전체 추적 지속 시간
- 스팬의 속성값
- 스팬의 상태 코드

특성을 기반으로 샘플링 결정을 내리기 위해 테일 샘플링 처리기는 추적 샘플링에 대한 정책 설정을 지원합니다. 테일 샘플링이 컬렉터에 다양한 정책을 설정하여 생성한 추적 데이터에 어떤 영향을 줄 수 있는지 이해하기 위해 다음과 같이 설정한 코드 조각을 살펴보겠습니다.

- 예제 애플리케이션으로부터 원격 측정 데이터를 수신하는 OpenTelemetry 프로토콜 리스너
- 터미널에서 추적 데이터를 볼 수 있게 해주는 로그 익스포터
- 항상 모든 추적을 샘플링하는 정책을 가진 테일 샘플링 처리기

다음 코드 조각은 이 모든 내용을 포함합니다.

config/collector/config.yml

```yml
receivers:
  otlp:
    protocols:
      grpc:

exporters:
  logging:
    loglevel: debug

processors:
  tail_sampling:
    decision_wait: 5s
    policies: [{ name: always, type: always_sample }]

service:
  pipelines:
```

```
traces:
  receivers: [otlp]
  processors: [tail_sampling]
  exporters: [logging]
```

다음 명령을 사용해 이 설정을 사용하는 컬렉터를 실행해봅시다.

```
$ ./otelcol-contrib --config ./config/collector/config.yml
```

이어지는 코드는 테일 샘플링 처리기의 일부 기능을 보여주기 위해 여러 추적을 컬렉터로 전송하는 애플리케이션입니다.

multiple_traces.py

```
import time
from opentelemetry import trace

tracer = trace.get_tracer_provider().get_tracer(__name__)
with tracer.start_as_current_span("slow-span"):
    time.sleep(1)

for i in range(0, 20):
    with tracer.start_as_current_span("fast-span"):
        pass
```

새로운 터미널 창을 하나 열고 다음과 같이 OpenTelemetry 자동 계측을 이용해 프로그램을 시작합시다.

```
$ opentelemetry-instrument python multiple_traces.py
```

컬렉터 터미널에 출력된 결과를 살펴보면 총 21개의 추적이 나온 것을 볼 수 있습니다. 이제 컬렉터 설정을 업데이트하여 전체 추적의 10%만 샘플링하겠습니다. 이 비율은 다음과 같이 정책을 이용해 설정할 수 있습니다.

config/collector/config.yml

```yaml
processors:
  tail_sampling:
    decision_wait: 5s
    policies:
      [
        {
          name: probability,
          type: probabilistic,
          probabilistic: { sampling_percentage: 10 },
        },
        {
          name: slow,
          type: latency,
          latency: { threshold_ms: 1000 }
        },
      ]
```

컬렉터를 재시작하고 `multiple_traces.py` 코드를 한 번 더 실행하여 새로운 정책의 효과를 살펴봅시다. 결과에는 추적의 10% 정도가 표시되어야 하는데, 여기서는 대략 2개의 추적이 표시됩니다. '대략'이라고 표현한 것은 샘플링 구성이 추적 식별자를 이용한 확률론적 샘플링에 의지하고 있기 때문입니다. 추적 ID는 임의로 생성되기 때문에 적은 샘플을 대상으로 했을 때는 결과에 차이가 있을 수 있습니다. 필요에 따라 명령을 몇 차례 실행하여 샘플링 정책이 실제로 작동하는지 확인합니다.

출력

```
Span #0
    Trace ID : 9581c95ae58bc8368050728f50c32f73
    Parent ID :
    ID : b9c3fb8838eb0f33
    Name : fast-span
    Kind : SPAN_KIND_INTERNAL
    Start time : 2023-06-10 21:29:01.144907 +0000 UTC
    End time : 2023-06-10 21:29:01.144922 +0000 UTC
    Status code : STATUS_CODE_UNSET
    Status message :
Span #0
```

```
Trace ID : 2a8950f2365e515324c62dfdc23735ba
Parent ID :
ID : c5217fb16c4d90ff
Name : fast-span
Kind : SPAN_KIND_INTERNAL
Start time : 2023-06-10 21:29:01.14498 +0000 UTC
End time : 2023-06-10 21:29:01.144996 +0000 UTC
Status code : STATUS_CODE_UNSET
Status message :
```

이 출력에는 fast-span이라는 스팬만 표시됩니다. slow-span에 관한 정보가 우리에게 더 유용하고 필요한 정보이기 때문에 아쉽습니다.

또한 정책을 조합하여 더 복잡한 샘플링 결정을 내릴 수 있도록 테일 샘플링 처리기를 설정할 수도 있습니다. 예를 들어 모든 추적의 약 10%만 포착하되 완료되는 데 1초 이상이 걸린 작업에 대한 추적을 포착하고 싶다고 가정해봅시다. 이 경우 다음과 같이 지연 시간 기반의 정책을 확률론적 정책과 조합하여 추적을 포착할 수 있습니다.

config/collector/config.yml

```
processors:
  tail_sampling:
    decision_wait: 5s
    policies:
      [
        {
          name: probability,
          type: probabilistic,
          probabilistic: { sampling_percentage: 10 },
        },
        {
          name: slow,
          type: latency,
          latency: { threshold_ms: 1000 } },
      ]
```

마지막으로 컬렉터를 재시작하고 예제 코드를 실행합시다. 백분율 기반으로 포착된 추적과 slow-span을 포함한 추적을 추적기의 출력에서 확인할 수 있습니다. 이 외에도 여러 설정 가능한 특징이 있습니다. 상태 코드를 기반으로 샘플링 결정을 내리는 또 다른 예도 있는데 이는 시스템에서 오류를 포착하는 편리한 방법입니다. 또한 사용자 정의 속성을 기반으로 추적을 샘플링할 수도 있으며 이 방법을 사용하면 샘플링을 특정 시스템에만 적용할 수 있습니다.

> 알려진 특징을 기반으로 추적을 샘플링하도록 하면 편향이 발생하여 유용한 원격 측정 데이터가 가려질 수 있습니다. 비확률론적 네이터를 이용하여 샘플링을 구성할 때는 의노한 것보다 더 많은 정보를 제외시킬 수 있으므로 주의해야 합니다. 앞선 예제처럼 확률론적 샘플링과 비확률론적 샘플링을 조합하면 이러한 제약을 극복할 수 있습니다.

정리하기

다양한 샘플링 전략을 이해하면 애플리케이션이 생성하는 데이터의 양을 관리할 수 있습니다. 또한 각 샘플링 전략의 장단점과 사용 가능한 샘플링 방법을 알면 복잡한 환경에서 발생하는 불필요한 노이즈를 줄이는 데 도움이 됩니다.

애플리케이션 수준에서 샘플링을 구성할 때 사용할 수 있는 OpenTelemetry 구성과 샘플러는 헤드 샘플링을 통해 시스템의 부하와 비용을 줄이는 데 도움이 됩니다. 수집 시점에 테일 샘플링을 구성하면 더 많은 정보를 기반으로 어떤 정보를 취하고 버릴지 결정할 수 있다는 추가적인 이점이 있습니다. 하지만 샘플링 결정을 내릴 수 있을 만큼의 데이터를 버퍼링할 수 있는 충분한 리소스가 확보된 수집 지점을 운영해야 하기 때문에 추가 비용이 발생한다는 단점도 있습니다.

궁극적으로 샘플링을 구성할 때 내리는 결정은 시스템에서 일어나는 일을 관찰하는 데 사용할 수 있는 데이터에 영향을 미칩니다. 너무 적게 샘플링하면 중요한 이벤트를 놓치게 되고, 너무 많이 샘플링하면 시스템에 대한 원격 측정 데이터를 생성하는 비용이 너무 높거나 수집된 데이터에 불필요한 정보가 많아 탐색하기 어려워집니다. 그리고 알려진 문제에 대해서만 샘플링하면 인지하지 못한 비정상적인 작동을 찾기 힘들어집니다.

개발 중에는 데이터의 규모가 작기 때문에 모든 데이터를 샘플링하는 것이 좋습니다. 운영 환경에서는 10% 미만의 훨씬 적은 비율의 데이터만으로도 전체 데이터를 대표할 수 있는 경우가 많습니다.

Chapter 12에서는 샘플링의 개념을 알아보았습니다. 또한 각 샘플링 전략의 장단점도 파악했습니다. 결국 올바른 전략을 선택하려면 시스템에 대해 더 많이 배우고 여러 가지 샘플링 방법을 직접 실험해보면서 적절한 수준을 찾아 나가야 합니다.

찾아보기